L'EMPIRE
DE
LA HONTE

탐욕의 시대

L'EMPIRE DE LA HONTE by Jean Ziegler
Copyright ⓒ 2005 by Jean Ziegler
All rights reserved.

This Korean edition was published by Galapagos Publishing Co. in 2008
by arrangement with Mohrbooks AG Literary Agency
through KCC(Korea Copyright Center Inc.), Seoul.

이 책의 한국어판 저작권은 (주)한국저작권센터(KCC)를 통한
저작권자와의 독점계약으로 갈라파고스에 있습니다. 저작권법에 의해
한국 내에서 보호를 받는 저작물이므로 무단전재와 복제를 금합니다.

탐욕의 시대

누가
세계를
더
가난하게
만드는가?

장 지글러 지음
양영란 옮김

갈라파고스

올리비에 베투르네가 특유의 박식함과 우정, 적절한 충고를 통해 이 책의 산고를 함께 나누었다. 에리카 도이버 지글러, 크리스토프 골레, 샐리-앤 웨이, 그리고 도미니크 지글러가 기꺼이 내 원고를 읽어주었고, 소감을 말해주었다. 아를레트 살랭과 카미유 마르쇼는 책의 형태를 만들어주었다. 이들 모두에게 깊은 감사를 전한다.

들어가는 말
다시 연대만이 희망이다

　　　　　　1776년, 벤저민 프랭클린은 신생 미합중국 최초의 주 프랑스 대사로 임명되었다. 그의 나이 70세였다. 리프리절호에 몸을 실은 프랭클린은 대서양을 건너는 위험하고 긴 항해 끝에 프랑스 서해안 낭트 항구에 도착했고, 12월 21일에 드디어 파리에 발을 디뎠다.

　　박식한 학자였던 프랭클린은 파리 시내 파시의 조촐한 집에 둥지를 틀었다. 언론의 가십 기자들은 그의 일거수일투족을 훔쳐보기 시작했다. 《라 가제트》는 그에 대해 이렇게 적었다. "아무도 그를 '대사님'이라고 부르지 않는다. 누구나, 소크라테스나 플라톤에게 했을 것처럼, 그저 프랭클린 박사님이라고 부를 뿐이다." 그런가 하면 다른 신문은 "프로테우스(그리스 신화의 늙은 해신 – 옮긴이)도 따지고 보면 한 명의 인간에 불과했다. 벤저민 프랭클린도 마찬가지다. 하지만 그들은 얼마나 대단한 인간들인가!" 당시 84세의 볼테르는 거의 외출을 하지 않고 지냈으나, 그를 맞이하기 위해서 예외적으로 몸소 왕립 한림원까지 나갔다.

　　1776년 7월 4일 필라델피아에서 서명한 것으로 되어 있는 미국 독립선언서를 토머스 제퍼슨과 공동으로 작성한 벤저민 프랭클린은 당시 파리의 혁명가 모임이나 문인들의 살롱에서 굉장한 명성을 누렸다. 이 독립선언서에는 어떤 내용이 담겨 있었을까? 서문을 읽어보자.

> 우리는 다음과 같은 진실을 그것 자체로서 자명한 것으로 여긴다. 모든 인간은 평등하게 창조되었다. 창조주는 그들에게 침해할 수 없는 권리들을 부여했다. 그중에서도 으뜸가는 권리는 살 권리, 자유를 누릴 권리, 행복을 추구할 권리 (……) 등이다.
> 이러한 권리들을 확실하게 향유하기 위해 사람들은 정부를 구성했으며, 정부의 권위는 피통치자들의 동의에 의해서 합법적이 된다. (……)
> 정부가 그 형태를 막론하고 처음의 목적에서 멀어진다면, 피통치자들은 그 정부를 바꾸거나 파기하고 처음의 목적에 기초하며, 피통치자들이 보기에 자신들에게 안전과 행복을 가져다주는 데 가장 적합하다고 판단되는 형태를 갖춘 새로운 정부를 세울 권한을 가진다.[2]

당시 파리 생제르맹 구역에 자리한 프로코프 카페는 젊은 혁명가들의 모임 장소로 각광을 받았다. 그들은 이곳에서 회합을 갖거나 파티를 열었다. 벤저민 프랭클린도 이따금씩 아름다운 브리용 부인과 함께 이곳에서 저녁식사를 하곤 했다.

어느 날 저녁, 약관 스무 살의 변호사 조르주 당통이 큰 소리로 그를 불렀다. "이 세상은 온통 불의와 비참함으로 가득 차 있습니다. 징벌은 도대체 어디에 있습니까? 당신들이 작성한 선언서에는, 그 같은 선언이 제대로 지켜지기 위해 반드시 필요한 사법적, 군사적 제재를 가할 수 있는 권한이 전혀 없습니다."

이 말을 들은 프랭클린은 다음과 같이 응수했다. "그건 잘못 생각한 겁니다. 우리의 선언서 뒤에는 막강하고 영원한 권력이 버티고 있습니다. 바로 수치심의 권력(the power of shame)이죠."

『프티 로베르 사전』(라루스 사전과 더불어 프랑스의 대표적인 국어사전 - 옮긴이)이 수치심에 대해 내린 정의를 보자. "창피스럽게 만드는 불명예 〔……〕 상대방에 비추어 자신이 열등하다거나 무능하다고 느끼는 고통스러운 감정, 혹은 남 앞에서 자신이 창피하다고 느끼거나 다른 사람들이 자신을 하등하게 본다고 느끼는 감정(불명예스럽게 느끼는 감정) 〔……〕 자신의 의식의 소심함에서 비롯되는 거북한 감정."

이러한 느낌과 그에 따라 야기되는 마음의 동요에 관해서라면, 브라질 바이아 지방의 펠라포르쿠에서 살바도르에 이르는 지역의 굶주린 도시 빈민들이 누구보다도 잘 알고 있다. "쓰레기통을 뒤지려면 우선 나 자신으로부터 수치심을 떨쳐내야 한다"고 그들은 말한다.

수치심을 떨쳐내지 못한 허기진 빈민을 기다리는 건 죽음뿐이다.

학교에서도 기아 상태의 브라질 아동들은 빈혈을 일으켜 정신을 잃기도 한다. 공사장에서는 제대로 먹지 못한 인부들이 실신하는 일이 자주 일어난다. 아시아나 아프리카, 라틴아메리카의 빈민촌(유엔에서 사용하는 공식적인 명칭은 '비위생적인 주거지')에는 전 세계 인구의 40퍼센트가 밀집해 살고 있으며, 이곳에서는 가족의 식사를 담당한 주부들이 변변치 않은 먹을거리를 확보하기 위해 쥐들과 전쟁을 벌여야 하는 형편이다. 이곳 주민들은 사는 동안 줄곧 열등감이 주는 고문에 시달린다.

동남아시아나 사하라 사막 이남 아프리카의 대도시를 배회하는 굶주린 빈민들 또한 수치심으로 고통받고 있다.

누더기를 걸친 실업자는 창피하다는 생각 때문에 부유한 사람들이 사는 지역에는 감히 발을 들여놓지도 못한다. 하지만 부유한 지역에 드나들어야 일자리를 구할 확률이 높지 않겠는가. 그래야 가족들을 먹여 살릴 수 있을 것이다. 그러나 수치심 때문에 지나가는 행인들의 따가운 시선에 맞설 용기를 내지 못한다.

브라질 북부 판자촌에 사는 주부들은 저녁이면 냄비에 돌을 넣고 물을 끓이는 것이 습관처럼 되어 있다. 어머니들은 배가 고파서 보채는 아이들에게 "조금만 기다리면 밥이 될 거다"라고 말하면서, 아이들이 기다리다가 그냥 잠이 들기를 바라는 것이다. 배고픔에 시달리는 자식들을 보면서도 그 아이들을 배불리 먹이지 못하는 어미가 느끼는 수치심을 감히 무엇으로 가늠할 수 있겠는가?

에드몽 카이저는 청소년 시절에 비시 정권의 비밀 경찰대와 나치 강제 수용소행을 모면했다. 르클레르크 장군 휘하의 군사재판부 판사로 일하면서 그는 프랑스 알자스 지방과 독일에 설치되었던 나치 수용소의 참상을 접했다. 그때 받은 충격으로 로잔으로 망명한 그는 국제적인 어린이 구호단체인 테르데좀므(Terre des Hommes)를 세웠다. 그는 21세기가 시작될 무렵, 인도 남부의 한 고아원을 방문하던 중 86세의 나이로 숨을 거두었다.[3]

에드몽 카이저는 "우리는 어린아이들이 짊어진 불행의 크기와 그 아이들을 만신창이로 만드는 엄청난 권력의 힘을 제대로 가늠할 수조차 없다"고 말했다.[4]

많은 서양인들은 아프리카에서 기아에 시달리는 사람들이나 파키스탄 실직자들의 고통스러운 나날에 대해 소상하게 알고 있으며, 따라서 마음속 깊은 곳에서는 이 세계를 지배하는 약육강식의 질서와 자신들이 공범 관계에 있다는 사실 때문에 괴로워한다. 그들은 그로 인해 수치심을 느끼며, 그 수치심은 곧 무기력함으로 이어진다. 이들 가운데 에드몽 카이저처럼 불의의 상황에 대해 분연히 반기를 들고 일어날 수 있는 용기를 지닌 사람은 극소수에 불과하다. 대부분의 사람들은 자신들의 괴로운 의식을 잠재우기 위해서 그럴듯한 정당화 방안을 모색하려는 유혹에 빠지기 쉽다.

가령 부채로 허덕이는 아프리카 사람들을 '게으르고', '부패한 데다', '무책임하고', 독립적인 경제체제를 만들어낼 능력이 없는 '타고난 채무자'라고 말하고 싶어한다. 또 기아에 대해서는 흔히 기후를 내세운다. 그런데 기후만 놓고 볼 것 같으면, 사실 지구 북반구(이곳에는 기아로 허덕이는 사람들이 없다) 기후가 남반구(이곳에서는 영양실조와 기아가 기승을 부린다) 기후보다 훨씬 혹독하다.

제국을 지배하는 '봉건제후들' 역시 수치심으로부터 자유롭지 못하다. 이들은 자신들의 행위가 초래할 결과, 즉 가정 해체, 저임금 노동자들의 수난, 생산성이 높지 못한 서민 계층의 절망 등에 대해 아주 세세하게 알고 있다.

몇몇 지표들은 이들의 불편한 심기를 잘 보여준다. 예를 들어, 스위스의 거대 제약회사인 노바티스 제국의 지배자 다니엘 바셀라의 경우를 보자. 노바티스는 싱가포르에 노바티스 열대 질병 연구소(NITD: Novartis Institute for Tropical Deseases)[5]를 세웠으며, 연구소는 제한적인 수량이나마 말라리아 예방약을 생산하여 가난한 나라에 생산 원가로 보급할 예정이다. 네슬레 제국의 지배자인 페터 브라벡-레마테는 전 세계 86개국에서 네슬레 제국을 위해 일하는 28만 명의 종업원들에게 자신이 직접 저술한 일종의 '성경'을 한 권씩 나누어준다. 그 성경은 자신들이 착취하는 사람들을 어떠한 경우에도 인간적이고 자비로운 마음으로 대하라는 내용으로 가득 차 있다.6

이마누엘 칸트는 수치심은 불명예로부터 나온다고 말했다. 그는 '인간으로서의 명예'에 반하며, 비굴하게 만들거나 품위를 손상시키거나 치욕스럽게 만드는 태도나 상황, 행동이나 의도 앞에서는 분연히 일어나 항거해야 한다고 말했다. 칸트는 'die Schande'와 'die Scham'이라는 두 개의 단어가 수치라는 용어가 내포하는 모든 뜻을 함축한다고 말했는데, 프랑스어로는 이 두 단어를 옮기기가 거의 불가능하다. 나는 다른 사람에게 가해진 모욕 때문에 수치스러우며(Scham), 그 모욕은 그렇기 때문에 내가 지니고 있는 인간으로서의 명예(Schande)에 일격을 가한 것이라고 할 수 있다.7

수치의 제국은 동시대인들의 고통을 통해서 모든 인간에게 가해진 불명예를 먹고 자란다.

1789년 8월 4일, 입법의회를 구성하는 대의원들은 프랑스의 봉건체제를 폐지했다. 그런데 우리는 오늘날 다시금 세계가 봉건체제화되는 시대를 맞고 있다. 전제군주격인 지배자들이 다시 돌아온 것이다. 새롭게 진행되는 자본주의적 봉건사회는 지금까지 그 어떤 왕이나 교황도 누려보지 못한 막강한 권력을 행사한다.

전 세계에서 가장 막강한 500대 거대 민간 다국적 기업(제조업, 상업, 서비스업, 금융업)들이 2006년 현재 전 세계 총 생산량의 52퍼센트를 좌지우지하고 있다. 요컨대 지구상에서 한 해 동안 생산된 부의 절반 이상을 이들이 장악하고 있다는 말이다.

그렇다. 기아와 궁핍, 가난한 자들이 느끼는 압박감은 그 어느 때보다도 극심하다.

2001년 9월 11일 뉴욕과 워싱턴, 펜실베이니아 주를 강타한 테러 행위는 세계의 재봉건화 움직임에 박차를 가하는 결과를 초래했다. 이 테러를 계기로 새로 등장한 봉건제후들은 세계를 자신들의 손아귀에 장악했다. 이들은 인류의 행복을 위해서 절대적으로 필요한 자원들을 독점했으며, 민주주의를 파괴했다.

문명의 마지막 보루마저도 쓰러질 위험에 처해 있다. 국제법은 죽어가고 있으며, 유엔과 유엔의 총책임자인 사무총장의 위상은 흔들리고 공격의 대상이 되고 있다. 세계화 지상주의를 표방하는 관료들이 성큼성큼 전면에 나서고 있다. 이 책은 이 같은 새로운 상황에 대한 현실 인식에서 비롯되었다.

수치심은 도덕을 구성하는 기본 요소 중의 하나다. 수치심은 인간으로서의 자각과 불가분의 관계에 있다. 상처를 받거나 배가 고프거나 궁핍함으로 인한 모욕감 때문에 심신이 괴롭다면, 나는 고통을 느낀다. 나 아닌 다른 인간에게 가해진 고통을 바라볼 때도 나는 나의 의식 속에서 얼마간 그 사람의 고통을 함께 느끼며, 그로 말미암아 내 안에 연민의 감정이 생겨나고, 도와주고 싶은 연대감이 발동하며, 동시에 수치심을 느낀다. 이렇게 되면 내 안에서는 행동하라는 부추김이 일어나게 된다.

나는 직관적으로 이성의 작용에 의해서 혹은 도덕적인 의무감에서 모든 인간은 일할 권리, 먹을 권리, 건강을 돌볼 권리, 배울 권리, 자유를 누릴 권리, 행복해질 권리를 가지고 있음을 안다.

인간 정체성에 대한 자각이 세계화 지상주의를 표방하는 자들을 포함한 모든 인간들에게 깃들어 있다면, 이들은 도대체 어떻게 그처럼 인류를 황폐하게 만드는 행위를 서슴지 않고 행할 수 있단 말인가? 그자들은 도대체 어떻게 인간의 가장 기본적인 행복 추구 욕구마저도 그토록 냉소적이고 잔인하며 교활한 방식으로 깔아뭉갤 수 있단 말인가?

그들은 한 인간이면서 동시에 부자가 되고 싶고, 시장을 지배하고 싶으며, 막강한 권력을 행사하거나 세계의 주인이 되고 싶다는 모순적인 욕망에 사로잡혀 있다. 그들은 자신들이 잠재적인 경쟁자들을 상대로 경제전쟁이라는 이름의 계엄령을 내렸다. 인간 누구에게나 공통으로 적용되는 도덕을 비껴갈 수 있는 예외적인 체제를 마련했다는 말이다. 새로운 체제 안에서 그들은 기본적인 인권을 외면하고(하지만 지구상의 모든 나라가 인권 보장을 지지한다), 도덕적인 원칙을 무시하며(민주주의 사회에서는 도덕적인 원칙이 보장된다), 평범하고 상식적인 감정(이들은 자신의 가족이나 친구들한테만 이 같은 감정을 허용한다)을 억누른다.

내가 타인에게 연민의 감정을 표하거나 연대감을 보인다면, 나의 경쟁 상대는 그 즉시 이를 나의 약점으로 여겨서 이용하려 들 것이다. 나의 경쟁 상대는 나를 무너뜨리려고 할 것이다. 결과적으로 나는 수치심(이런 경우 억눌러야 한다)을 느끼는 나의 마음에도 불구하고, 하루 24시간 밤이든 낮이든 어떤 대가를 치러서라도 최대의 이익을 추구해야 하며, 그 이익을 축적하고 최단 시간에 최저 비용으로 가장 많은 부가가치를 창출해 내기 위해 안간힘을 써야 한다.

이른바 경제전쟁은, 다른 모든 전쟁들이 그렇듯 전쟁이 지속되는 한 영원토록 희생을 강요할 것이다. 게다가 불행하게도 이 전쟁은 끝없이 계속되도록 프로그래밍된 듯하다.

서구에서는 조잡스러운 여러 이론이며 이념들이 본래 선한 의지를 가지고 태어난 인간의 의식을 흐리고 있다. 그러다 보니 적지 않은 사람들이 현재 세계를 지배하는 약육강식의 질서를 움직일 수 없는 불변의 진리로 받아들인다. 이런 믿음은 인간의 마음속 가장 내밀한 곳에 자리 잡고 있는 수치심을 연대적인 행동으로 변화시켜나가는 것을 방해한다.

그러므로 이제부터 해야 할 일은 이와 같은 이론들을 혁파하는 것이다.

혁명주의자들은 1793년 프랑스 대혁명 당시의 '과격파'들처럼 전 지구적인 사회정의를 위해 투쟁하는 것을 임무로 삼아야 한다. 억눌린 분노를 밖으로 표출시키고, 민주적인 집단 저항운동의 불씨를 지피는 것이야말로 이들이 할 일이다. 그리하여 세계가 바로 서도록, 다시 말해서 머리는 위를 향하고 다리는 아래를 향하도록 잡아주어야 한다. 시장의 손이라는 보이지 않는 족쇄를 부숴야 한다. 경제는 자연적인 현상이 아니다. 경제란 그저 한낱 도구에 불과하므로, 인류 공동의 행복이라는 단 하나의 목적을 위해서 봉사하도록 해야 한다.

견디기 어려운 열등감과 무력감으로 똘똘 뭉쳐 수치심을 안고 살아가는 제3세계의 주민들은 그들이 끌어안고 있는 기아나 부채가 불가피한 것이 아님을 아는 순간 새로운 의식에 눈을 뜨게 될 것이며, 제 힘으로 일어설 수 있게 될 것이다. 불명예로 괴로워하던 굶주린 자, 실업자들은 자신들이 처한 상황이 변하지 않을 것이라고 믿는 한 수치심을 안고 살아가야 한다. 그러나 희망이 조금이라도 보이고, 벗어날 수 없는 운명으로 알았던 굴레가 벗겨질 수도 있음을 알게 되면 투쟁 의지를 불태우는 반항자, 봉기 세력으로 변신 가능해진다. 수동적인 희생자로 치부되었던 자들이 자신들의 운명을 개척해나가는 적극적인 행동가로 변모하게 되는 것이다. 이 책은 이러한 변모를 실현시키는 데 일조하고자 한다.

인간에게 행복을 추구할 권리가 있음을 가장 먼저 주장한 사람은 벤저민 프랭클린과 토머스 제퍼슨이다. 이들의 정신은 곧 프랑스 혁명의 과격파 자크 루에게로 전파되어 마침내 프랑스 대혁명의 주요 동력으로 작용했다. 혁명가들은 개인적인 행복, 집단적인 행복을 하나의 정치적인 안건으로 내걸었으며, 이를 즉각적이고 구체적으로 실현하고자 행동했다.

오늘날 인간의 행복 추구 권리를 행사하는 데 방해가 되는 요소는 무엇인가? 이러한 장애 요소는 어떻게 제거할 수 있는가? 어떻게 하면 개인의 행복뿐만 아니라 집단의 행복을 추구할 자유를 보장할 수 있는가? 이 책은 이와 같은 질문에 답하고자 한다.

답을 찾아가는 과정은 대략 다음과 같다.

사상사적인 관점에서 볼 때, 프랑스 대혁명은 급진적인 단절을 초래했다. 대혁명은 계몽주의자들과 합리적인 자유주의자들의 철학적 규범을 정치적으로 구체화시켰다. 몇몇 대혁명의 주동 인물들, 특히 과격파들은 지구상에 사회정의를 구현시키기 위해 현재 우리가 벌이는 투쟁, 미래에 우리가 벌이게 될 투쟁들을 이미 염두에 두고 있었다. '인간은 누구나 행복할 권리가 있다'라는 제목을 붙인 첫 번째 장에서는 이들의 주장을 다룰 것이다. 여기에서는 또한 현재 몇몇 거대 다국적 자본주의 민간 기업들이 주도하고 있는 세계의 봉건화 추세, 이들에 의해 구조화되고 있는 조직적인 폭력체제, 그리고 아직은 비록 뚜렷하게 드러나지 않고 있지만, 이들에 대항해서 봉기하는 세력들도 다룰 것이다. 또한 상당량의 부분을 국제법의 사문화(死文化) 현상에 할애할 것이다.

2장에서는 가장 약한 자들을 대량으로 파괴시키는 무시무시한 살상 무기인 부채와 기아 사이에 존재하는 인과관계를 기술할 것이다. 기아 문제? 이 문제는 이 같은 무기를 휘두르는 자들을 대상으로 몇몇 조치를 취함으로써 단시일 내에 해결할 수 있다.

에티오피아인들은 만성적인 기아와 그들의 유일한 외화벌이 수단인 수출 상품(커피 원두)의 가격 폭락으로 고통받고 있으나, 이에 절망하지 않고 산업을 재정비하고 있다. 그 반대편에 위치한 브라질에서는 조용한 혁명이 진행 중이다. 주민의 상당수가 만성적인 영양실조에 시달리고 있으며 천문학적 부채로 허덕이고 있는 브라질은 이러한 상황에서 해방되기 위해 과거에는 볼 수 없었던 새로운 도구들을 만들어내고 있다. 3장과 4장에서는 이처럼 새롭게 시도되는 투쟁 방식 및 저항 방식을 소개하고자 한다.

인류가 이제까지 만들어낸 것들 중에서 가장 앞서 가는 첨단기술과 막대한 자본, 강력한 연구소들로 무장한 민간 다국적 기업들이 바로 정의롭지 못하고 치사한 질서를 고착시키는 주역이다. 5장에서는 이들 기업이 최근에 사용하는 수법을 집중적으로 파헤칠 것이다.

투쟁은 아는 것에서 출발하며, 투쟁을 통해서만이 자유와 행복을 추구할 수 있는 물질적인 조건을 획득할 수 있다. 약육강식 체제를 파괴시키는 일이 세계 시민들에게 주어진 과제다. 레지 드브레(1940~. 프랑스 출신 철학자, 교수, 기자. 볼리비아에서 체 게바라의 혁명 동지로 지낸 일화로 유명하다 - 옮긴이)는 "지식인의 의무는 현실을 있는 그대로 증언하는 것이다. 지식인의 의무는 민중을 현혹시키는 것이 아니라 이들을 무장시키는 것이다"라고 말했다.[8] 1791년 7월, 샹드마르스의 학살(프랑스 대혁명 기간 중인 1791년 7월 17일 파리 시내 샹드마르스에서 군대가 민중에게 발포한 사건 - 옮긴이)이 있고 난 후, 그라쿠스 바뵈프(1760~1797. 프랑스 대혁명 때 활동했던 정치가, 기자. 원래 이름은 프랑수아 노엘 바뵈프이나 로마를 개혁한 호민관의 이름인 그라쿠스라는 애칭으로 불렸다 - 옮긴이)가 했던 연설을 들어보자.

"당신들은 잔뜩 겁에 질려서 내란을 막아야 한다고, 민중들 사이에 불화의 불씨를 던져서는 안 된다고 외친다. 하지만 한편엔 살인마들, 다른 한편엔 아무런 방비도 하지 못한 채 이들에게 죽어가는 희생자들이 늘어가는 이 같은 현실보다 더 구역질 나는 전쟁이 또 어디에 있단 말인가! 이제 우리는 저 유명한 평등과 재산이라는 항목을 놓고 투쟁을 벌여야 한다!

민중들이여, 그대들은 야만적인 구시대적 제도들을 모두 전복하라! 부자들이 가난한 사람들을 상대로 벌이는 전쟁에서 더 이상 한쪽은 진취적이고 다른 한쪽은 비겁하다는 식의 이분법적인 가치 판단을 버려야 한다. 그렇다. 다시 한 번 말하지만, 현재 모든 병폐는 극한점에 도달했으므로 더 이상 나빠질 것이라고는 없다. 대대적인 현상 전복을 통해서 개선될 일만 남았다."9

나는 이 책을 읽는 사람들이 이와 같은 전복을 실현할 수 있도록 의식을 무장시키는 데 도움을 주고자 한다.

차례

들어가는 말 – 다시 연대만이 희망이다 7

1. 인간은 누구나 행복할 권리가 있다 21
    유토피아를 꿈꾼 사람들 23
    인위적으로 만들어지는 가난 32
    제국의 존재 이유, 전쟁과 폭력 44
    죽음으로 내몰린 국제법 56
    제국과 성전주의자들의 야만성 68

2. 무엇이 가난한 자들을 더 가난하게 만드는가? 77
    부채, 그 추악한 악성 종양의 실체 79
    기아, 부조리와 파렴치의 극치 115

3. 에티오피아, 희망의 불씨는 꺼지지 않았다 149
    '부유한' 전쟁 과부, 알렘 체하이에 151
    커피 가격의 폭락, 시다모의 부조리한 녹색 기아 164
    연대, 저항의 또 다른 이름 177

4.　　　브라질, 혁명은 계속된다 193
　　　　룰라, 가난한 노동자에서 혁명의 지휘관으로! 195
　　　　민주 혁명의 핵심 사업, 기아 제로 프로그램 212
　　　　외채와의 전쟁 221

5.　　　탐욕의 시대는 어떻게 봉건화되는가? 245
　　　　신흥 봉건제후, 거대 다국적 기업들의 횡포 247
　　　　유전무죄 무전유죄, 가진 자가 이기는 세상 268
　　　　유전자 변형 생물, 불공정 경쟁의 대표주자 276
　　　　베베이의 파렴치한 문어, 네슬레 왕국 291
　　　　노동조합은 안 돼! 300
　　　　돈 없으면 마실 수 없어요! 310
　　　　후안무치한 제후들 314
　　　　인권도 좋지만, 시장이 더 좋아! 319

끝맺는 말 – 다시 시작하자 325

저자 후기 334
옮긴이의 말 345
주 349

1.

인간은
누구나
행복할 권리가 있다

유토피아를 꿈꾼 사람들

파리, 1792년 여름. 비참함은 극도에 달했다. 도시 주변에선 기근이 맴돌았다. 왕의 거처인 튈르리 궁은 굶주린 사람들의 상상을 사로잡았다. 소문이 무성했다. 왕이 머무는 궁 안엔 빵이 산더미처럼 쌓여 있고 온갖 산해진미가 넘쳐난다던데…….

8월 9일에서 10일로 넘어가는 밤, 파리 시 청사엔 불이 환하게 밝혀졌다. 대대적인 모임이 진행 중이었다. 도심은 물론 시 외곽 전역에서 의원들이 대거 몰려왔다. 이들은 서로 의견을 나누고 끈질기게 협상을 벌인 결과, 마침내 새벽에 파리 시 반란 정부의 설립을 선포했다. 이로써 구(舊) 시 정부는 해산되었다.

국민병은 해산되었고, 사령관이었던 망다는 처형되었다. 상테르가 그의 뒤를 이었다.

반란 정부는 튈르리 궁을 습격하기로 결정 내렸다. 총과 곡괭이, 쇠스랑, 단검들로 무장한 남녀들이 과격 공화주의자들의 호위를 받으며 2열로 도열해서 왕궁으로 향했다. 하나의 열은 센 강 우안인 도시 동부 외곽 생앙트완 쪽에서, 다른 한 열은 좌안에서 출발했다.

1. 인간은 누구나 행복할 권리가 있다

171명의 스위스 용병들이 왕궁을 지키고 있었다. 사실 왕궁은 거의 텅 빈 상태였다.[1] 이들 스위스 군사들은 최후의 한 명까지 모조리 살해당했다.

약탈자들은 궁 안에 남아 있던 가구며 침구, 그릇 등 값비싼 물건들을 닥치는 대로 집어갔다. 제일 먼저 궁에 들어간 약탈자들이 노략질한 물건을 등에 짊어지고 센 강 부두까지 걸어갔을 무렵, 그 지역을 지키던 민병대원들(대부분이 자코뱅 당원들)이 이들을 체포해서 가로등에 목을 매달았다. 개인의 재산을 약탈하는 행위는, 비록 그 개인이 그토록 증오의 대상이던 국왕이라고 할지라도 가차 없이 극형으로 다스렸다. 질서 유지에 관한 이 일화는 새롭게 부상하는 계급, 즉 부르주아 상인과 산업혁명의 주역이 될 부르주아 제조업자들이 추구하던 '사유 재산 절대 불가침'이라는 가치를 확실하게 드러낸다. 이 가치로 말미암아 대혁명의 정신은 몰수되고 만다.

사제인 자크 루가 이끄는 과격파 혁명주의자들은 곧 부르주아 민주주의 신봉자들에게 공격의 화살을 겨눈다.

자크 루의 주장을 들어보자. "특정 계급에 속하는 사람들이 아무런 죄의식도 없이 다른 계급에 속하는 사람들을 기아에 허덕이게 만들 때, 자유란 한낱 허울뿐인 유령에 불과하다. 부자가 독점을 통해서 동시대인들의 생사여탈권을 장악할 때, 평등이란 한낱 허울 좋은 유령에 불과하다. 혁명의 반동 세력이 나날이 곡식의 가격을 쥐고 흔들어 시민들의 4분의 3이 눈물 없이는 식량을 조달할 수 없을 때 공화국은 한낱 유령에 불과하다."

자크 루의 연설은 다음과 같이 이어진다.

"상거래를 장악한 귀족들은 땅을 가진 귀족이나 성직에 종사하는 귀족들보다 훨씬 악랄해서, 시민 개개인의 재산이나 공화국의 보물들을 가지고 야비한 장난을 일삼는다. 우리는 그들이 벌이는 그와 같은 전횡을 무어라 불러야 하는지 정확한 용어를 알지 못한다. 그도 그럴 것이, 날이 갈수록 상품 가격은 끔찍하게 상승을 거듭하기 때문이다. 시민 대표들이여, 그러니 이기주의자들이 사회에서 가장 근면한 계급에 속하는 사람들을 상대로 벌이는 죽기 살기식의 투쟁에 종지부를 찍을 때가 되었다."

자크 루는 다음과 같은 말도 덧붙였다.

"산악당 의원들이여, 당신들은 혁명의 기운으로 충만한 이 도시에 산재한 주택들의 아래층에서부터 제일 위층까지 올라가 보았는가? 그랬다면 당신들은 투기와 독점에 시달리는 가운데 먹을 빵이 없고 입을 옷이 없어 절망과 불행에 빠진 수많은 사람들의 통곡과 신음소리를 들으며 연민에 사로잡혔을 것이다. 지금까지 법은 항상 가난한 자들에게는 혹독했다. 부자들에 의해 부자들을 위해 만들어진 법이기 때문이다⋯⋯. 오, 분노여, 오, 수치여! 나라 밖의 독재군주들에게 전쟁을 선포한 프랑스 민중의 대표들이 나라 안의 독재자들을 타도하지 못할 정도로 용렬하다면 그 누가 우리의 말을 곧이듣겠는가?"[2]

글자도 읽을 줄 모르는 문맹에게 언론의 자유를 선포한들 무슨 소용이 있겠는가? 기아로 신음하는 사람은 선거권 따위엔 관심도 없다. 자신의 가족이 질병으로, 굶주림으로 죽어가는 광경을 지켜보아야 하는 사람에겐 사상의 자유나 집회의 자유 따윈 아무 상관도 없다.

사회정의가 바로 서지 않는다면 공화국은 무용지물이다.

루이 드 생쥐스트가 자크 루의 말을 받았다. "자유란 먹고살 걱정이 없는 사람들이나 행사할 수 있는 것이다."[3]

행복해질 권리는 인권 중 가장 으뜸이다. "혁명은 완벽한 행복을 획득할 때까지 멈추지 않을 것이다"[4]라고 생쥐스트는 말한다.

앙골라에는 화상 환자를 치료하는 병원이 단 한 곳뿐이다. 루안다에 있는 로스 케이마도스 병원이다. 18년 동안이나 내전이 지속되는 동안 정권에 대항하는 반정부 단체 중의 하나인 앙골라 전면독립민족동맹(UNITA)에 호의적이며, 따라서 정부에 적대적이라는 이유로 정부군 측에서 민간인들에게 네이팜과 형광탄을 무차별적으로 발포한 까닭에 화상 환자가 대량으로 발생했다.

로스 케이마도스 병원에는 해마다 평균 780명 정도의 10세 미만 어린이 환자가 실려온다. 이들 중에서 40퍼센트는 화상의 정도가 심한 나머지 병원에 도착하자마자 사망한다. 극심한 통증 때문에 때로는 이 아이들의 붕대를 갈아주는 것조차 불가능하다. 하지만 붕대를 갈아주지 않으면 감염 위험이 높아진다.

일반적으로 파라세타몰이나 모르핀 혹은 비용이 크게 들지 않는 외과적인 치료가 화상으로 인한 통증을 치료하는 데 사용된다. 그런데 앙골라엔 이와 같은 약품이나 기술이 부족하다. 그 때문에 2002년에서 2006년 사이에 500명이 넘는 아이들이 끔찍한 고통 속에서 죽어갔다.[5]

세계 곳곳에서 거대 다국적 제약회사들은 현지의 경제 사정을 감안해서 약값을 책정한다. 사하라 사막 이남 아프리카 지역의 내수시장은 매우 보잘것없다. 대부분의 주민들이 소득이 전혀 없기 때문이다. 따라서 대규모 제약회사들은 이들 나라의 극소수 상류층의 구매력을 기준으로 약값을 책정한다. 적게 팔아도 비싸게 파는 쪽을 선호한다는 말이다.

이름값을 할 만한 시장을 제대로 형성하지도 못하고 구매력이라고는 없는 대부분의 화상 환자 가족들은 당연히 기본적인 약품조차 구입할 수 없다. 그렇다고 해서 앙골라라고 하는 국가로부터 도움을 기대할 수도 없다. 나라 자체가 거의 파산 상태이기 때문이다.

1791년 파리에서 그라쿠스 바뵈프가 외친 연설은 희한하게도 현재 이른바 제3세계라고 불리는 122개국에 살고 있는 약 50억 인구의 대다수에게 지극히 현실적인 현안 문제로 다가온다.[6]

프랑스 대혁명에 가담한 혁명주의자들 중에서 당시 전 지구상에서 사회정의를 실현하며 인간의 행복해질 권리를 가장 최우선으로 여기던 사람들을 특별히 '이상주의자(utopiste)'라고 불렀다.[7] 이들은 모두 젊은 나이에 과격한 방식으로 목숨을 잃었다. 생쥐스트는 27세, 바뵈프는 37세의 나이에 단두대에서 교수형을 당했다. 자크 루는 혁명 정부가 사형을 선고하자 단검으로 스스로 목숨을 끊었다. 그런가 하면 마라는 암살 당했다. 하지만 단두대와 단검은 이들의 육체는 파괴했을지언정 이들의 투쟁에서 싹튼 전 세계적인 사회정의 실현에 대한 갈구와 희망마저 앗아가지는 못했다. 이들의 정신은 오늘을 사는 수백만 지구 시민들의 의식 속에서 새로운 유토피아를 건설하려는 욕망이 되어 맥을 이어가고 있다.

유토피아라는 용어는 여러 세기 전에 등장했다.

영국 재상이며 에라스무스를 비롯하여 문예부흥기의 정신적 지도자들과 친분을 유지했던 토머스 모어 경은 1535년 7월 6일 참수당했다. 무슨 죄목으로? 독실한 기독교 신자였던 그는 불평등과 불의가 판을 치던 헨리 8세 치하의 영국을 신랄하게 비판하는 책을 저술했다. 그 책의 제목은 『국가의 최선 정체(政體)와 새로운 섬 유토피아에 관하여』였다.[8]

토머스 모어에 앞서서 조아키노 다 피오레를 비롯하여 초창기 프란체스코회 수도사들, 조르다노 브루노와 그의 제자들이 민중의 법(Ius gentium)이 지배하며 모든 인간이 안전과 행복을 누릴 권리가 보장되는 하나의 제국 안에서 인류 화합을 이루기 위해 투쟁했다.9

조아키노 다 피오레나 조르다노 브루노, 토머스 모어 등의 저술이나 복음 전도에서는 인간의 행복해질 권리가 중심을 이루고 있다.

토머스 모어는 그리스어에서 장소를 뜻하는 'topos'에 접두사 U(부정을 뜻하는 접두사)를 붙여 유토피아(U-topia), 즉 '장소가 아닌 곳'을 의미하는 신조어를 만들어냈다. 유토피아는 좀더 정확하게 말하면 아직 존재하지 않는 장소나 세계를 가리킨다.

유토피아는 다른 것에 대한 욕망을 의미한다. 유토피아는 지상에서의 짧은 생애 동안 우리가 손에 넣을 수 없는 것을 의미한다. 유토피아는 요구 가능한 정의(justice exigible)까지도 내포한다. 유토피아는 인간의 의식이 미리 예견할 수 있는 자유와 연대의식, 나누어 갖는 행복의 도래를 표현한다. 유토피아는 결핍인 동시에 욕구로서 전 세계적인 사회정의를 위한 인간들의 모든 행동의 가장 내밀한 원천이 된다. 이러한 정의 없이는 우리들 그 누구에게도 행복이란 불가능하다.

유토피아는 또한 수치심과 더불어 인간을 움직이는 가장 강력한 동력이며, 동시에 역사상 가장 신비스러운 힘의 원천이기도 하다. 그렇다면 유토피아는 어떤 방식으로 기능하는가?

에른스트 블로흐의 답을 들어보자. "[……] 우리가 우리 마음속에 간직하고 있는 욕망은 아무리 작은 것이라고 할지라도 매우 의미심장하다. 우리는 우리 안에 있는 무엇인가가 우리를 자극하지 않는다면, 설사 부족한 것이 있더라도 그토록 고통스러워하지 않을 것이다. 우리 마음속 깊은 곳에서 우리를 인도하려 하고, 우리의 육체와 우리의 육체가 숨 쉬고 있는 우리 주변 세계를 넘어서도록 부추기는 그 목소리가 없다면 우리는 고통스러워하지 않을 것이다. [……] 우리는 어린아이들처럼 사물을 느낄 수 있고, 우리의 근원적인 비밀을 담아 자물쇠를 채워 봉인해놓은 상자가 언젠가는 열리기를 소망할 수 있다. 현재 우리의 눈앞에서 벌어지는 행동은 의지적이고 인지적인 추세의 불완전한 통합체, 즉 억누를 수 없는 욕망의 힘이며, 유토피아를 추구하는 영혼의 작용이라고 할 수 있다."[10]

인간은 본질적으로 미완성적인 존재다.[11] 유토피아는 인간의 가장 내밀한 곳에 깃들어 있다. 블로흐는 "죽음의 순간에 우리들 각자는 생을 마감하기 위해서 더 많은 생을 필요로 하게 될 것이다"[12]라고 말한다.

이 '더 많은 생'을 우리는 당연히 이 지상에서의 삶에서는 누릴 수 없다. 그렇다면 어떻게 해야 한단 말인가? 우리는 그것을 유토피아로 넘겨야 한다. 다시 말해서, 우리 뒤를 이어서 살게 될 사람들의 욕망 속으로 넘겨주어야 한다는 말이다.

"우리가 임종의 고통 속에 놓인 순간에, 우리는 원하건 원하지 않건 우리 자신, 즉 우리의 자아를 다른 사람, 즉 우리보다 뒤에 살 수십억 명의 사람들에게 넘겨주어야 한다. 왜냐하면 그들만이 미완성으로 끝나는 우리의 삶을 완성시켜줄 것이기 때문이다."[13]

하나의 역설이 유토피아를 지배한다. 유토피아는 정치적, 사회적, 지성적인 분야에 내재하고 있는 관습을 지배한다. 또한 그에 따라 사회적 움직임이나 철학적인 동향을 만들어낸다. 유토피아는 개인들의 투쟁에 구체적인 방향을 제시한다. 그러면서 역설적이게도 그 개인들의 지평을 넘어서는 곳에서만 현실성을 획득한다.

호르헤 루이스 보르헤스는 이 같은 역설의 정곡을 찌른다. "유토피아는 내면의 눈으로만 볼 수 있다."

보르헤스가 앞을 보지 못하는 작가였음을 상기한다면, 이것이야말로 이중적인 역설이라고 하지 않을 수 없다. 그의 글엔 「…… 넓게 닫힌 눈으로…… 」라는 제목이 붙어 있다.

유토피아는 분명 파괴적인 힘이지만 아무도 그 힘을 눈으로 볼 수 없다. 그 힘은 역사적이다. 그 힘이야말로 바로 역사를 이어온 원동력이기 때문이다. "시간이란 나를 구성하는 물질이다. 〔……〕 시간은 나를 실어가는 강물이며, 나는 강이다."14

앙리 르페브르는 1970년대 중반에 그의 유명한 저서 『헤겔, 마르크스, 니체 또는 그림자의 왕국』15을 발표했다. 책이 출판되었을 무렵 라디오 프랑스의 한 기자가 그에게 물었다. "저는 선생님 기분을 상하게 할 마음은 없습니다. 하지만 사람들이 선생님을 가리켜서 유토피아를 꿈꾸는 몽상가라고 하더군요." 그러자 르페브르는 답변했다. "오히려 그 반대입니다. 그런 말을 들으니 영광이군요. 나는 그렇게 평가되기를 바랍니다. 자기 눈앞에 펼쳐진 지평선에 시선을 고정시키고 눈에 보이는 것만 보는 사람들, 다시 말해서 실용주의만 고집하며 일단 손에 쥔 것만 가지고 무언가를 하려는 사람들은 절대로 세상을 바꿀 수 없습니다. 오직 보이지 않는 것을 보는 사람들, 지평선 너머로 펼쳐져 있을 세계를 보는 사람들만이 실재론자들입니다. 이 사람들만이 세상을 바꾸는 행운을 거머쥘 수 있습니다. 유토피아는 지평선 너머에 있는 것입니다. 우리의 분석적인 이성으로는 우리가 원하지 않는 것이 무엇인지, 우리가 바꾸고 싶어하는 것이 무엇인지를 정확하게 간파할 수 있습니다. 하지만 그 다음에 도래할 것, 우리가 원하는 것, 지금과는 전혀 다른 세상은 내면의 눈,

즉 우리 안에 깃들어 있는 유토피아를 통해서만 볼 수 있습니다."

그는 또 "분석적인 이성이 굴레라면 〔……〕 유토피아는 거세하지 않은 숫양"16이라고도 말했다.

생쥐스트는 그의 생사를 결정할 판정관들인 파리 공안위원회 위원들 앞에서 다음과 같이 외쳤다. "나는 나를 이루고 있으면서 당신들 앞에서 말을 하는 이 먼지 덩어리를 경멸합니다. 당신들은 나를 처형하여 이 먼지 덩어리의 입은 막을 수 있을 것입니다. 하지만 앞으로 몇 세기가 지난 다음, 아니면 하늘나라에서라도 나한테서 나만의 독자적인 삶을 앗아갈 수 있는 사람이 있다면 얼마든지 그렇게 해보십시오."17

다음 날인 1794년 7월 27일, 생쥐스트는 파리 시내 콩코르드 광장(당시엔 혁명 광장이라고 불렸다)에 설치된 단두대에 올랐다.

유토피아를 꿈꾼 사람들을 승리한 영웅의 반열에 올려놓기란 사실 곤란하다. 이들은 승자들의 자기도취가 판을 치는 회합 장소나 잘나가는 사람들의 대열보다는 오히려 단두대나 화형을 위해 쌓아놓은 장작더미들과 가까이 지내던 사람들이기 때문이다. 그렇긴 하지만! 이들이 아니었다면 인류가 품어온 희망은 벌써 오래전에 지구상에서 자취를 감추었을 것이다.

인위적으로 만들어지는 가난

오늘날 과거보다 훨씬 강력하고 냉소적이며, 예전에 비해 한결 야만적이고 교활한 새로운 봉건 지배 세력이 등장했다. 이들은 바로 제조업, 은행업, 서비스업, 상거래에 종사하는 거대 다국적 민간 기업들이다. 이 새로운 봉건제후들은 자크 루와 생쥐스트, 바뵈프 등이 투쟁의 대상으로 삼았던 주식 투기업자, 곡물 거래업자, 아시냐 지폐(프랑스 혁명 당시 발행돼 남발되었던 지폐 - 옮긴이) 밀거래 업자들과는 차원이 다르다. 거대 다국적 자본주의 민간 기업들은 지구 전체를 대상으로 권력을 휘두른다.

나는 이처럼 새로 등장한 봉건 군주들을 코스모크라트(cosmocrate), 즉 세계화 지상주의자라고 부른다. 이들은 수치의 제국을 관장하는 지배자들이다.

그들이 만들어낸 세계를 찬찬히 뜯어보자.

물론 기아나 부채는 인류의 역사를 훑어볼 때, 요즘 들어 새로이 등장한 현상이라고는 할 수 없다. 아주 오래전부터 힘 있는 자들은 부채라는 올가미로 약한 자들을 장악했다. 임금 노동의 부재로 특징 지어지는 봉건사회에서는 영주들이 농노들을 빚으로 묶어놓았다. 이러한 케케묵은 농업 생산 방식이 현재까지도 살아남아 에콰도르나 파라과이, 과테말라 등지의 거대 농지 라티푼디움에서는 '쿠폰' 체제를 통해 과거와 마찬가지로 농촌 노동자들을 노예화하고 있다.[18]

기아 역시 인류가 지구상에 모습을 드러낸 이후로 항상 존재했다. 아프리카 신석기 시대는 이제까지 알려진 바로는 가장 오래전부터 족외혼(族外婚)을 행하는 사회로서, 주로 채집에 의존해 살았다. 이들 사회의 구성원들은 우기 때부터 다음 우기 때까지 뿌리를 캐고 풀이나 열매를 따서 먹으며 살았다. 이들은 농사짓는 법이나 짐승을 가축화하는 방식을 터득하지 못했으며, 크기가 작은 사냥감이나 조금씩 잡는 정도였다. 유아 살해는 이들이 세운 최초의 사회적 제도였다. 건기(건기는 연중 7개월 정도 지속되었으며, 이 기간엔 채집이 불가능했으며 사냥감도 거의 없었다)가 시작될 무렵에 부족의 어른들은 한편으로는 먹여 살려야 할 입이 몇이나 되는지 세었으며, 다른 한편으로는 비축해놓은 식량의 양을 측정했다. 그 결과에 따라 이들은 부모들에게 새로 태어난 아기들을 없애도록 지시했다.[19]

카를 마르크스의 방대한 저작의 근저엔 중심적인 관심사가 깔려 있는데, 바로 결핍이라는 주제다. 마지막 순간까지도 마르크스는 앞으로도 인류는 여러 세기 동안 빈곤의 왕국에서 살아야 할 운명이라고 확신했다. 주인과 노예라는 저주받은 관계는 사라질 기미가 보이지 않았던 것이다.

마르크스는 이 문제를 다루기 위해서 프랑스어로는 옮기기 매우 어려운 'Der objektive Mangel(객관적 결핍)'이라는 개념을 끌어왔다. 이 말은 지구상에 존재하는 물질재가 더 이상 제한할 수 없는 가장 기본적인 인간의 욕구를 충족시키기 위해서 객관적으로 불충분한 상황을 가리킨다.[20] 마르크스 생존 당시(그 이전에도 항상 그랬다)에는 지구상에 존재하는 재화의 양이 인간의 생존에 반드시 필요한 욕구를 충족시키기에 부족했으므로, 사실 객관적 결핍이 전 세계를 지배했다고 할 수 있다.[21] 노동의 분화, 사회 계급, 국가의 기원, 계급 투쟁에 관한 마르크스의 이론은 모두 재화의 객관적 결핍에 토대를 두고 있다고 해도 과언이 아니다.

하지만 마르크스 사망 이후, 특히 20세기 후반부에 들어와 산업, 기술, 과학 분야에서 놀라운 혁명적 성과들이 이어지면서 생산력 향상에 급속도로 가속도가 붙었다. 그 결과 오늘날 지구는 재화와 부가 넘친다. 바꿔 말하면, 현대에 들어와 하루하루 자행되는 유아 살해는 객관적인 결핍과는 아무런 상관관계가 없다는 말이다.

수치의 제국을 지배하는 지도자들은 철저하게 의도적으로 희귀재를 만들어나간다. 이들이 만들어내는 희귀재란 순전히 이익의 극대화라는 논리에만 복종할 뿐이다.

하나의 재화가 지니는 값어치는 그 재화의 희귀 정도에 따라 결정된다. 재화가 희귀할수록 값은 올라간다는 말이다. 풍요와 무료라는 두 가지 개념은 이들 세계화 지상주의자들이 가장 두려워하는 악몽이기 때문에 이들은 그런 일이 생기지 않도록 백방으로 노력한다. 오직 희귀성만이 이익을 보장한다! 그러니 희귀성을 만들어내자!

세계화 지상주의자들은 특히 자연이 선사한 무상성이라면 질색이다. 이들은 자연의 무상성을 일종의 불공정 경쟁으로 간주하기 때문에 이를 견디지 못한다. 생물, 즉 유전자를 변형한 식물이나 동물에 대한 특허권, 수자원의 사유화 등은 참을 수 없는 이 같은 무상성에 종지부를 찍으려는 안간힘의 결과다. 우리는 뒤에서 이 문제에 대해 자세히 다룰 것이다.

그러므로 서비스, 금융, 재화의 분야에 있어서 희귀성을 조직하는 것이야말로 수치의 제국을 이끄는 자들이 최우선으로 삼는 임무다. 하지만 이러한 조직화된 희귀성으로 말미암아 해마다 지구상에 사는 수많은 인간들의 삶이 파괴되고 있다.

오늘날 인류가 처한 비참함의 정도는 인류 역사상 그 어느 시대에도 찾아볼 수 없을 만큼 참담하다. 5세 미만의 어린아이들 중에서 1천만 명 이상이 해마다 영양 결핍이나 각종 전염병, 오염된 식수, 비위생적인 환경 때문에 목숨을 잃는다. 이들 중에서 50퍼센트는 지구에서 가장 가난한 6개국에서 발생한다. 희생자들의 90퍼센트가 남반구 국가들의 42퍼센트에 집중되어 있다.[22]

이 아이들의 생명은 재화의 객관적인 결핍이 아니라, 재화의 공평하지 못한 분배, 다시 말해 인위적인 결핍에서 비롯된 것이다.

2004년 6월 14일부터 18일까지 브라질의 상파울루에서는 유엔 무역개발회의(UNCTAD)[23]가 열렸다. 이 회의에서는 사무총장이었던 루벤스 리쿠페루의 이임식도 거행되었다. 유엔이라고 하는 모호하고 수상쩍은 세계에서 리쿠페루는 아주 특별한 인물이었다. 그는 고행자처럼 호리호리한 몸매에 부드러운 음성, 빙하라도 뚫을 듯한 푸른 눈동자를 지녔다. 젊은 시절엔 브라질의 군부독재에 항거했고, 현재는 세계화 지상주의자들의 철저한 반대자이며, 굴종을 모르는 결단력 있는 기독교인으로서, 예컨대 우리 시대의 자크 루라고 할 수 있는 인물이다.

191개국에 달하는 유엔 가입국 가운데 86개국에게는 농업 생산물이 그 나라의 가장 비중 있는 수출품에 해당한다. 그런데 이러한 물품의 구매력은 UNCTAD가 창립되던 40년 전에 비해서 3분의 1도 안 될 정도로 하락했다.

제3세계의 122개국에는 전 세계 인구의 85퍼센트가 밀집되어 있으나, 이들 나라의 국제무역 거래액은 전체 무역 거래액의 25퍼센트에 불과하다.

오늘날 지구상에는 18억이 넘는 인구가 하루에 1달러도 안 되는 수입에 의존해 극도의 빈곤 속에서 살고 있다. 반면 가장 부유한 1퍼센트의 인구는 가장 가난한 사람 57퍼센트의 수입을 모두 합한 것과 같은 액수의 돈을 번다.

8억 5천만 명의 성인이 문맹이며, 학령기 아동 중에서 3억 2,500만 명은 학교에 갈 수 있는 가능성이 전혀 없다.

치료 가능한 질병으로 목숨을 잃은 사람이 1,200만 명에 달하며, 이들은 대부분 남반구에 밀집해서 살고 있다.

UNCTAD가 설립될 무렵, 제3세계 122개국의 외채를 모두 합한 액수는 540억 달러 정도였으나, 현재는 20조 달러에 이른다.

2004년, 1억 5,200만 명의 신생아들이 정상 체중에 훨씬 미달인 상태로 태어났으며, 이들 중 절반은 대뇌 발달 장애로 고통받고 있다.

1970년, 지구상에서 가장 가난한 42개국의 무역 거래량은 전 세계 무역 거래량의 1.7퍼센트였으나, 2004년엔 0.6퍼센트로 떨어졌다.

지금으로부터 40년 전, 만성적인 영양실조로 고생하는 사람은 4억 명이었으나, 현재는 8억 5,400만 명으로 늘어났다.

21세기가 시작된 이래로 각종 테러와 끔찍한 자연 재앙이 전 세계를 휩쓸었다. 뉴욕에서 바그다드, 코카서스 지방에서 발리 섬, 가자 지구에서 마드리드에 이르기까지 광범위한 지역에서 수천 명의 주민들이 폭탄으로 몸이 산산조각 나거나 화상을 입었으며, 부상을 당한 사람도 수만 명에 이른다.

남반구에 속한 국가에서는 전염병과 기근이 낳은 사망자들을 위한 시체 안치소가 날이 갈수록 만원 사태를 빚고 있으며, 북반구에서는 소외와 실업이 기승을 부리고 있다.

그런 한편으로는 신흥 자본주의 봉건체제가 날로 번성해간다. 전 세계 거대 다국적 기업 500개의 자기자본이익률(ROE)은 2001년 이후 미국에선 연 15퍼센트, 프랑스에선 연 12퍼센트를 기록하고 있다.

이들 회사들이 보유하고 있는 금융 여력은 이들이 필요로 하는 투자 수요를 훨씬 능가한다. 그렇기 때문에 자체 자본조달 비율은 일본 130퍼센트, 미국 115퍼센트, 독일 110퍼센트에 달한다. 상황이 이렇다면, 이들 신흥 봉건제후들은 어떻게 하겠는가? 이들은 당연히 증권거래소에서 자신들의 주식을 대량으로 사들인다. 또한 주주들에게 어마어마한 배당금을 지급하며 경영진에게는 천문학적인 액수의 보상금을 지급한다.[24]

그래도 사정이 달라질 건 전혀 없다! 잉여 이득은 계속해서 증가 일로에 있다.

독점과 다국적화는 자본주의 생산 방식의 기본이 되는 매개체다. 신봉건주의화, 자본의 자율화, 세계적인 규모를 자랑하며 국익이나 국가의 규범에 감히 도전장을 내밀 정도로 막강한 영향력을 행사하는 강력한 금융 그룹의 탄생 등이 프랑스 대혁명 와중에서도 이미 부상하기 시작했음을 수많은 역사학자들은 지적한다.

정치적으로 적절한 시기를 감안하여, 외국 세력의 위협으로부터 국가의 통합을 공고히 하기 위해 막시밀리앙 로베스피에르는 대혁명의 문화적이고 규범적인 성격을 강화하는 활동을 장려하면서 사유 자본만은 예외로 삼았다. 그렇기 때문에 자크 루, 그라쿠스 바뵈프, 장-폴 마라 등 (생쥐스트는 예외였다)은 로베스피에르를 강력하게 비난했다. 하지만 결국 국가 이미지라는 면에서 본다면 로베스피에르가 승리를 거둔 셈이다. 따라서 루와 마라, 바뵈프 등은 돈의 막강한 힘에 목숨을 바쳐 대항한 투사들로 기억된다.

1793년 4월에 열린 입법회의에서 로베스피에르는 다음과 같이 선언한다. "재산의 평등은 한낱 허구에 불과하다." 회의장에 앉아 있던 투기꾼, 신흥 부자, 민중의 비참함을 이용하여 대혁명 기간에 적지 않은 금융 이익을 챙긴 사람들은 안도의 한숨을 내쉬었다. 로베스피에르는 이들에게 "나는 당신들의 재산에 손을 댈 마음은 추호도 없다"[25]고 말했던 것이다. 이 선언을 통해 로베스피에르는 의도야 어찌 되었든 사유 자본에 세계 지배의 길을 열어준 셈이다.

오늘날 S&P 500 지수에 오른 세계에서 가장 거대한 다국적 기업 중에서 374개 기업은 모두 합해서 6천억 달러 이상을 보유하고 있다. 이 액수는 1999년 이후 갑절로 증가했다. 2003년 이후에만도 13퍼센트나 늘어났다. 세계에서 가장 큰 기업인 마이크로소프트 사는 금고 속에 무려 600억 달러를 넣어놓고 있다. 2006년 이후 이 액수는 다달이 10억 달러씩 증가했다.

이에 대해 에릭 르 부셰는 "다국적 기업들은 어마어마한 돈방석 위에 앉아 있다. 〔……〕 이들은 자신들이 보유한 어마어마한 자산을 가지고 무얼 해야 할지 몰라 고민 중이다"[26]라고 평했다.

상황이 이렇다면, 선한 의도를 가진 선남선녀들이 생각하기에 손쉬운 해결책이 존재한다. 제품의 소비자 가격을 낮추면 될 것 아닌가? 그렇게 하면 세계화 지상주의자들은 축적된 부의 일부를 사회에 환원할 수 있을 것이 아닌가? 또는 직원들의 봉급과 성과급 등을 올려주거나 새로운 일자리를 창출할 수도 있을 것이다. 이도 저도 아니라면, 특히 남반구에 위치한 국가들이 사회 자본을 형성할 수 있도록 투자를 할 수도 있지 않을까?

하지만 세계화 지상주의자들은 자유시장 경쟁에 개입한다는 이유로 이와 같은 의지주의적 생각을 끔찍하게 싫어한다. 더구나 이들에게는 자신들이 축적한 잉여 이익을 조금이라도 남에게 분배하겠다는 마음이 추호도 없다. 오히려 수십만 개의 일자리를 줄이고 임금을 깎으며, 사회비용 지불에 인색하고, 임금 노동자들에게 불리한 합병 등을 계속해서 추진한다. 세계화된 자본주의는 이제 자크 루나 생쥐스트, 바뵈프 등은 전혀 예상하지 못했던 단계, 즉 새로운 일자리 창출이나 노동자들의 근로 조건 향상, 소비자들의 구매력 증가 등이 없는 빠른 지속 성장 단계에 도달했다.

2003년, 전 세계 모든 국가를 통틀어 수백만 달러를 보유한 부자들은 770만 명에 달한다. 2002년에 비해서 8퍼센트 증가한 숫자다. 바꿔 말하면, 1년 사이에 50만 명의 백만장자가 새로 탄생했다는 말이다.

2004년에서 2005년, 2005년에서 2006년 사이에는 이와 같은 증가가 한층 가속화되었다. 2007년, 백만장자들의 수는 1,200만 명을 넘어섰다.

해마다 미국의 메릴린치 은행에서는 캡제미니 컨설팅 회사와 공동으로 '부자들'의 명단을 작성한다. 이들이 말하는 부자란 고유 재산 100만 달러 이상을 소유한 사람을 가리킨다. 이들이 작성한 명단을 보면, 현재 부자들은 주로 북미와 유럽에 포진하고 있으나, 중국과 인도에서도 굉장히 빠른 속도로 증가할 것으로 예측되고 있다. 가령 인도에서는 1년(2002~2003년) 사이에 부자의 수가 12퍼센트, 중국에서는 22퍼센트씩 증가했다. 2004년부터 2007년 사이에도 이 두 나라에서는 부자들이 급속도로 늘어났다.[27]

그렇다면 아프리카의 상황은 어떨까? 아프리카 대륙은 누구나 잘 알고 있듯이 자본의 축적이 매우 빈약한 상태이며, 세수입은 전무하고 공공투자 또한 불충분하다. 그렇지만 1년(2002~2003년) 사이에 아프리카 52개국 출신의 백만장자는 무려 15퍼센트나 증가했다. 아프리카의 부자는 현재 약 10만 명 정도로 추산된다. 아프리카의 부자들이 소유한 개인적인 재산을 모두 합한 총액은 2002년 5천억 달러에서 지금은 6천억 달러로 증가했다. 아프리카에서도 2004년부터 2007년 사이에 거부들의 숫자가 놀랄 만큼 빠른 속도로 증가했다.[28]

아프리카 대륙에 위치한 대부분의 나라에서는 기아와 전염병의 창궐로 주민들이 죽음으로 내몰리고 있다. 어린아이들은 정식 학교 교육을 받지 못하고 있다. 지속적인 대량 실업 사태로 가정은 해체 상태에 이르렀다. 하지만 아프리카의 거부들은 자신들의 고국에 가뭄에 콩 나기 식으로 아주 예외적으로만 투자를 할 뿐이다. 그들은 최대한의 이익을 얻을 수 있는 곳에만 투자를 한다. 모로코나 베냉, 짐바브웨 출신의 부자들은 뉴욕의 증권거래소나 제네바의 부동산을 통해 투기를 일삼으면서도 투자를 필요로 하는 자신들의 고국은 아무렇지도 않게 외면한다.

아프리카 경제 약탈자들 중에는 각 나라의 대통령이나 장관 등의 고위 공무원들이 대거 포진하고 있다. 메릴린치/캡제미니 명단에서 아프리카 출신 백만장자들의 약진이 두드러진 데는 부패가 한몫을 했다고 말할 수 있다.

제네바에서 프라이빗 뱅커로 일하는 내 친구 한 명은 세계 여러 나라 부자들의 재산을 관리해주는데 특히 모로코 인사들과 긴밀하게 일한다. 그 친구의 오랜 고객 중에는 20년 넘게 해마다 약 100만 달러를 현금으로 가져와서 서양에 투자하는 사람이 있다. 내 친구는 그런 상황이 몹시 불만스럽지만 그래도 자신의 직업을 묵묵히 수행한다. 한 가정의 가장인 그 친구는 "내가 그 고객과의 거래를 끊는다고 해도 그자는 자신의 고국을 약탈하는 일을 멈추지 않을 것이다. 그것은 그저 재산 관리인을 바꾸는 일일 뿐이다"라고 털어놓았다. 일리 있는 말이다.

2007년 통계에 따르면, 1,200만 명의 백만장자들의 재산을 모두 합한 금액은 32조 달러에 이른다. 18세기 말 자크 루가 고발한 주식 투기업자나 곡물 투기업자들의 재산 총액과 비교할 때 얼마나 큰 차이인가! 200년이 조금 넘는 사이에 불평등은 가히 천문학적인 비율로 증가했다. 하지만 과격 혁명주의자들의 시대와 다름없이 부자들이 부를 축적하면 할수록 가난한 사람들의 자식들이 죽어가는 현상엔 차이가 없다. 이들에게 자유와 행복이란 그저 아무짝에도 소용없는 빈껍데기일 뿐이다.

마닐라에서 카라치(파키스탄 남부의 대도시 - 옮긴이), 누악쇼트(아프리카 모리타니아의 수도 - 옮긴이)에서 상파울루, 키토(에콰도르의 수도 - 옮긴이)에 이르기까지, 남반구 국가에 위치한 모든 거대 도시에서는 가족도 없고 집도 없는 수십만 명의 어린이들이 길거리를 헤맨다. 이 아이들은 재주껏 살아남는 수밖에 없다. 상인들의 매대에서 먹을거리를 훔치거나 몸을 팔거나 혹은 경찰들을 위해 도둑질을 하는 식이다. 일부는 리우데자네이루의 빈민가에서 통용되는 표현을 빌리자면 '비행기' 노릇을 한다. 지역 마피아 두목들을 위해 코카인을 운반하기 때문에 붙여진 별

명이다.

이 아이들의 삶은 정말로 하찮을 뿐이다. 일부 상인조합은 경찰들에게 돈을 주고 이 아이들을 잡아달라고 청탁하기도 한다. 각종 범죄조직들은 어린 여자아이들을 데려다가 매춘을 시킨다. 때때로 가학 성향이 강한 일부 경찰들까지 자신들의 쾌락을 위해 이 어린아이들을 아무런 양심의 가책 없이 괴롭힌다. 이들 '버려진 미성년자들' 중에 성인이 될 때까지 살아남는 아이들은 극소수에 불과하다.

키가 작고 몸이 마른 체격, 가느다란 안경테 너머로 강렬한 빛을 뿜는 눈을 지닌 엘리오 보카이우보는 1990년대 초반부터 브라질의 국민 영웅으로 추대되어왔다. 리우데자네이루 주 소속 검사인 그는 이른바 '칸델라리아의 대량학살'이라고 불리는 소송을 성공리에 끝마쳤다. 경찰들이 길거리를 배회하다가 도심 한가운데 있는 칸델라리아 성당 출입문 밑에서 웅크린 채 잠을 자던 어린이 열세 명의 목을 찌르고 기관총을 난사한 사건이었다. 열세 명 중에서 네 명은 여섯 살도 채 안 된 나이였고, 다섯 명은 여자아이였다.

이 학살에서 한 아이만이 용케 목숨을 건졌다. 보카이우보는 그 아이를 유럽(취리히)으로 보냈다. 아이의 목숨을 보존하여 재판정에서 증인으로 세우기 위해서였다.

과연 열릴 수 있을까 염려했던 재판은 기적적으로 열렸다. 우두머리를 포함하여 다섯 명의 경찰이 징역형에 처해졌다.

기적은 또 있다. 갖은 협박과 두 번의 살해 시도에도 불구하고 용감한 검사는 아직도 목숨을 보전하고 있다.

나는 2003년 3월 제네바의 민간단체 센터에서 열린 세계고문방지기구 회의에서 그 검사를 만났다. 그 기구를 이끄는 리더 중의 한 명인 보카이우보 검사는 "지난해만 해도 4천 명이 넘는 거리의 아이들이 살해당했다. 대부분은 경찰에 의해 살해되었다. 〔……〕 그런데 이 숫자는 미성년자 담당 판사들에게 보고된 숫자에 불과하다. 〔……〕 따라서 실제 희생자 수는 그보다 2배쯤 많다고 추측할 수 있다."라고 밝혔다.

경제의 저개발 상황은 마치 감옥처럼 사람들을 짓누른다. 제대로 발달하지 못한 경제 때문에 사람들은 아무런 희망 없는 삶 속에 갇혀서 살아야 한다.

이러한 감금 상태는 언제까지고 지속되며, 그곳으로부터의 탈출이란 불가능하고, 따라서 고통은 끝이 없다. 극소수만이 기적적으로 철창을 부수고 나올 수 있다. 포르탈레자(브라질 북동부에 위치한 도시 - 옮긴이)나 다카(방글라데시의 수도 - 옮긴이), 테구치갈파(온두라스의 수도 - 옮긴이), 카라치 등 대도시의 빈민가에서 더 나은 삶을 꿈꾼다는 것은 거의 비현실적인 망상에 불과하다. 인간의 존엄성 또한 공허한 헛소리에 불과하다. 현재의 고통은 영원히 계속되는 고통이며, 어디에도 희망은 없다.

이런 상황에 놓인 사람들에게, 세계화 지상주의자들이 정해놓은 규칙에 무방비 상태로 노출되어 그 폐해를 고스란히 떠안아야 하는 저개발 경제의 현실은, 학교 교육 부재(따라서 사회 계층 간의 이동 불가능), 병원과 의료 부재(따라서 건강 유지 불가능), 지속적인 영양 공급 부재, 일정 소득을 보장하는 일자리 부재, 치안 부재, 개인의 자율성 부재로 요약될 수 있다.

"가난은 지옥이다"라고 찰스 디킨스도 말하지 않았던가.[29]

제국의 존재 이유, 전쟁과 폭력

재화의 희귀성이 지배하는 수치의 제국에서는 전쟁이 간헐적으로 일어나는 것이 아니라 영구적으로 계속된다. 전쟁은 하나의 특이한 현상이 아니라 정상적인 일상이다. 전쟁은 일시적인 이성의 부재로 치부되지 않을 뿐만 아니라 제국의 존재 이유라고 할 수 있다.

나는 이 같은 구조적인 폭력성과 그로 인한 새로운 풍습을 모두 뭉뚱그려 구조적인 폭력이라고 부른다.

인류 역사에서는 오랫동안 폭력을 일종의 병적 현상, 다시 말해서 문명사회의 기초를 구성하는 조직 규범과 윤리 규범이 갑작스럽게 반복적으로 붕괴되는 현상으로 간주했다. 막스 호르크하이머는 이 병적 현상을 분석했으며, 이를 '이성의 소멸(Die Verfinsterung der Vernunft)'[30]이라고 이름 붙였다. 이는 또한 그가 남긴 가장 유명한 저술의 제목이기도 하다.

인류 역사에서 폭력의 예는 너무도 많다. 우선 한 가지를 소개해보자. 예수 탄생 150년 전에 스키피오 아이밀리아누스 아프리카누스는 카르타고에서 마지막까지 항거하던 저항세력을 쳐부쉈다. 잔혹한 시가전은 승리로 이어졌다. 로마의 정복자는 70만 명의 주민들이 모여 살던 도시로 입성했으며, 도시 전체를 밀어버리기로 결정했다. 수십만 명의 주민들이 참화를 피하기 위해 도주했으며, 수만 명은 참수되었다.

도시 전체를 밀어버린 스키피오 아이밀리아누스 아프리카누스는 카르타고가 세워졌던 곳을 수레를 타고 지나갔다. 지나가면서 그는 수레바퀴가 남긴 자국 위로 소금을 뿌렸다.

카르타고의 파괴는 호르크하이머가 말한 이성의 소멸(이 경우는 로마의 이성)을 의미한다. 로마로 돌아온 스키피오는 다시 '이우스 겐티움(ius gentium)', 즉 로마 제국과 피정복국 간의 관계를 규정하는 시민법체제의 수호자가 된다.

이와는 반대로 오늘날엔 극단적인 폭력의 행사가 오히려 문화 행위처럼 인식되고 있다. 폭력이 지속적으로 주인 행세를 한다는 말이다. 다시 말해서 오늘날의 폭력은 봉건화되어가는 자본주의의 이념적, 군사적, 경제적, 정치적 표현이다. 요컨대 폭력이 세계의 질서를 좌우한다.

이성이 일시적으로 소멸되는 현상과는 거리가 멀게, 폭력은 나름대로 세계화 지상주의적 질서를 만들어내며 그것을 적법화하기 위한 이론을 생산한다. 폭력은 독특한 형태의 전 지구 차원의 집단 초자아를 도출해낸다. 폭력은 국제사회를 구성하는 조직의 핵심이 된다. 한마디로 폭력은 일시적이 아니라 구조적이다.

계몽주의자들이 표방했던 가장 중심적인 가치와 비교해볼 때, 이는 명백한 퇴행이며, 이와 같은 상황은 돌이킬 수 없는 것처럼 보인다.

폭력은 분노하는 콩고의 농민들, 가족들에게 먹일 양식을 찾아 헤매는 벵갈의 주부들, 리우데자네이루의 칸델라리아 성당 앞 광장에서 구걸을 하다가 이따금씩 경찰들에게 따귀를 맞는 걸인들의 퀭한 눈과 수치스러워하는 몸짓에 고스란히 배어 있다.

장-폴 사르트르는 조직화된 희귀재에 토대를 둔 세계 속에 펼쳐지는 구조적인 폭력의 발현 기제를 웅변적으로 묘사했다.

"희귀재로 인하여 상호성이 변질되는 상황에서 타인이란, 그 인간이 절대적으로 타인으로 보이는 한, 우리에게는 반(反)인간으로 보인다. 다시 말해서, 타인이란 우리에게 죽음의 위협을 가져오는 자인 것이다. 이렇게도 말할 수 있다. 즉 우리는 그가 추구하는 바를 대략 이해한다. 그가 추구하는 바란 결국 우리가 추구하는 바와 같다. 그가 사용하는 수단도 우리가 사용하는 수단과 같다. 그의 행동이 지니는 변증법적 구조 또한 다르지 않다. 다만 우리는 그 모든 것을 마치 다른 종류, 다시 말해서 우리의 악마적인 분신이 지니는 특성으로 이해한다."31

상호성의 단절은 재앙을 낳는다.

사르트르의 말을 계속 들어보자. "현실 속에서 폭력이란 반드시 행위일 필요가 없다. 〔……〕 수많은 과정을 내포하는 행위로서의 폭력은 부재한다. 〔……〕 폭력은 또한 자연적인 천성, 혹은 숨겨진 잠재성도 아니다. 〔……〕 폭력은 내재화된 희귀재로서의 인간 행동이 지니는 항구적인 비인간성, 즉 개개인이 자신의 내부에서 타인과 악의 원리를 발견하게 하는 것이다. 〔……〕 그렇기 때문에 희귀재에 토대를 둔 경제는 폭력이 될 수밖에 없으며, 따라서 완력의 가시적인 표현인 대량학살과 감금 등을 동반하게 된다. 〔……〕 그런 것들을 사용하겠다는 계획조차도 필요 없다. 두려움과 상호 불신의 분위기 속에서 타인은 반인간이며 자신과는 다른 부류에 속한다고 믿는 인간에 의해서 생산 관계가 형성되면 그것으로 족하다. 다시 말해서 타인은 어느 누구가 되었건 '모든 것의 원인이 되는 사람'으로 비치기만 하면 된다는 말이다. [……] 이 말은 물질에 의한 인간의 인간에 대한 부정으로서의 희귀재야말로 변증법적 지성의 원칙임을 의미한다."32

구조적인 폭력은 결코 추상적인 개념이 아니다. 그것은 지구상에 존재하는 자원의 배분 체계에서 여지없이 드러난다.

1950년 노벨 평화상을 수상했으며 1959년부터 1971년까지 유엔 부사무총장으로 일했던 랠프 번치는 "평화라는 말이 평화 시와 전시를 구별할 것 없이 늘 고통 속에서 살아야 했던 많은 사람들에게 의미를 가지려면 자유나 인간 존엄성뿐 아니라 빵이나 쌀, 안식처, 건강, 교육 등의 용어로도 번역되어야 한다"33고 말했다.

뉴욕 유엔본부 건물 안으로 들어서서 2층에 있는 안전보장이사회 회의실로 올라가다 보면, 입구 쪽으로 방문객용 갤러리를 굽어보는 거대한 백색 벽이 세워져 있는데, 그 벽에 도표가 하나 붙어 있다. 피라미드를 거꾸로 세워놓은 형상을 한 이 도표의 위쪽 3분의 2 정도는 한 해 동안 전 세계에서 지출하는 방위 비용을 보여주며, 나머지 3분의 1은 유엔에서 한 해 동안 각종 사회 정책, 환경 정책, 개발 정책 등으로 집행하는 비용을 보여준다. 이 도표는 2000년 1월 1일에 작성되었다. 그 후 구체적인 숫자들은 바뀌었으나 전 세계의 예산 구조는 전혀 바뀌지 않았다.

이 도표를 보면 번치가 추구하던 야심과는 거리가 멀어도 한참 먼 구조임을 단박에 알 수 있다.

전 세계 모든 국가의 군비 지출 총액은 2004년 1조 달러를 넘어섰으며, 그중 47퍼센트를 미국이 집행한다. 이 지출은 계속 증가일로에 있다.

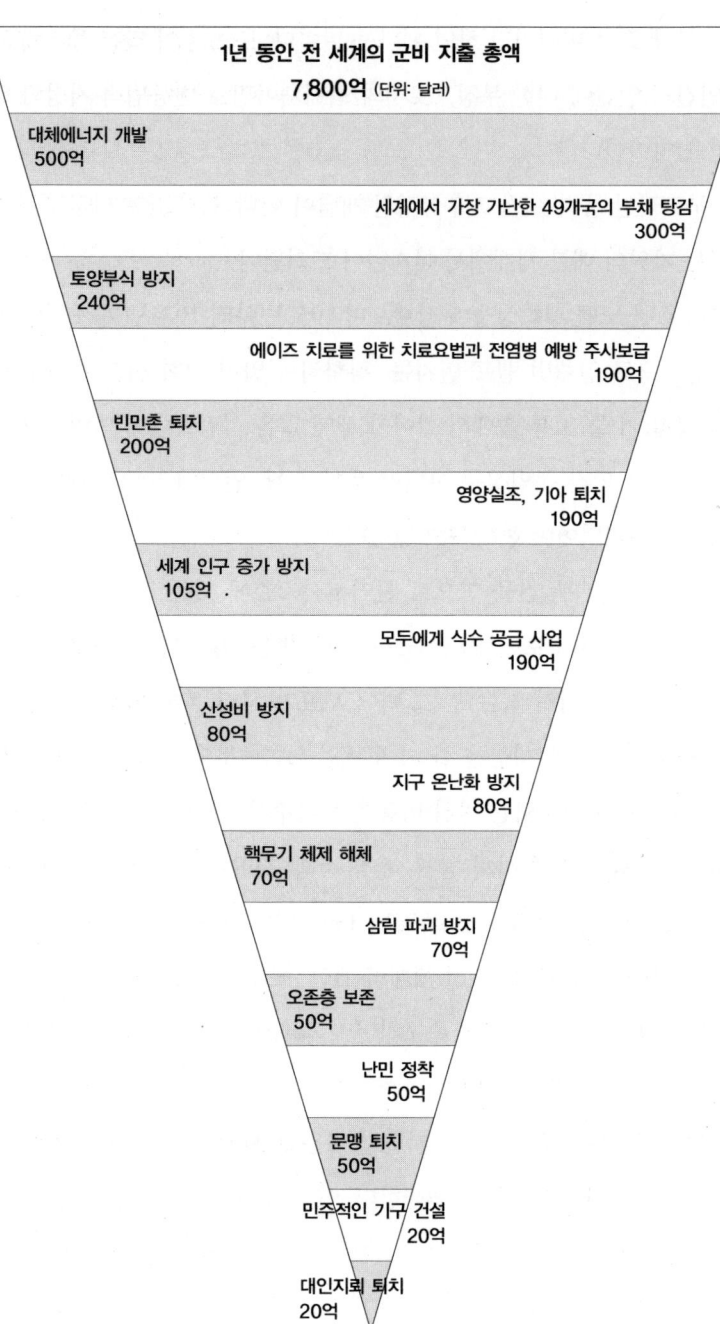

이러한 증가에서는, 바로 전 해와 마찬가지로, 안전보장이사회의 5개 상임 이사국, 그중에서도 특히 미국에서 차지하는 비중이 높다. 스톡홀름 국제평화연구소(SIPRI)에 의하면, 이러한 추세는 적어도 2009년까지 별다른 변화 없이 지속될 것이라고 한다.

현재 미국이 주축이 되어 벌이고 있는 '전 세계적인 테러와의 전쟁'은 세계화 지상주의자들의 질서에 편재되어 있는 구조적인 폭력을 완벽하게 보여주는 예라고 할 수 있다.

이라크와의 전쟁에 들어가는 비용을 실시간으로 보여주는 거대한 전광판이 뉴욕 맨해튼의 타임스 스퀘어에 등장했다. 프로젝트 빌보드 협회에서 제작한 이 전광판은 2004년 8월 25일 수요일 1,345억 달러에서 시작했다. 이 액수는 하루에 1억 7,700달러씩 증가하고 있는데, 이는 시간당 740만 달러, 분당 122,820달러에 해당한다.[34] 이라크 전쟁 하나만 놓고 보더라도 미국은 매달 48억 달러(2003년 9월부터 2004년 9월까지의 1년을 대상으로 할 때)를 전쟁 비용으로 지출하고 있는 셈이다.

에라스무스는 평화란 정당한 값을 치를 때 얻을 수 있다는 흥미로운 주장을 폈다. 평화는 돈으로 살 수 있다. 다시 말해서 평화에 적당한 가격을 매기면 지구상에서 전쟁이 사라질 수도 있다는 말이다. 그는 「평화의 하소연」이라는 글에서 다음과 같이 말했다. "[……] 나는 여기에서 무기 공급자들과 그들이 고용한 일꾼들, 그리고 그 무기를 사들이는 고위 군인들 사이에 오고 가는 돈의 액수 따위는 계산하지 않으련다. 이 같은 지출을 정확하게 계산하고 나서도 당신들이 그 액수의 10분의 1만으로도 평화를 살 수 있다는 점에 동의하지 않는다면, 나는 그 어느 누구로부터도 이해받지 못하고 도처에서 나를 몰아내려 한다는 사실을 감수하면서 체념 어린 고통 속에서 살 것이다."[35]

조지 W. 부시와 아리엘 샤론, 블라디미르 푸틴(각각 이라크, 팔레스타인, 체첸 공화국에 대해)이 저지른 범죄에 대항해서 유혈 테러를 일삼는 광신주의자 단체들이 행동에 돌입하고 있다. 국가 차원의 테러리즘에 소규모 집단들이 맞서고 있는 것이다. 일반적으로 이들 소규모 집단의 우두머리들은 사우디아라비아나 이집트 등지의 부유한 집안 출신 자손들인 반면, 이들이 모집하는 행동대원들은 카라치의 무허가 판자촌이나 카사블랑카의 빈민가, 힌두쿠시 산악지대의 달동네 등 가장 못사는 지역 출신이 대부분이다. 그러니 군사비용 지출의 부조리는 대번에 드러난다고 할 수 있다. 가난이야말로 소규모 테러 집단의 자양분이며, 모멸감과 빈곤, 불안으로 가득 찬 미래에 대한 전망은 이들의 '가미카제식' 행동을 부추긴다.

'전 세계적인 테러와의 전쟁'에 들어가는 비용의 극히 일부만 투자하더라도 버림받은 지구상의 주민들을 절망으로 몰아가는 재해를 뿌리뽑는 데 충분할 것이다. 유엔 개발계획(UNDP: United Nations Development Program) 2006년 연례 보고서에 따르면 해마다 850억 달러씩 10년 동안 투자를 한다면, 지구상의 모든 사람은 기초적인 교육과 기초적인 의료, 적절한 영양, 식수, 기본적인 위생 시스템 등을 보장받을 수 있을 뿐 아니라, 여성들은 적절한 산부인과 치료도 받을 수 있다고 한다.

하지만 '전 세계적인 테러와의 전쟁'은 그 같은 전쟁을 선두에서 지휘하는 사람들의 눈을 멀게 했다.

이 전쟁에서는 목표물이 명확하게 지목된 적도 없다. 더구나 언제 끝날지 예측할 수도 없다. 일종의 천년 전쟁이 될 수도 있으리라.

1948년 1월 30일 나투람 고드세에 의해 암살되기 얼마 전, 마하트마 간디는 마지막으로 대규모 군중 앞에서 연설을 했다. 콜카타에서 일어난 힌두교도들과 이슬람교도들 간의 갈등으로 5천 명 이상이 목숨을 잃은 후였다.

군중들은 복수를 외쳤다.

간디는 이들에게 물었다. "여러분들은 복수하기를 원하십니까? 눈에는 눈으로 맞서야 한다고 생각하십니까? [……] 만일 그런 식으로 나간다면, 머지않아 인류는 모두 눈먼 장님이 되고 말 것입니다."

세계화 지상주의자들과 백악관, 펜타곤, CIA 등지에서 그들을 받드는 보좌관들, 요컨대 '전 세계적인 테러와의 전쟁' 책임자들은 악의 존재를 토대로 하는 개념을 개진시켜나가고 있다. 그들은 아무런 제한도 받지 않고 자유로운 가운데 자신들의 방식대로 테러주의자들을 규정한다. 이들이 앞세우는 정의에는 그 어떤 객관적인 기준도 개입하지 않는다. 몇몇 정부(미국, 이스라엘, 러시아 등)들이 테러주의자라고 지목한 사람은 그대로 테러주의자가 되어버리는 식이다. 이들은 말하자면 사전 예방적인 전쟁을 수행하고 있는 중이다.

전(前) 미국 국방부 장관 도널드 럼스펠드의 말을 들어보자. "지금 우리는 전쟁 중이며, 그 전쟁은 테러리즘에 대항하는 세계 전쟁이다. 그리고 이 전쟁에 동의하지 않는 사람은 대부분 테러리스트들이라는 것이 나의 견해다."[36]

세계화 지상주의자들은 유엔 헌장에 명시되어 있는 집단 안전, 인권, 국제법의 원칙보다 자신들의 주관성, 즉 그들의 사적인 이익을 훨씬 선호한다.

이 얼마나 그럴듯한 위선인가! 이들은 입으로는 이 세계에 정의와 평화를 확립하기 위해 싸운다고(폭격을 가하거나 대량학살을 저지르는 행위 등을) 주장하면서, 사실은 자신들의 개인적인 이익을 확대시켜나가고 있는 것이다. 미국이 주도하는 예방 차원의 전쟁 뒤에는 모두들 잘 알고 있듯이 거대 자본주의 다국적 기업의 금전적인 이익이 도사리고 있다. 이것이야말로 예방 차원의 전쟁을 수행하는 가장 으뜸가는 동기다.

2003년 미국이 이라크를 상대로 개시한 공격에 대해서 생각해보자.

메소포타미아 지역은 지구상에서 두 번째로 큰 석유 저장고임을 우리는 잘 알고 있다. 이곳에 매장된 석유의 양은 대략 1,120억 배럴 정도 될 것으로 추정된다. 1배럴은 159리터에 해당한다. 이라크의 키르쿠크에서 바소라에 이르는 지역의 매장량만 보더라도 18조 리터에 달한다. 전문가들은 아직 탐사되지 않은 매장량도 엄청날 것이라고 말한다.

2003년 이전, 이라크는 1,821개의 유전에서 석유를 채취했다. 미국 전역에 산재해 있는 800여 개의 유전에서 생산되는 석유의 양을 모두 합해도 이라크 유전 하나에서 생산되는 석유의 양에도 미치지 못한다.

그런데 석유의 양보다 사실 이라크 유전의 지질학적인 입지가 어쩌면 더욱 중요하다고도 할 수 있다. 이라크의 유전은 북부나 남부를 구별할 것도 없이 모두 지표면에서 아주 가까운 층에 위치하고 있다. 고작 몇 미터만 파내려가면 검은 금이 나오기 시작하는 것이다. 텍사스 유의 배럴당 생산 단가가 10달러라고 할 때, 북해산 석유의 생산 단가는 15달러인 데 비해서, 이라크 유의 생산 단가는 1달러도 채 안 된다.

다국적 기업인 핼리버튼, 켈로그 브라운 앤드 루트, 셰브런-텍사코 등이 미국이 이라크의 유전을 상대로 강도짓을 벌이는 데 필요한 준비를 하는 과정에서 큰 역할을 했음은 두말할 필요도 없다. 미국의 부통령 딕

체니는 핼리버튼 사의 회장이었으며, 국무부 장관인 콘돌리자 라이스는 전 국방부 장관 도널드 럼스펠드와 마찬가지로 셰브런을 이끌었다. 대통령 조지 W. 부시로 말하면 그는 본인이 소유한 텍사스 유전 덕분에 엄청난 부를 쌓았다.

다른 예를 하나 더 들어보자. 전투용 무기 제조 및 그 거래에 종사하는 거대 다국적 기업들과 전자군수산업 투자 전문회사(예를 들어 칼라일 그룹)들은 '테러리즘의 위협'이라는 합법적인 명목하에 대대적으로 늘어난 정부 예산 덕을 톡톡히 보고 있다. 여기서 한 가지 주목할 점은 미국의 대형 TV 방송국들의 상당수(이들의 시청자 수를 모두 합하면 수천만 명에 달한다)가 무기 제조회사를 소유하고 있다는 사실이다. 가령 NBC는 세계에서 가장 큰 전자군수산업체 중의 하나인 제너럴 일렉트릭 사의 소유물이다.

이런 상황에서라면 '전 세계적인 테러리즘과의 전쟁'이 일상적인 자잘한 거짓말에서부터 국가의 거짓말까지 자유자재로 넘나들면서 공포심 조장과 타인 배척, 외국인 혐오, 인종 차별주의 등을 마음대로 구사하는 조작을 자행한다고 해서 놀랄 것도 없다.

리샤르 라베비에르는 다음과 같이 말했다. "이 같은 조작은 전체주의체제의 전형적인 통치 방식이다. 〔……〕 테러리즘과의 끝 모를 전쟁은 군사작전(지구상의 모든 대륙에서 진행 중인)을 동원할 뿐 아니라 감금이라는 수단도 동원하는데, 이는 인종 차별주의 정책의 가장 전형적인 예라고 할 수 있다."37

그런데 세계화 지상주의자들은 도대체 어떻게 해서 전 세계 국가와 국민들로 하여금 자신들의 전략을 받아들이지 않을 수 없게 만드는가? 이들이 취하는 행동의 저변에는 지칠 줄 모르게 반복되어온 '평화 추구

= 테러리즘과의 전쟁'이라는 방정식이 자리 잡고 있다. 누구나 평화를 원한다. 따라서 사람들은 이들 세계화 지상주의자들이 고착시켜놓은 이 방정식을 그대로 받아들인다.

이와 같은 전체주의적 폭력의 근간을 이루는 이념적인 원천은 무수히 많고 다양하다. 알베르 드 퓌리의 생각에 동조하는 제네바의 권위 있는 랍비 마르크 라파엘 구에즈는 이중에서 몇몇을 지적한다. "대중들의 의식을 사로잡기 위해 연설 내용을 절대화하기, 땅을 신성화하기, 영혼의 구원에 배타적이고 독점적인 성격 부여하기, 본질적으로 우월한 존재임을 주장하기, 타인의 유산을 자신이 합법적으로 계승받는 후계자임을 자처하기, 종교 경전 등에 등장하는 성전(聖戰)에 대한 언급을 문자 그대로 해석하기, 인간이 벌인 사업을 구세주의 사업인 양 선전하기 등등이 잠재적으로 폭력을 양산할 수 있는 원천이 된다."[38]

13세기 튜턴족 기사들은 폴란드와 리투아니아의 불쌍한 농민 가족들을 갈취하고 약탈하기 위해 떠나기에 앞서 오랜 시간 동안 아주 열렬히, 그것도 공개된 장소에서 기도했다. 이들은 구에즈 랍비의 표현대로라면 '구원의 배타성'을 갈구한 셈이 된다.

"신의 군대가 신의 전당에, 신의 왕국에. [⋯⋯] 우리는 그와 같은 사명[이슬람 테러에 맞서기 위한 항전] 속에서 성장했습니다. [⋯⋯] [이슬람교도들은] 우리를 증오합니다. 우리가 기독교 국가를 이루고 있기 때문입니다. [⋯⋯] 우리의 적은 사탄이라는 이름을 가진 자입니다. [⋯⋯] 우리의 신은 그들의 신보다 위대합니다. [⋯⋯] 나는 나의 신이 진정한 신이며, 그들의 신은 한낱 우상에 불과함을 압니다."

이런 말을 한 사람은 누구인가?

이처럼 영원토록 길이 남을 기도를 올린 사람은 미국에서 가장 왕성하게 활동하는 장성 중의 한 명이다. 그는 소말리아에서 벌어진 델타 작전에서도 게릴라로 종횡무진 활동한 엘리트 군인이기도 하다. 2003년 6월, 조지 W. 부시 대통령은 그를 국방부 군사 정보 담당 차관에 임명했다. 그는 바로 윌리엄 '제리' 보이킨 장군[39]이다.

그뿐 아니다. 《인터내셔널 헤럴드 트리뷴》에서 조지 W. 부시 대통령이 그의 참모이자 공범자들과 더불어 두 눈을 감고 두 손을 모은 채 참모실의 큼지막한 마호가니 탁자에 양 팔꿈치를 대고 앉아서 메소포타미아와 아프가니스탄의 인구 밀집 도시에 대한 폭격이 성공리에 끝나기를 기도하는 장면의 사진을 보고 어떻게 흥분하지 않을 수 있단 말인가?

죽음으로 내몰린 국제법

전쟁을 예방하기 위해 벌인다는 전쟁은 끝이 없으며, 공격적인 반응과 임의성, 새로이 세계를 휘어잡은 독재자들의 구조적인 폭력이 아무런 제재도 받지 않으며 지속될 수 있는 이 현상을 어떻게 설명해야 하는가? 오늘날 국제법이라는 울타리는 상당 부분 무너져버렸다. 유엔 또한 그 영향력이 보잘것없이 쪼그라들었다.

로베스피에르는 법은 '자유의 공존'을 위해 존재한다는 멋진 말을 남겼다. 그런데 이제 이 기능을 제대로 수행하지 못하는 국제법은 임종 직전에 놓여 있다. 어째서 이런 일이 일어난 것일까?

국제법은 강대국의 임의적인 폭력을 길들이고 문명화시키는 것을 목표로 한다. 국제법은 각기 다른 국가에 속한 국민들이 지닌 규범적인 의지의 표현이다. 유엔 헌장은 다음과 같이 시작된다. "우리 국제연합 국민들은……"

하지만 실제로 유엔은 국가들의 연합에 불과하다. 유엔 산하에 설립된 다른 대규모 국제기구들도 사정은 다르지 않다. 예를 들어 세계무역기구(WTO), 세계은행(IBRD), 국제통화기금(IMF) 등이 대표적이다. 요컨대 국제법은 (국민들 개개인이 아니라 – 옮긴이) 국가들을 구속하며, 지금까지는 오로지 국가들만이 국제법에 의해 구속을 받는다. 그렇다면 국제법은 어떤 내용으로 이루어져 있는가?

우선 '인권'이 있다. 1948년 12월 10일에 발표된 인간의 권리에 관한 보편적 선언은 이를 명시하고 있다. 유엔에 새로이 가입하고자 하는 나라는 반드시 이 선언을 받아들여야 한다. 따라서 인권은 이론적으로는 구속력을 지닌다. 그러나 실제로는 어떤가? 실제로 인권은 구속력을 행사할 수가 없다. 그 이유는 우선 전 세계적인 차원의 인권재판소가 존재하지 않기 때문이다.[40] 유엔 총회에서 투표를 통해서 선출된 53개국으로 (임기는 3년) 구성되어 있는 인권위원회는 인권 존중 여부를 감시한다. 만일 인권이 지켜지지 않을 때 이 위원회가 사용할 수 있는 유일한 제재 수단은 결의안을 표결에 부치는 것뿐이다.

두 번째 한계를 보자. 필라델피아에서 1776년에 공표된 미국의 인권선언과 1789년의 프랑스 인권선언, 그리고 유엔의 인권선언(그 외에 엘리노어 루스벨트와 르네 카생 등 그 선언문 작성에 참여한 주요 인물들이 선언문에 대해 제시한 해설)은 본질적으로 시민으로서의 권리와 정치적 권리(언론의 자유, 집회와 표현의 자유, 종교의 자유 등)에 집중되어 있는 것이 사실이다. 몇몇 사회 경제적 권리(모성 보호, 먹을 권리, 실업이나 배우자 사망·노화·신체장애 등으로부터 보호받을 권리, 주거의 권리, 의료 수혜 권리, 어린이 보호 등)는 제25항에 잠깐 언급되어 있다. 그러나 1948년 프라하에서 일어난 쿠데타를 출발점으로 하여 시작된 냉전체제는 인권에 대한 국제적 차원의 논의를 얼어붙게 만들었으며, 그중에서도 특히 사회 경제적 권리가 국제적으로 인정받을 수 있는 길을 막았다.

1991년 8월 소련이 해체되기 전까지만 하더라도 지구상의 세 사람

중 한 명은 공산주의 체제하에서 살았다. 공산주의체제란 민주주의체제의 근간을 이루는 복수 정당제, 보통선거, 공적인 자유 행사 등을 부정한다. 공산주의체제는 인민 의지의 전위적인 표현이라고 할 수 있는 일당 체제를 고수하며, 주민들의 사회적인 진보를 절대적인 우위에 놓는다. 그렇기 때문에 인간의 사회·경제·문화적인 권리를 시민으로서의 권리나 정치적인 권리보다 우선적으로 구체화시키려는 방향으로 나아간다.

유엔 인권선언문의 초안을 잡기 위해 구성된 위원회는 1947년 봄에 처음으로 열렸다. 회의가 시작되자마자 영국 대사는 "우리는 배부른 노예보다 자유로운 인간을 원한다"고 천명했다.

이에 대해 우크라이나 대사는 "자유로운 인간도 기아로 죽을 수 있다"고 맞받아쳤다.

이렇듯 냉전 초기부터 거듭된 '귀머거리들의 대화'는 이따금씩 모욕적인 언사가 오가는 가운데 두 세계를 완전히 갈라놓았다. 서방 사회는 공산주의 진영이 시민들의 정치적인 권리를 부인함으로써 자유로운 표현을 금지하고 민주주의의 도래를 방해한다고 비난했다. 반면 공산 진영 국가들은 서방 세계가 이름뿐인 민주주의를 내세워 사회정의를 위한 투쟁을 게을리 한다고 비방했다.

1992년부터 1995년까지 유엔 사무총장을 역임한 부트로스 부트로스갈리는 뛰어난 선견지명으로 빈 회의를 개최했다. 소련이 해체되고 2년이 지난 뒤 오스트리아의 수도에서 최초의 세계 인권회의를 개최한 것이다. 그는 특유의 섬세함과 에너지, 고급 정보를 많이 가진 자만이 지닐 수 있는 근거 있는 인내심 등을 한껏 발휘하여 인권에 대해 완전히 반대 입장을 취하던 두 진영을 화해시키는 데 성공했다. 그 결과 채택된 비엔나 인권선언(1993)은 한편으로는 시민으로서의 권리와 정치적 권리, 다른 한편으로는 사회·경제·문화적 권리 사이에 균형이 유지되어야 함을 공식적으로 인정했다.

"투표 용지가 배고픈 영혼을 달래주지는 못한다"고 독일의 극작가 베르톨트 브레히트는 말했다.

일반적으로 사회·경제·문화적 권리가 뒷받침되지 않는다면, 시민으로서의 권리나 정치적 권리는 제대로 기능할 수 없다. 하지만 개인의 자유와 민주주의가 보장되지 않는다면 지속적인 사회적 권리의 신장이란 불가능하다.

모든 인권은 범보편적이고 분리할 수 없으며 상호 보완적이다. 따라서 개별적인 인권 사이엔 그 어떤 위계질서도 존재할 수 없다.

1948년 인권선언이 있고 난 후 6개의 중요한 조약(고문 금지, 여성 차별 금지, 인종 차별 금지, 어린이의 권리, 사회 경제 문화에 대한 권리, 시민·정치권)이 체결되었다. 전 세계 대부분의 국가가 이 조약들을 비준했다.

이 조약들 중에서 일부엔 첨부 협정서가 붙어 있어서, 권리를 침해당했다고 생각되는 개인은 누구나 문제의 협약 실행을 관장하는 위원회에 직접 제소할 수 있도록 되어 있다. 가령 고문 방지 협약의 경우, 고문을 받은 당사자나 가족들이 해당 위원회에 배상을 청구할 수 있다.

세월이 흘러감에 따라 이 외에도 무수히 많은 협약이 체결되었으며, 각각의 조약에 조인한 국가의 수는 경우에 따라 다르다. 대인지뢰의 생산이나 수출을 금지하는 조약, 대기 오염 방지 조약, 생화학무기 금지 조약, 기후와 수자원·생물 다양성 보호 조약 등 이루 헤아릴 수 없을 정도로 많다.

한편 국제형사재판소는 전쟁 범죄자나 집단학살 책임자, 반인류 범죄 등을 저지른 책임자들을 추적하여 법정에 세우는 일을 맡고 있다.[41]

유엔의 안전보장이사회와 총회는 항구적으로 국제법을 생산해내는 곳이라고 할 수 있다. 그 어떤 헌장이나 그 어떤 단체 또는 개인도 유엔 총회나 안전보장이사회가 그런 권한을 가진다고 명시한 적은 없다. 하지만 관행에 따라 실제로 그렇게 하고 있으며, 이를 통해서 결정된 결의안은 관습법으로 인정받는다.

예를 들어보자. 내정간섭권은 안전보장이사회의 결의안을 통해 탄생했다. 어떤 국가가 자국민(혹은 자국민의 일부를 구성하는 특정 소수 집단)의 인권을 심각하게 유린한 경우, 국제사회는 그 국가의 내정에 간섭해서라도 이들을 보호할 권한이 있다. 이라크의 쿠르드족은 이와 같은 결의안 덕분에[42] 생존권을 보장받고 있다.

1945년 이래 유엔 총회는 700건, 안전보장이사회는 130건이 넘는 중요한 결의안을 채택했다.

위에서 본 바와 같은 고유한 의미의 국제법 외에도 이른바 인도주의에 입각한 법이 다수 존재한다. 이러한 법의 토대는 1949년 제네바에서 체결된 4개의 협약과 그에 첨부된 2개의 의정서(전쟁 포로에 관한 내용, 전시 상황에 놓인 민간인들의 권리, 점령군의 의무, 국가 간의 분쟁이 아닐 때 참전 당사자들의 의무 등을 규정)다.

요컨대 문헌과 판례라는 관점에서 본다면, 엄밀한 의미에서의 국제법과 인도주의적 국제법은 끊임없이, 그것도 매우 빠른 속도로 진화하고 있다. 그렇다면 어째서 우리는 이러한 국제법의 규범적인 성격이 무시되는 상황에 직면하게 되었는가?

그 문제에 있어서는 우선 세계화 지상주의자들, 즉 전 세계의 주요 다국적 거대 기업들의 독재에 좌지우지되는 글로벌 경제의 영향을 들 수 있을 것이다. 이들 현대판 신흥 봉건제후들은 최단 기간에 최대한의 이른 한편으로는 사회·경제·문화적 권리 사이에 균형이 유지되어야 함을 공식적으로 인정했다.

"투표 용지가 배고픈 영혼을 달래주지는 못한다"고 독일의 극작가 베르톨트 브레히트는 말했다.

일반적으로 사회·경제·문화적 권리가 뒷받침되지 않는다면, 시민으로서의 권리나 정치적 권리는 제대로 기능할 수 없다. 하지만 개인의 자유와 민주주의가 보장되지 않는다면 지속적인 사회적 권리의 신장이란 불가능하다.

모든 인권은 범보편적이고 분리할 수 없으며 상호 보완적이다. 따라서 개별적인 인권 사이엔 그 어떤 위계질서도 존재할 수 없다.

1948년 인권선언이 있고 난 후 6개의 중요한 조약(고문 금지, 여성 차별 금지, 인종 차별 금지, 어린이의 권리, 사회 경제 문화에 대한 권리, 시민·정치권)이 체결되었다. 전 세계 대부분의 국가가 이 조약들을 비준했다.

이 조약들 중에서 일부엔 첨부 협정서가 붙어 있어서, 권리를 침해 당했다고 생각되는 개인은 누구나 문제의 협약 실행을 관장하는 위원회에 직접 제소할 수 있도록 되어 있다. 가령 고문 방지 협약의 경우, 고문을 받은 당사자나 가족들이 해당 위원회에 배상을 청구할 수 있다.

세월이 흘러감에 따라 이 외에도 무수히 많은 협약이 체결되었으며, 각각의 조약에 조인한 국가의 수는 경우에 따라 다르다. 대인지뢰의 생산이나 수출을 금지하는 조약, 대기 오염 방지 조약, 생화학무기 금지 조약, 기후와 수자원·생물 다양성 보호 조약 등 이루 헤아릴 수 없을 정도로 많다.

한편 국제형사재판소는 전쟁 범죄자나 집단학살 책임자, 반인류 범죄 등을 저지른 책임자들을 추적하여 법정에 세우는 일을 맡고 있다.[41]

유엔의 안전보장이사회와 총회는 항구적으로 국제법을 생산해내는 곳이라고 할 수 있다. 그 어떤 헌장이나 그 어떤 단체 또는 개인도 유엔 총회나 안전보장이사회가 그런 권한을 가진다고 명시한 적은 없다. 하지만 관행에 따라 실제로 그렇게 하고 있으며, 이를 통해서 결정된 결의안은 관습법으로 인정받는다.

예를 들어보자. 내정간섭권은 안전보장이사회의 결의안을 통해 탄생했다. 어떤 국가가 자국민(혹은 자국민의 일부를 구성하는 특정 소수 집단)의 인권을 심각하게 유린한 경우, 국제사회는 그 국가의 내정에 간섭해서라도 이들을 보호할 권한이 있다. 이라크의 쿠르드족은 이와 같은 결의안 덕분에[42] 생존권을 보장받고 있다.

1945년 이래 유엔 총회는 700건, 안전보장이사회는 130건이 넘는 중요한 결의안을 채택했다.

위에서 본 바와 같은 고유한 의미의 국제법 외에도 이른바 인도주의에 입각한 법이 다수 존재한다. 이러한 법의 토대는 1949년 제네바에서 체결된 4개의 협약과 그에 첨부된 2개의 의정서(전쟁 포로에 관한 내용, 전시 상황에 놓인 민간인들의 권리, 점령군의 의무, 국가 간의 분쟁이 아닐 때 참전 당사자들의 의무 등을 규정)다.

요컨대 문헌과 판례라는 관점에서 본다면, 엄밀한 의미에서의 국제법과 인도주의적 국제법은 끊임없이, 그것도 매우 빠른 속도로 진화하고 있다. 그렇다면 어째서 우리는 이러한 국제법의 규범적인 성격이 무시되는 상황에 직면하게 되었는가?

그 문제에 있어서는 우선 세계화 지상주의자들, 즉 전 세계의 주요 다국적 거대 기업들의 독재에 좌지우지되는 글로벌 경제의 영향을 들 수 있을 것이다. 이들 현대판 신흥 봉건제후들은 최단 기간에 최대한의 이익을 내기 위해서라면 국가도 유엔 따위도 필요로 하지 않는다. 세계무역기구, 유럽연합, 국제통화기금 같은 기구들만 있으면 그것으로 족하다. 그들은 이 같은 기구들을 자신들의 야심을 실현하려는 전략의 유순한 실행자로 이용하면 그만이다. 그런데 앞에서도 이미 언급했지만, 국제법의 주요 주체는 어디까지나 국가다. 하지만 현대판 봉건제후들이 이끄는 글로벌 경제하에서는 이들 국가의 권위가 봄눈 녹듯 녹아버리고 있다. 그 결과 국제법은 강제적인 규약으로서의 기능을 급속도로 상실해가고 있는 것이다.

국제법이 유명무실해지는 데에는 또 다른 이유가 있다. 이 이유는 앞에서 언급한 이유보다 훨씬 교묘하게 작용하기 때문에 쉽게 눈에 띄지 않는다.

국적을 초월한 모든 세계화 지상주의자들의 오른팔 역할을 훌륭하게 수행하고 있는 미국이라는 국가 내부에서 커다란 변동이 일어났다.

1957년, 미국의 56번째 국무장관인 헨리 키신저는 「재편성된 세계: 메테르니히, 카슬레이와 평화의 문제 1812~1822」[43]라는 박사학위 논문을 출간했다. 이 논문에서 제국주의 이론을 전개했던 그는 1965년부터 1975년까지는 국가안전보장회의 위원으로서, 1973년부터 1977년까지는 국무장관으로서 이 이론을 실행에 옮겼다. 다자외교는 혼란을 가중시킬 뿐이라는 것이 그의 일관된 견해였다. 그는 민족 자주권과 국가 주권을 지나치게 엄격히 존중하는 것으로는 평화를 보장할 수 없다고 믿었다. 오로지 범지구적인 열강만이 위기가 닥쳤을 때, 모든 지역에 신속하게 개입할 물질적인 여건과 능력을 가지고 있다고 주장했다. 그 열강만이 평화를 확립하고 유지시킬 수 있다는 것이다.

헨리 키신저는 분명 수치의 제국이 보유하고 있는 가장 냉소적인 용병 중의 한 명임에 틀림없다. 하지만 1999년 제네바의 프레지던트-윌슨 호텔에서 열린 고등국제학연구소 전략연구센터 주최로 열린 학술회의에서 그는 보스니아 유혈 분쟁에 대해 매우 통찰력 있는 분석을 제시했다. 그의 주장을 들으면서 나는 내 안에서 의구심이 솟구치는 것을 느꼈다. 혹시 그의 분석이 옳은 건 아닐까?

사라예보는 21개월 동안 세르비아로부터 포위당한 채 폭격을 당했다. 이는 사망자 11,000명, 부상자 수만 명이라는 참혹한 결과를 빚었으며, 희생자는 대부분 민간인들이었다. 더구나 민간인 희생자 중에서 상당수가 어린아이들이었다. 유엔과 유럽연합은 밀로셰비치가 이끄는 살인마들을 이성의 세계로 이끄는 데 완전히 무력했다. 적어도 미국의 제국적인 힘이 사라예보 인근에 포진한 세르비아 포병대에게 포격을 가하기로 결정하고, 데이턴에서의 회합을 강제하기 전까지, 다시 말해서 무력으로 발칸 반도에 평화를 재수립하기 전까지는 그랬다.

이 상황을 놓고 보면 키신저의 이론이 전적으로 잘못되었다고는 볼 수 없다. 다자간 외교의 결함이 이토록 극명하게 드러난 예는 드물기 때문이다. 지난 10년간(1993~2003년) 소위 '저강도 전쟁(매해 1만 명 이하의 사망자가 발생하는 경우)'이라고 분류되는 전쟁이 43차례나 일어나 지구를 초토화했다. 유엔은 이 전쟁 중 단 하나도 저지하지 못했다. 그러니 다른 사람들은 무어라고 평가하건 키신저의 제국주의 이론은 미국의 지배적인 이념으로 대접받는다.

키신저의 주장은 하나의 가정을 전제로 한다. 바로 제국의 도의적인 힘, 평화를 쟁취하려는 의지, 사회를 조직하는 능력은 다른 모든 국가의 힘과 의지, 능력에 비해 월등하다는 것이다. 그런데 바로 그 가설이 미국의 정치 군사력이 벌이는 행동에 의해 흔들리고 있을 뿐 아니라 반대파들의 분노를 사고 있다.

유엔 산하 고문방지위원회의 특별조사관 테오 반 보웬은 2004년 10월 27일 뉴욕 본부에서 열린 총회에 참석해 발언했다. 당혹감을 감추지 못한 참석자들이 절대적인 침묵 속에서 숨을 죽이고 있는 동안 그는 이라크와 아프가니스탄에서 점령군이 전쟁 포로들 혹은 단순히 수상한 자로 지목된 자들을 상대로 저지른 고문 만행 사례를 하나하나 열거했다. 장시간 잠 안 재우기, 포로들을 제대로 서 있을 수도 앉을 수도 누울 수도 없는 비좁은 공간에 가두기, 당사국 내부의 비밀 감옥이나 제3국으로 수감자들을 이송하여 잔혹하게 신체 손상하기, 강간과 성적 모욕감 주기, 모의 처형, 야생 견에게 물어뜯도록 하기 등 고문의 사례는 이루 헤아릴 수 없이 다양했다.

2004년 9월 18일, 미국 대통령은 국내법 혹은 국제법의 저촉을 받지 않는 특공대 육성을 허가하는 비밀 대통령령에 서명했다. 이들 특공대에게 주어진 임무는 무엇이었을까? 세계 곳곳에서 '테러리스트'로 지목된 자들을 체포하고 심문하며 처형하는 것이 그들의 임무였다. 《뉴욕 타임스》의 대 기자였던 세이모어 허시는 그의 저서 『지휘의 사슬: 9월 11일에서 아부그라이브까지』[44]에서 이들 특공대들의 구체적인 활약상을 몇 가지 소개했다.

더욱 놀라운 사실도 있다. 미국 대통령은 미국 관계 당국에 의해 체포된 포로 중에서 누구는 제네바 협약 및 첨부 의정서, 혹은 보다 광범위한 인도주의적 차원의 원칙의 적용을 받을 것이고, 누구는 '합법적으로' 포로 감시인들의 임의적인 처분에 맡길 것인가를 마음대로 결정한다는 사실이다.

2004년 6월 7일, 《월스트리트 저널》은 펜타곤(미국 국방부)의 법률가들이 작성한 100쪽에 달하는 각서의 주요 내용을 간추려 실었다. 이 문서는 미국 대통령의 명을 받아 국가의 이익을 위해 일하는 미국 정부의 대리인(육군, 해군, 공군, 비밀 요원, 구치소 간수 등)은 누구나 사법적 면책 특권을 보장받는다고 명시하고 있다. 그들이 포로들에게 수치심을 느끼게 하거나 이들을 강간 또는 신체 손상, 심지어 죽게 하더라도 기소당하지 않는다는 말이다.

그렇다면 미국이 비준한 유엔 고문 방지 협약 또는 제네바 협약은 어떻게 되는가? 미국의 이익을 위해서 일하는 비밀 요원이나 구치소 간수, 경찰, 군인들은 그런 협약쯤은 무시해도 아무런 불이익을 당하지 않는다.[45]

펜타곤 법률가들의 논리는 이렇다. 유엔이 정한 고문 방지에 관한 모든 법과 협약 조항은 '미국 국민을 보호하기 위해 대통령에게 속한 제헌 권한'에 의해 무효가 되어버린다는 것이다.

그 뒤를 이어 다음과 같은 언급도 등장한다. "고문 사용 금지 조항은 책임 지휘관의 권한에 따라 실시되는 심문에서 해제될 수 있다."

오늘날 미국 공무원들에 의해 아프가니스탄의 사막이나 아부그라이브에서 바그다드에 이르는 이라크 구치소에서 자행되는 전쟁 범죄는 한편으로는 사법적 처리 과정을 거치지만, 다른 한편으로는 제국주의 이론과 제국주의적 권한이 우월하다는 식의 사고방식에 내재된, 말도 안 되는 견강부회식 논리에 따라 제멋대로 유린되고 있다. 제국주의적인 권력의 보호, 아니 심지어는 적극적인 두둔을 받는 아리엘 샤론 정부는 가장 악질적인 방식으로 팔레스타인 주민 400만 명을 억압했다.

그런가 하면 세계화 지상주의자들의 또 다른 연합 세력인 블라디미르 푸틴 정권은 체첸 공화국에서 무수한 인명을 살상했다. 1995년부터 지금까지 러시아 점령군에 의해 18만 명의 민간인이 살해되었는데, 이는 체첸 공화국 전체 인구의 17퍼센트에 해당한다.

그런데 이들 현대판 봉건 독재자들과 이들을 이용해서 유엔의 기능을 마비시키는 정치 군사적 체제는 도대체 어떤 방법을 사용하기에 이런 일이 가능하단 말인가?

워싱턴 정부는 유엔의 일반 운영 예산의 26퍼센트, 평화 유지 작전(18개국에서 파견한 72,000명의 다국적 평화유지군)에 소요되는 특별 예산의 상당 부분, 그리고 22개에 달하는 전문기구 운영 예산의 적지 않은 부분을 담당하고 있다. 한편 2004년 한 해 동안 9,100만 명에게 식량을 공급한 세계식량계획의 경우, 미국 정부가 경비의 60퍼센트를 지원한다. 이는 주로 미국의 잉여 농산물에서 선취한 현물 형태로 지급된다.

나는 2000년 9월부터 유엔 식량특별조사관으로 일하고 있다. 이 지위는 내가 공무원이 아닌 신분으로 일할 수 있는 자유를 보장해준다. 덕분에 나는 절대적인 면책특권과 독립성을 보장받는다.

이처럼 특별한 자격으로 나는 유엔이 운영되는 방식을 관찰한다. P-5급 이상 되는 유엔 공무원들 중에 백악관의 확실한 동의 없이 승진하는 사람은 단 한 명도 없다. 유엔이라는 거대하고 복잡한 조직의 어느 곳에서 일하건, 출신 국가가 어디건 상관없이 모두에게 이 원칙이 적용된다.

말이 나온 김에 한마디만 하고 지나가겠다. 유럽연합을 구성하는 각국 정부, 특히 프랑스 정부는 자국 출신으로 유엔 조직에서 일하는 공무원들의 경력 관리나 승진에는 도무지 관심이 없으며, 혹 있다고 하더라도 매우 서툰 방식으로 그 관심을 표현한다. 프랑스가 안전보장이사회와 총회에서 자주 공격적이고 자율적인 돌출 행동을 한다고는 하지만, 유엔 조직 내에서 프랑스의 영향력은 거의 제로라고 해도 틀린 말이 아니다.

이와는 대조적으로 백악관 지하엔 고위 공무원들과 외교관들로 구성된 전담팀이 일하는 사무실이 마련되어 있다. 이 팀의 주요 업무는 유엔 또는 유엔 산하 전문 기관의 주요 책임자들 개개인의 활동 사항 및 경력을 면밀하게 관찰하는 일이다.[46] 누구든 조금이라도 삐딱하게 행동하는 사람은 유엔이라는 체제 안에서 살아남을 가망성이 거의 없다. 그런 사람은 당장 해고를 당하거나, 문제의 백악관 지하실 팀이 내민 함정에 걸려 고꾸라지게 마련이다.

한 가지 실례를 들어보자. 오늘날 코소보는 국제보호령으로 되어 있다.[47] 2001년 북대서양조약기구(NATO)의 중재로 세르비아 점령군에 대한 무력 사용을 허용한 유엔은 현재 코소보에서 임시정부 역할을 하고 있다. 하지만 그곳에 주둔한 군대와 민간 행정, 예산 등은 모두 유럽연합에서 나온다.

코소보의 수도 프리스티나에서 다국적군의 지휘와 민간 행정을 책임진 국제사회의 대표는 유럽연합 각료이사회의 추천을 거쳐 유엔 사무총장의 이름으로 임명되었다. 하지만 유엔 사무총장의 재가는 형식적인 절차에 불과하다.

2003년 독일 슈뢰더 총리의 외교 자문이었으며, 코소보에서 국제사회를 대표하는 직분을 맡고 있던 미카엘 슈타이너의 임기가 만료되었다. 유럽연합은 그의 후임으로 피에르 쇼리를 지명했다.

쇼리는 스웨덴의 사민당 출신 총리였던 올로프 팔메의 절친한 친구였다. 국제협력 이민부장관을 역임했으며, 유럽의회 의원직과 스웨덴의 뉴욕 유엔본부 대사로도 일한 피에르 쇼리는 유럽에서 가장 능력 있고 존경받는 외교관 중의 한 명으로 인정받는 인물이었다.

그의 임명을 놓고 백악관 지하실 팀은 분기충천했다!

젊은 시절 쇼리가 미국의 베트남 전쟁 참전 반대 시위에 참여했다는 것이 그 이유였다! 당시 올로프 팔메는 물론 스웨덴 사회주의 지도자들은 거의 예외 없이 그 시위에 참가했음을 상기할 필요가 있을까? 어쨌거나 지하실 팀이 그에게 '반미주의자'라는 딱지를 붙이자 백악관은 즉시 그의 지원을 철회하도록 종용했다. 이 문제로 코피 아난은 무려 네 번이나 콜린 파월의 방문을 받아야 했다.

위협은 노골적이었다. 만일 유엔 사무총장이 유럽연합 측의 제안을 수용해서 그의 임명에 동의할 경우, 미국은 프리스티나의 임시정부와 그 어떤 접촉도 거부하겠다고 나왔다.

벌써 여러 번 그랬던 것처럼 코피 아난은 이번에도 미국의 협박에 백기를 들었다. 그는 쇼리의 임명서에 서명하기를 거부했다.

테러리즘과의 전쟁에 대한 그 어떤 비판이나, 내가 '구조적인 폭력'이라고 부르는 것에 대한 비판, 또는 국제법 위반에 대한 비판에 대해서는 지하실 팀의 제안을 받은 백악관의 즉각적인 보복이 뒤따랐다.

이렇게 해서 오늘날 유엔은 전염병 퇴치, 식량 보급, 빈곤층 자녀 학교 보내기 등의 기술적인 활동에만 치중할 뿐, 과거의 명성에 훨씬 미치지 못하는 나약한 기구로 추락했다.

2007년 6월, 유엔은 창립 62주년을 맞았다. 하지만 앞으로 그리 오래 살 것 같지 않아 보인다.

제국과 성전주의자들의 야만성

세계화 지상주의자들과 그들의 시종무관이 된 정치가들이 득세하는 제국의 반대편에는 성전을 내세우는 알카에다, 알제리 무장 이슬람 단체(GIA), 이집트의 가마 알이슬라미야, 초기 이슬람 시대로의 회귀를 주장하는 마그렙 알카에다 등의 이슬람 테러리즘 세력이 자리하고 있다. 이러한 무장 세력은 오늘날 세계화 지상주의자들과 그들의 용병 역할을 자처하는 미국 군대에 의해 자행되는 구조적 폭력과 효율적으로 맞설 수 있는 유일한 적군이다. 적어도 군사적인 면에서는 그렇다.

레지 드브레는 이러한 상황을 다음과 같은 말로 요약한다. "우리는 어리석은 제국과 참을 수 없는 중세로의 회귀 사이에서 선택을 해야만 하는 상황이다."[48]

여기서 한 가지 분명하게 해둘 것이 있다. 나는 위에서 '이슬람'이라는 용어를 썼는데, 이는 이 용어가 서구 사회는 물론 아랍권에서도 일반적으로 사용되는 용어로 굳어졌기 때문이다. 하지만 어린이와 여성을 비롯한 민간인들에 대한 무차별적인 학살, 신정정치에 대한 편집증적인 강박, 반유대주의, 반기독교주의 등은 무슬림 신앙이나 코란의 가르침과는 아무런 관련이 없음은 두말할 필요도 없다.

태곳적부터 인간은 반항을 일삼아왔다.

서력 기원 1세기경, 트라키아 목동 하나가 로마인들에게 붙잡혀 검투사가 되었는데, 그는 동료 검투사 70명을 이끌고 카푸아의 감옥에서 탈출했다. 그의 이름은 스파르타쿠스. 스파르타쿠스는 로마 제국에 대항하도록 노예들을 선동했다. 수만 명의 동조자들의 선두에 서서 그는 로마 군대를 차례차례 쳐부수었다. 그는 거대한 사유 농지인 라티푼디움을 불태웠고, 그 농장에서 일하던 노예들을 풀어준 후 시칠리아로 향했다. 그러나 서기 71년, 승승장구하던 스파르타쿠스의 행진은 마르쿠스 리키니우스 크라수스가 보낸 용병부대에 의해서 루카니아의 실라루스 강 부근에서 멈추었다. 포로가 된 스파르타쿠스와 수천 명의 동지들은 모두 아피아 가도에 세워진 십자가에 매달려 처형되었다.

1831년 9월의 어느 날 밤, 바르샤바 시내에 솟은 벽이란 벽들은 물론 러시아의 하수인 노릇을 하던 육군 원수 파스키에비치의 집무실 창문 바로 아래까지 온통 벽보로 뒤덮였다. 벽보에는 로마 알파벳과 키릴 자모 '우리의 자유와 당신들의 자유를 위하여'라고 적혀 있었다. 러시아 점령 군대에서는 이 내용을 제대로 이해한 사람이 거의 없었다. 시민 봉기는 유혈이 낭자한 가운데 무자비하게 진압되었다(폴란드가 러시아의 폭력적인 식민 지배로부터 완전히 벗어난 것은 자유연대노조인 솔리다르노시치가 평화적으로 승리를 거둔 1989년의 일이다).

더 비근한 예로는 알제리 민족해방전선(FLN), 엘살바도르의 파라분도 마르티 민족해방전선(FMLN), 남아프리카공화국의 아프리카민족회의(ANC), 카메룬의 민족동맹(UNC), 니카라과의 산디니스타 민족해방전선

등 민족해방을 위해 무기를 택한 집단의 수는 엄청나다. 이들 중 상당수는 잔혹하게 진압되었다. 그런가 하면 승리를 거두어 마침내 권좌에 올랐지만 부패하거나 관료주의의 늪에 빠져 결국 실각하는 경우도 적지 않았다. 한편 에리트레아 민족해방전선(EPLF)처럼 보나파르트식 왕당정치주의자로 선회한 경우도 드물지만 눈에 띈다. 결과야 다르지만, 이들은 눈에 띄는 방식으로 혹은 신중하고 조심스러운 방식으로 민중의 희망을 구현했다는 공통점을 지닌다.

위에서 언급한 모든 집단 행동주의자들, 특히 1789년 프랑스에서 일어난 혁명주의자들은 스스로에게 범보편적인 사명을 부여했다. 이들은 하나같이 자신들이 몸담고 있는 영토의 해방만을 위해서 투쟁하는 것이 아니라 전 인류의 행복과 존엄성을 위해 투쟁한다고 믿었다. 다시 말해서 이들로 하여금 기꺼이 목숨을 내놓게 만든 가치는 바로 인류 전체를 이롭게 하는 가치였다.

이제 다시 로베스피에르의 말을 들어보자. "프랑스인들이여, 영원불멸의 영광이 그대들을 기다리고 있다! 그대들은 위대한 사업을 통해 이 영광을 그대들의 것으로 만들 수 있다. 우리는 가장 비천한 노예 상태와 완벽한 자유 상태, 이 두 가지 중에서 하나를 선택해야 한다. 〔……〕 우리의 운명에 다른 모든 나라의 운명이 달려 있다. 프랑스인들은 전 세계의 무게를 지탱해야 하며 그와 동시에 그들을 비참하게 만드는 독재군주에 대항해야 한다. 〔……〕 모두들 일어나서 무기를 들라! 자유의 적들은 모두 어둠 속으로 돌아가라! 파리 시내 전체에 이들의 죽음을 알리는 조종 소리가 울리게 하라!"[49]

1942년 8월, 미삭 마누쉬앙은 보리스 홀반의 뒤를 이어 이민노동자 운동(MOI)의 유격대 지휘자가 되었다. 나치 점령군들은 이 단체의 몇몇 우두머리의 얼굴과 이름을 적어넣은 벽보로 파리 시내 전체를 도배했다. 이들은 모두 아르메니아나 폴란드 같은 외국 출신이었으므로 나치는 자신들을 공포로 몰아넣은 무장 유격대의 저항운동이 오로지 외국인들의 소행인 것처럼 믿게 하고 싶어했다.

같은 해 11월, 배신자 하나가 이 단체를 나치 비밀경찰 게슈타포에 밀고했으며, 그 때문에 마누쉬앙을 비롯하여 60명이 넘는 단원들이 체포되었다. 이들 중에서 23명은 그 유명한 '붉은 벽보'에 얼굴이 공개된 자들이었다. 체포된 자들은 독일군에게 모진 고문을 당한 뒤 1943년 2월 21일 발레리앙 산에서 총살되었다.

처형 전날, 마누쉬앙은 아내에게 편지를 썼다. "나는 독일 민족을 증오하지 않는다."

마탄차스 전투에 나가기에 앞서 쿠바의 시인이자 정치가인 호세 마르티는 수첩에 다음과 같은 기록을 남겼다. 그는 이 전투에서 사망했다. "우리의 조국은 전 인류다."[50]

아우구스토 세자르 산디노는 니카라과 민족해방전선의 첫 번째 전투를 이끌었다. 1934년 1월, 미국의 마지막 해병이 마나과 시를 떠났다. 1934년 2월 22일, 정부 청사에서 나오면서 산디노는 성당으로 향했다. 페드로 알타미라노가 그와 동행했다. 소모사가 고용한 청부살인업자들이 비토리아 사거리에서 그들을 기다리고 있었다. 심한 부상을 입은 산디노는 그 자리에서 쓰러졌다. 알타미라노는 그에게로 몸을 굽혔다. 그때 산디노는 "우리는 이 세상을 밝힐 빛을 가져다주기를 원했다"고 말했다.[51]

1972년 3월 어느 날이 아득하게 떠오른다. 나는 그때 칠레의 산티아고에 있었다. 북위 17도선 부근에서 베트남 혁명군이 공격하던 시기였다. 나는 아침에 호텔 로비로 내려오다가 거대한 벽보를 보았다. 크리용 호텔 종업원들이 밤새도록 만든 벽보였다. 벽보엔 대문짝만 한 붉은 글씨로 '위대한 인간 정신을 증언하는 데 이번 공격보다 더 아름다운 증거가 있겠는가?'라고 적혀 있었다. 온 나라가 세계에서 가장 강력한 군대에 의해 폭격과 학살을 당하고, 네이팜탄 공격은 물론 마을 전체가 불에 타서 사라져버리고, 어린아이들의 팔다리가 떨어져나가는 가운데서도 베트남 군인들은 용기를 내서 공격을 개시했던 것이다. 이들의 충격적인 반격 소식은 바다를 건너 머나먼 외국 땅에까지 퍼져나갔다. 그것은 태평양 서안에서 일하는 수만 명의 칠레 노동자들의 마음까지 뒤흔들어놓기에 이르렀다. 이 충격적인 소식으로, 민주적으로 선출된 살바도르 아옌데 정부를 위기로 몰아넣은 트럭 소유주들이 벌인 최초의 태업(1972년 1월) 이후 절망에 빠졌던 칠레 노동자들은 다시금 희망을 되찾았고, 힘을 추슬렀다.

그런데 무장 이슬람 세력들은 민중을 꿈꾸게 만드는가? 그들에게 희망을 주는가? 절대 그렇지 않다.

그들은 무엇을 제안하는가? 이슬람 율법인 샤리아뿐이다. 샤리아란, 절도범의 손을 자르고, 간통을 한 것으로 의심되는 여인에게는 돌을 던지며, 여성들을 하류 인간의 굴레 속에 옭아 넣고, 민주주의를 거부하는 것이다. 그것은 지적·사회적·종교적인 퇴행을 강요하는 가증스러운 족쇄나 다름없다.

지난 30여 년 동안 박해받는 팔레스타인 민족은 유난히 혹독하고 냉소적인 점령군 치하에서 신음해야 했다. 그런데 오늘날 국가 테러리즘의 토대에 기초하여 군림하는 샤론의 식민지 정책에 맞서 가장 효율적으로 저항하는 세력은 누구인가? 하마스 무장 세력과 성전을 주장하는 지하드 이슬람 세력이다. 만일 이들이 권력을 잡게 된다면 다종교, 다민족으로 구성된 팔레스타인 사회는 끔찍한 종교 원리주의의 지옥으로 떨어지게 될 것이다.

체첸 공화국에서는 앞에서도 언급했듯이 1995년 러시아가 처음으로 침공한 이래로 인구의 17퍼센트가 푸틴이 보낸 살인마들의 군화에 짓밟혀 목숨을 잃었다. 아무런 제재도 없는 완전 무법천지에서 러시아 군대는 가공할 만한 범죄를 자행했다. 포로들을 죽을 때까지 고문하는가 하면 임의적인 체포는 물론 한밤중에 무자비하게 처형하는 일도 서슴지 않았다. 실종된 젊은이들이 부지기수며, 자식들의 훼손된 시신이나마 돌려받으려는 가족들에게서 금품을 갈취하기도 했다.

그런데 이 악랄한 푸틴의 하수인들과 맞서 싸울 만한 가장 효율적인 적은 누구였나? 바로 남부 산악지대에 근거지를 두고 샤밀 바사예브의 지휘를 받아 활동하는 저항세력 보이비키, 즉 요르단, 사우디아라비아, 터키, 체첸 공화국 출신의 이슬람 원리주의 세력인 와하비트들이었다.

그렇다면 와하비트들을 체첸의 해방군이라고 불러야 마땅한가? 만일 이들이 체첸 공화국의 정권을 잡는다면, 그들이 정권을 잡는 그날부터 체첸 국민들은 견디기 어려운 신정정치의 굴레 속에서 고통받게 될 것이다.

아프리카 지역, 특히 북아프리카의 마그레브 지역 사람들에게 치가 떨리도록 끔찍한 기억을 안겨준 마그레브 알카에다의 세 우두머리 나빌 사흐라위(또는 무스타파 아부 이브라힘), 아마라 사이프(또는 압데레자크 엘 파라), 압델아지즈 압비(또는 오카다 엘파라)를 벌써 잊었는가? 나빌 사흐라위는 1966년 콘스탄티노플에서 태어났으며, 컴퓨터 공학에 능하고 매우 학식이 높은 신학자였다. 다른 두 사람은 알제리 군대에서 탈영한 자들로 이들은 피에 굶주린 야수처럼 행동했다. 세 사람의 이름은 이 지역 사람들의 뇌리에 끔찍한 살인, 모진 고문, 사하라 사막 지역에서 양을 치는 목동들과 유목민들에 대한 파렴치한 약탈 등과 떼려야 뗄 수 없이 연결되어 있다.

압델아지즈 알무크린은 아라비아 반도 지역 알카에다의 총지휘자였다. 그런데 아주 기묘한 우연으로 나빌 사흐라위와 같은 날인 2004년 6월 18일에 살해당했다. 알무크린은 리야드의 부촌에서, 사흐라위는 카빌리아의 숲에서 각각 사망했다.

알무크린은 사람들의 집단의식 속에 체 게바라 또는 아랍의 파트리스 루뭄바로 기억될 것인가? 절대로 그럴 리 없다! 그가 남긴 유일한 유산이라면, 핵심도 없으면서 증오심으로만 가득 찬 종교적인 설교와 사우디아라비아의 몇몇 도시에서 그가 자행한 폭탄 테러에 희생된 선량한 사람들의 처참한 시신들뿐이다.

이슬람 테러주의자들은 수치의 제국의 근간을 이루는 구조적 폭력과 끝없이 이어지는 전쟁을 자양분 삼아 독버섯처럼 자라난다. 이들은 희귀재를 만들어내는 논리를 한층 공고히 하며, 어떤 면에서는 이를 정당화시킨다고도 할 수 있다.

한편 제국은 이슬람 테러 세력들이 빚어내는 공포 분위기를 능수능란하게 이용한다. 제국에 속한 무기상들과 예방 차원의 전쟁이라는 이념을 만들어내는 자들은 이런 상황에서 확실하게 이익을 챙긴다.

전 세계의 사회정의를 위해 투쟁했던 계몽주의자들은 당연히 이들 성전주의자들과 구별된다. 이슬람 성전은 파괴와 복수, 파행과 죽음을 불러오는 허망한 꿈이다. 반면 자크 루(그리고 생쥐스트와 바뵈프)의 후계자들은 자유로 충만한 유토피아와 인류 공동의 행복을 꿈꾼다.

성전주의자들의 비합리적인 폭력은 세계주의자들의 야만성을 그대로 비추는 거울이다. 오직 민주주의적인 갈망과 행동만이 제국과 성전주의자들이라는 이중의 광기에 대항할 수 있다.

의식의 자율성을 회복한 것이야말로 계몽주의가 이룩한 위대한 성과라고 말할 수 있다. 한 곳으로 모여서 응집된 의식은 수치의 제국을 부식시키고, 더 나아가서는 근본부터 무너뜨리는 거대한 물결을 만들어낼 수 있다.

우리는 18세기 말 미국과 프랑스의 혁명주의자들로부터 속박에서 해방되는 무기를 물려받았다. 인간으로서 자유를 누릴 수 있는 권리, 보통선거, 민의에 의해 언제든지 소환 가능한 대리 정치 등이 바로 우리가 물려받은 무기다. 이러한 무기들은 우리가 손을 뻗으면 닿는 곳에 있다. 연대의식과 전복 가능성이라는 개념으로 이 세계를 이해하는 사람들이라면 누구나 지체하지 말고 이 무기를 손에 들어야 한다. "뿌리를 향해 전진하라"고 에른스트 블로흐가 말했다.[52]

여기에는 하나의 절대적인 도덕적 요청이 따른다. 이마누엘 칸트는 이렇게 말한다. "매 순간 너 자신의 의지에 따라, 이 세계를 지배하는 보편적인 법칙이 되기를 소망하는 원칙에 따라 행동하라."[53] 칸트는 "완전히 다른 본질로 이루어진 세계(Eine Welt von ganz anderer Art)"[54]를 꿈꾸던 철학자였다. 이러한 세계는 자율적인 의식의 응집이 만들어내는 반란을 통해 만들어질 수 있다.

국민 주권을 회복하고 인류 공동의 행복으로 나아가는 길을 여는 일은 오늘날 우리가 해야 할 가장 시급한 일이다.

2.

무엇이
가난한 자들을
더 가난하게 만드는가?

부채, 그 추악한 악성 종양의 실체

가난한 나라의 국민들은 부자 나라의 발전에 필요한 비용을 대기 위해서 죽도록 일을 해야 한다. 남반구가 북반구, 특히 북반구의 지배계층을 위해 돈을 댄다. 오늘날 북반구가 남반구를 지배하는 가장 강력한 수단은 부채를 제공하고 그에 대해서 받는 대가라고 할 수 있다.

남반구에서 북반구로 흘러들어오는 자본의 양은 북반구에서 남반구로 흘러들어가는 자본의 양을 초과한다. 가난한 나라들은 해마다 부자 나라의 지배계층에게 자신들이 투자나 협력 차관, 인도주의적 지원 또는 개발 지원 등의 형태로 받는 돈보다 훨씬 많은 돈을 지불한다.

2006년 북반구 선진 산업 국가들이 제3세계 122개국의 개발을 위해 지원한 돈은 580억 달러였다. 같은 해 제3세계 122개국은 부채에 대한 이자와 원금 상환 명목으로 북반구 은행에 포진한 세계화 지상주의자들에게 5,010억 달러를 지급했다. 오늘날의 세계 질서 속에서 부채는 그 자체로 구조적 폭력의 전형적인 예라고 할 수 있다.

한 나라의 국민들을 노예 상태로 만들어 복종시키기 위해서 기관총이나 네이팜탄, 탱크 따위는 필요 없다. 부채가 그 모든 역할을 완벽하게 수행하기 때문이다.

쥐빌레2000은 다양한 유럽 국가 출신 기독교인들이 만든 거대한 단체다. 새천년을 맞이할 즈음에 이들 단체 소속 남녀 회원들은 부채라는 이름으로 자행된 온갖 범죄를 서구인들에게 투명하게 알리고 이 문제에 대한 그들의 의식을 일깨우기 위해 대대적인 캠페인을 벌였다. 캠페인은 매우 효과적이었다.

이 단체는 채권자들(국제통화기금, 민간 은행)이 아프리카나 아시아 남부, 카리브해 인근, 라틴아메리카 등지에서 기아에 허덕이는 사람들에게 가하는 제재는 가히 이들의 주권 부인에 해당한다고 고발했다.

부채가 지배하는 시대는 과도기를 거칠 필요도 없이 그대로 제국주의 식민지 시대의 뒤를 잇는다. 부채가 야기하는 교묘한 폭력 구조는 본토 정부가 지니고 있던 노골적인 가혹성의 대체물이다. 한 가지 실례를 들어보자. 1980년대 초반, 국제통화기금은 브라질에서 유난히 가혹한 구조조정 계획을 요구했다. 이에 따라 브라질 정부는 재정 지출을 대폭 축소해야 했다. 지출 줄이기 정책의 일환으로 브라질 정부는 국가적인 차원에서 대대적으로 벌이던 홍역 예방주사 접종 사업을 중단했다. 그로 인해서 브라질에서는 정확하게 1984년 이 전염병이 무서운 속도로 번져 나갔다. 예방주사를 맞지 못한 수만 명의 어린이들이 홍역으로 목숨을 잃는 비극이 발생한 것이다.

부채가 그 아이들을 죽였다.

쥐빌레2000은 2006년의 경우, 5초마다 10세 미만의 어린이 한 명이 부채 때문에 죽어간다고 계산했다.[1]

부채는 두 부류의 인간들에게 이득을 가져다준다. 세계화 지상주의자들, 다시 말해서 외국 채권자들과 해당 국가의 지배계층 구성원들이다. 우선 채권자들의 경우를 보자.

채권자들은 채무국에 돈을 빌려주는 대신 매우 엄격한 조건을 제시한다. 그러므로 제3세계 국가들은 빌린 돈에 대해서 일반적으로 금융시장에서 통용되는 이자율보다 5배에서 7배쯤 높게 책정된 이자를 지불해야 한다. 그뿐이 아니다. 세계화 지상주의자들은 몇 개 되지도 않는 이들 국가의 기업들이나 탄광, 실속 있는 공공서비스(전화 사업 등)를 민영화하거나 외국(채권자들 자신)에 판매할 것을 종용하며, 군대의 무장을 위해서 외국(채권자들의 나라)의 무기를 구입하도록 촉구하는 식이다.

부채는 또한 채무국 지배계층 구성원들에게도 막대한 이득을 가져다준다. 남반구에 위치한 상당수 국가의 정부는 결국 자국민의 극소수, 이른바 '매판 상인(comprador)' 즉 콤프라도르들의 이익만을 대변한다는 비난을 면할 수 없다. 매판 상인이란 정확하게 누구를 지칭하는가? 두 가지 부류의 사회 계층을 지칭한다고 할 수 있다.

우선 첫 번째 부류. 식민지 시대엔 외국 주인들이 원주민 보좌관들을 필요로 했다. 주인은 원주민 보좌관들에게 특혜를 베풀어주고, 그럴듯한 지위를 부여했으며, (소외된) 계급의식을 심어주었다. 대부분의 경우, 이 같은 계급의식은 식민지 시대가 끝나 주인이 떠나간 후에도 계속 남게 되었고, 이들은 식민지 시대의 마감과 더불어 세워진 독립 국가의 신진 지도계급이 되었다.

두 번째 부류. 남반구 국가들의 대다수는 오늘날 경제적으로 외국 자본과 거대 다국적 민간 기업들의 지배를 받고 있다. 외국의 열강들은 채무국 현지에서 지도자와 현지 간부들을 고용하며, 이들은 현지에서 일어나는 상거래를 위하여 현지 변호사들과 기자들에게 자금을 댄다. 이들은 또한 겉으로 드러나지 않게 주요 군 장성 및 경찰 수뇌부들과 밀접한 관계를 유지한다. 이들이 바로 매판 상인들의 두 번째 부류다.

콤프라도르는 '사들이는 사람'을 뜻하는 스페인 말이다. 콤프라도르 부르주아라고 하면, 새로운 봉건제후들에게 매수된 자들을 가리킨다. 이들은 자기들을 낳아준 민족이 아닌 남의 나라 출신 봉건제후들의 이익을 위해 일한다.

이집트의 국가 원수인 호스니 무바라크는 부패와 배임으로 똘똘 뭉친 정권을 지휘하고 있다. 그가 펼치는 국내 정치나 지방행정은 전적으로 그의 후견인격인 미국 정부의 법령과 이익을 대변한다. 페르베즈 무샤라프는 파키스탄의 지도자다. 미국의 정보조직이 그를 보호하고 지지한다. 그는 매일 워싱턴으로부터 직접 지시를 받는다. 온두라스나 과테말라의 라티푼디움 소유주, 인도네시아와 방글라데시의 지도자 계급들에 대해서는 특별히 언급할 필요가 있을까? 이들의 이익은 현재 이들 나라에서 왕성하게 활동 중인 거대 다국적 민간 기업들의 이해와 밀접하게 연결되어 있다. 거대 다국적 기업들은 국가의 기본적인 이해관계, 국민들의 생존과 직결된 수요 따위엔 아랑곳하지 않는다.

수단에서는 여러 개의 석유 기업 연합(consortium)들이 각기 다른 콤프라도르 지도계급을 재정적으로 지원하고 있다. 가봉의 오마르 봉고, 브라자빌의 사수 엔게소 같은 이들은 프랑스에 본부를 둔 거대 다국적 석유 기업 ELF 같은 회사가 대주는 돈과 조언, 보호가 아니었다면 그토록 오랫동안 정권을 잡을 수 없었을 것이다.

일부 제3세계 국가의 엘리트 계급이 겪는 문화적 소외 현상은 너무도 심각해서 놀라울 지경이다.

나는 아부자(나이지리아의 수도-옮긴이)의 아소코로 지역에 있는 쿠

와메 은크루마 크레센트의 호사스러운 저택에서 열린 만찬을 기억한다. 그날 저녁 나는 나이지리아 연방공화국의 주요 부서에서 국장직을 맡고 있는 사람이 주최한 만찬의 주빈이었다. 하우사족 출신인 그는 상당히 교양 있고, 호감 가는 스타일에다 언변도 아주 좋은 사람이었다. 올루세군 오바산조 대통령의 측근이기도 했다.

국장은 일이 너무 많다고 하소연을 했는데, 아마도 괜한 엄살은 아니었을 것이다. 그런데 그가 그 말을 하는 순간, 카노가족 출신인 부인이 남편의 말을 끊었다. "맞아, 당신은 정말 일을 너무 많이 하는 것 같아! 그래도 우린 곧 홈 리브(home leave)가 될 테니 그래도 다행이지 뭐야." '홈 리브'란 무슨 말인고 하니, 며칠 후면 런던의 몬태규 광장에 면한 '우리 아파트'로 돌아가 평온한 휴가를 즐길 수 있다는 말이었다. 그 부인은 런던 아파트의 발코니에서 내려다보이는 작은 공원과 나무들이 만들어내는 풍경이 얼마나 아름다운지, 극장들이 즐비한 소호에서는 얼마나 다양한 공연을 즐길 수 있는지, 더비 경마장에 가면 얼마나 짜릿한 흥분을 맛볼 수 있는지 등등에 대해서 끝없이 이야기를 늘어놓았다.

'홈 리브'란 원래 식민지 시대가 낳은 전형적인 표현이라고 할 수 있다. 1세기 넘게 식민지에 파견되는 영국 관리들이 즐겨 쓰던 말이었다. 그런데 그 표현이 요즘엔 왕년에 영국의 식민지였던 나이지리아의 몇몇 지도급 인사들이 즐겨 쓰는 말이 되어버렸다.[2] 마르베야, 알제지라, 칸, 생자크 곶 등은 모로코의 콤프라도르 계급들이 즐겨 찾는 휴양지다. 모로코는 남반구 여러 나라 중에서 가장 가난하고 가장 부패한 나라 중의 하나다. 마이애미에서 가장 사치스러운 몇몇 지역엔 콜롬비아나 에콰도르 출신의 부유한 기업 담당 변호사나 거대 다국적 기업의 고위 간부들만이 모여 산다고 해도 과언이 아니다. 그런가 하면 브리켈 베이 드라이

2. 무엇이 가난한 자들을 더 가난하게 만드는가?

브엔 카리브해 연안 지역 출신 콤프라도르 계급만을 위한 식당과 클럽, 술집들이 있을 정도다.

과테말라나 엘살바도르 출신 귀부인들이 자신들의 집에서 일하는 인도 출신 하인들이나 해변 별장에서 일하는 농사꾼들에 대해서 이야기하는 걸 들어보아야 한다! 같은 민족임에도 불구하고 이루 말할 수 없는 경멸감을 품고 있음이 단어 하나하나에 고스란히 배어나온다.

콤프라도르 계급은 몸은 자신들의 나라에서 정권을 잡고 있지만, 정신적으로나 경제적으로는 완전히 거대 다국적 기업이나 외국 정부에 의존적이다. 그럼에도 불구하고 이들은 국민들을 상대로 말할 기회가 있을 때마다 누구보다 애국심에 불타는 연설을 늘어놓는다.

세계무역기구는 제네바의 로잔 가 157번지에 자리 잡고 있다. 직업상의 이유로 나는 그곳에서 열리는 몇몇 회의에 참석하곤 한다. 온두라스 대표는 온두라스 바나나의 수출 쿼터에 대해서 '신성한 권리'라고 말하기를 좋아한다. 당통도 이보다 더 감격스러운 어조로 말하지는 못했을 것이다. 그런데 현실은 그렇게 단순하지 않다. 온두라스의 바나나 농사는 온전히 북아메리카에서 시작된 기업인 치키타(예전 이름은 유나이티드 프루트)의 손에 들어가 있으며, 온두라스 대표는 그저 이 회사의 뉴욕 본사 홍보부서에서 써준 원고를 그대로 읽는 꼭두각시에 불과하다(그래도 감정을 넣어가며 아주 잘 읽는 건 나도 인정한다).

온두라스는 세계에서 가장 가난한 나라 중의 하나다. 77.3퍼센트의 주민이 절대적 빈곤 속에서 산다.[3] 2003년 2월부터 2004년 8월 사이에 700명이 넘는 거리의 아이들이 수도인 테구시갈파와 산업 도시인 산페드로술라에서 죽음의 기동대에 의해 사살되었다.[4] 현재 상황은 그때보다도 더 나빠졌다(테르데좀므의 온두라스 보고서 참조. 2007년 오스나브뤼크에서 발행).

콤프라도르 계급 중에서 현지 군대의 장교들은 일반적으로 매우 중요한 역할을 담당한다. 온두라스는 이 문제에서도 대표적인 예를 제공한다. 1980년대 총사령관을 지낸 구스타보 알바레스 장군은 콧수염을 기르고 무섭게 생긴 자로서, 민주 야당 측의 자료에 따르면, 당시 316부대의 비공식적인 책임자였다. 316부대는 미국이 니카라과 산디니스트 정권을 상대로 벌이는 전쟁에서 총알받이로 이용되는 것을 거부한 200여 명의 온두라스인을 살해한 사건의 장본인으로 지목되었던 부대다. 사건 당시 알바레스 장군은 1981년부터 1985년 사이의 기간 동안 온두라스 테구시갈파 주재 미국 대사였으며 일명 '총독'이라고 불리던 존 D. 네그로폰테와 긴밀한 관계를 유지하고 있었다. 미국의 레이건 행정부는 '민주주의를 고무한' 업적을 인정해서 알바레스 장군에게 1983년 공로훈장을 수여했다. 존 D. 네그로폰테는 2004년 6월 주 이라크 대사에 임명되었다.

콤프라도르 계급은 너무나 오래전부터 기득권 세력을 형성하고 있으며, 애국심으로 포장된 이들의 발언이 너무도 공격적이기 때문에 대부분의 사람들이 이들을 '당연한' 지배자로 받아들이고 있다. 대부분의 국민들은 이들이 주인으로 모시는 세계화 지상주의자들 옆에 붙어서 어떤 역할을 하는지 제대로 알지 못한다.

피지배적인 상황에 놓인 나라의 지배계층에게 국가의 부채는 많은 이권을 보장한다. 가령 멕시코, 인도네시아, 과테말라, 콩고민주공화국, 방글라데시 등의 나라가 댐이며 도로, 항만 시설, 공항 등의 사회기반 시설 건설을 계획한다면? 이들 나라에 최소한의 학교와 병원이 필요하다면? 두 가지 해결책이 가능하다. 첫째, 누진세율에 따라 세금을 거둔다. 둘째, 외국 은행 차관단과 협상을 해서 차관을 얻는다.

세금을 내야 한다고? 말도 안 되지!

외채를 끌어다 쓴다고? 그보다 더 쉬운 일은 없지!

제3세계 국가 대다수는 거의 전적으로 콤프라도르 계급의 이해관계의 지배를 받고 있다고 해도 과언이 아니다. 따라서 이들은 메트로놈처럼 규칙적인 리듬으로 두 번째 해결책을 선택한다. 그때마다 외국 은행 차관단은 이들의 말 한마디에 얼른 돈을 내준다.

그런데 이 부채라는 것은 현지 지배계급 구성원들에게는 수많은 이익을 안겨준다. 거액의 부채를 끌어와서 건설한 사회기반 시설의 가장 큰 수혜자가 바로 이들이다. 국가가 외채를 들여와서 제일 먼저 건설하는 것은 도로이며, 그 덕에 이들은 자신들의 거대 영지에 쉽게 접근할 수 있다. 항만 시설을 건설하면 영지에서 수확한 면화, 커피, 설탕 등의 수출이 용이해진다. 육지 교통이나 항만 설비뿐 아니라 국내 항공 노선도 개설하게 되고 병영이나 구치소도 순차적으로 건설하게 된다.

부채에 따르는 원리금 지불 업무(이자와 일부 원금의 상환)는 채무국의 국민총생산의 대부분을 차지한다. 때문에 공립학교나 공공병원, 사회보험 등의 사회 투자에 소요되어야 할 예산은 거의 남아나지 않는다.

채무 변제 불능 사태가 염려될 경우, 채권자들의 압력은 한층 심해진다. 국제통화기금의 채권자들이 보내는 하수인들이 워싱턴으로부터 도착한다. 이들은 해당 국가의 경제 상황을 살핀 다음 협약서를 작성한다. 채권자들의 압박을 받는 채무국은 어디까지나 '자유의사에 따라' 부가적인 강제 조건들을 수용해야 한다.

이렇게 되면 다시 한 번 예산을 감축하지 않을 수 없다. 어느 부문 예산을 삭감할 것인가?

이런 경우 군대나 정보부, 경찰의 예산이 삭감되는 일은 절대로 일어나지 않는다. 이러한 조직들은 외국 투자 유치의 안전을 보장해주는 데 유용하기 때문이다. 군대와 비밀 정보원, 경찰들은 항상 세계화 지상주의자들과 그들의 시설물들을 위협으로부터 보호하는 역할을 충실하게 수행한다. 이들에게 그 위협이 어디로부터 오는지는 중요하지 않다. 한편 채무국에 압박을 가하는 국제통화기금 측도 해당국의 세제를 건드리는 일은 없다. 간접세, 그중에서도 특히 소비재에 붙는 세금을 주로 공략한다. 그런데 소비세야말로 가난한 사람들에게 가장 큰 타격을 주는 세금이 아니겠는가? 소득(혹은 재산)에 대한 누진세라니, 그런 건 한마디로 정신 나간 소리다! 국제통화기금은 국가 수입의 재분배를 도와주는 기구가 아니다! 국제통화기금은 어디까지나 부채에 대한 이자 수입을 꼬박꼬박 챙기기 위해 설립된 기관인 것이다.

남반구에 위치한 상당수 국가들은 부패의 늪에 빠져 신음하고 있다. 모로코나 온두라스, 방글라데시, 카메룬 같은 나라의 장관이나 고위 장성들은 외국 은행들이 해당 국가의 국고로 넣어주는 차관에서 우선 일정 비율을 떼어내 제네바나 런던 혹은 뉴욕 등지의 대형 은행에 개설해놓은 자신들의 개인 계좌로 옮긴다.

자, 이제 위에서 말한 협약서 문제로 다시 돌아오자. 채무 변제 불능 사태가 염려될 경우, 채무국은 국제통화기금의 종용에 따라 국가 예산으로 잡혀 있는 지출을 줄여야 한다. 그렇게 되면 누가 고통을 받게 되는가? 당연히 서민들이다. 브라질의 거대 농장 소유주, 인도네시아의 군 장성들은 공립학교가 문을 닫는다고 해도 아무런 상관이 없다. 이들의 자식들은 프랑스, 스위스, 미국 등지의 사립학교에서 공부하기 때문이다. 공공병원이 폐쇄된다? 이들에게는 강 건너 불 구경거리일 뿐이다. 이들의 가족들은 제네바 주립 병원이나 프랑스 파리 교외 뇌이유 또는 런던이나 마이애미에 세워진 미국 병원에서 치료받으면 된다.

부채의 멍에는 가난한 사람들의 어깨에 떨어지고, 오직 이들만이 그 멍에를 짊어지게 마련이다.

남반구 국가들의 부채 상황을 설명하기 위해 몇 가지 표를 제시하고자 한다. 이 표들은 에릭 투생에 의해 벨기에에서 창립된 시민단체인 제3세계 부채 폐지 위원회(CADTM: Comité pour l'annulation de la dette du tiers-monde)로부터 차용했다. 교수이며 수학자이고 노조운동가인 에릭 투생은 남반구 국가들의 부채 상태 변화 추이를 놀라운 정확성과 인내심을 가지고 관찰하고 있다. 에릭 투생과 그와 뜻을 같이 하는 젊은이들 덕분에 오늘날 CADTM은 브레턴우즈 협약(1944년 미국 뉴햄프셔 주 브레턴우즈에서 열린 연합국 통화금융회의에서 결정된 사항을 가리키는 것으로, 국제통화기금과 세계은행 출발의 토대가 되었다 – 옮긴이)에 따라 설립된 기구들과 파리 클럽5에 대항하는 견제 세력으로서의 역할을 훌륭하게 수행하고 있다. 투생과 그가 이끄는 연구팀은 뛰어난 교육적인 성과도 거두고 있다.6 한 예로 에릭 투생이 2003년에 작성한 표를 소개하겠다. 외채의 구조는 브라질과 아르헨티나를 제외하고는 본질적으로 거의 달라지지 않았다.

부채에 의한 지배 현상을 조사해보면, 가난하고 개발이 이루어지지 않고 국민소득이 매우 낮은 나라들만이 부채로 허덕이고 있으리라는 추측은 완전히 잘못된 생각임을 알게 된다. 2,400억 달러 이상의 외채를 안

제3세계 국가들과 구소련 체제 국가들의 외채 상황(2003)

	부채 총액 (단위: 10억 달러)	이자와 의무 원금 상환액 (단위: 10억 달러)
라틴아메리카	790	134
사하라 사막 이남 아프리카	210	13
중동과 북아프리카	320	42
남아시아	170	14
동아시아	510	78
구소련 체제 국가	400	62
합계	2,400	343

출처: CADTM

고 있는 브라질(이 액수는 국가총생산의 52퍼센트에 해당한다)은 남반구 국가 중에서 두 번째로 부채가 많은 나라다. 브라질은 세계 11위의 경제 대국이다. 브라질이 만들어내는 비행기와 자동차, 의약품 등은 과학기술 수준에서 첨단을 달린다. 또한 브라질의 국공립 사립대학들은 세계에서 가장 우수한 대학에 속한다. 하지만 브라질 인구 1억 7,600만 명 중에서 4,400만 명은 만성적인 영양 결핍에 시달리고 있다. 영양실조와 기아는 해마다 직접 또는 간접적으로 브라질 어린이 수만 명의 목숨을 앗아간다. 이러한 부채의 채권자들은 누구인가?

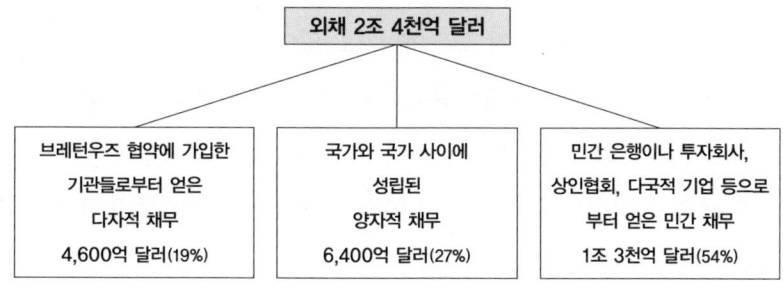

2. 무엇이 가난한 자들을 더 가난하게 만드는가? **89**

해당 국가들의 대부분은 이자를 비롯해서 상환해야 할 부채의 원금을 충실하게 갚고 있지만, 이상하게도 이들 나라의 외채는 여전히 증가하고 있다.

지난 20년 동안의 통계 수치를 살펴보자.

연도	부채(단위: 10억 달러)	이자와 원금 상환액
1980	580	90
1990	1420	160
1996	2130	270
1997	2190	300
1998	2400	300
1999	2430	360
2000	2360	380
2001	2330	380
2002/2003	2400	395

출처: CADTM

이 현상을 어떻게 설명할 것인가? 이유는 여러 가지다. 우선 첫 번째 이유. 일반적으로 채무국들은 원자재, 특히 농업제품을 생산하는 나라들이다. 이 나라들은 필요한 공업제품(기계, 트럭, 의약품, 시멘트 등)의 대부분을 수입해야 한다. 그런데 지난 20년 동안 세계 시장에서 공업제품의 가격은 6배 이상 뛰었다(불변 가격 US달러). 반면 농산품(면화, 자당, 땅콩, 카카오 등)의 가격은 지속적으로 내려가고 있다. 커피나 자당을 비롯한 몇몇 제품의 가격은 말 그대로 폭락했다. 그렇기 때문에 외채에 따른 이자와 원금의 분할 상환금을 지불하여 국가 파산을 막고, 필요한 공업제품을 계속 수입하기 위해서 이들 나라들은 울며 겨자 먹기로 또다시 외채를 들여와야 하는 악순환이 계속된다.

두 번째 이유. 제3세계 국가들(소비에트 연방을 구성했던 여러 나라들도 사정은 비슷하다)에서는 국고 횡령, 부패의 확산, 스위스·미국·프랑스 등지의 일부 민간 은행들과의 협조 체제하에 이루어지는 조직적 배임 행위 등이 기승을 부리고 있다. 콩고민주공화국으로 이름을 바꾼 자이레의 독재자 조제프 데지레 모부투 원수(이제는 고인이 되었다)의 개인 재산은 80억 달러에 이른다. 이 재산은 서구의 몇몇 은행에 은닉되어 있다. 그런데 2006년 콩고민주공화국의 외채는 150억 달러였다.

아이티는 라틴아메리카에서 가장 가난하며, 전 세계적으로는 세 번째로 가난한 나라다.7 24년 넘는 독재 기간 동안 뒤발리에 일가가 국고에서 횡령하여 서구 은행의 개인 계좌로 옮겨놓은 돈은 9억 2천 달러나 된다. 오늘날 아이티의 외채와 거의 맞먹는 액수다.

세 번째 이유. 오늘날 거대 다국적 농가공 식품업체, 국제적 은행, 거대 다국적 서비스, 제조, 유통업체들이 남반구 국가 경제에서 차지하는 비중은 엄청나다. 대부분의 경우 이들은 천문학적인 수준의 이윤을 챙긴다. 이들이 벌어들인 엄청난 액수의 이윤은 유럽이나 북아메리카, 일본 등지에 있는 본사로 이송된다. 해당국 통화로 현지에 재투자되는 액수는 지극히 미미하다.

거대 다국적 기업들은 이들 국가들과 계약을 체결할 때 극히 예외적인 경우를 제외하고는 대부분 이윤을 외화로 바꿔 본국으로 송출하기로 합의를 한다. 가령 페루에 들어온 외국 기업은 페루 통화인 솔(sol)로 이윤을 챙긴다. 하지만 이 이윤을 본사로 보낼 때에는 당연히 솔로 보내지 않는다. 다국적 기업의 재무 담당자는 이 돈을 가지고 리마에 있는 페루 중앙은행으로 간다. 중앙은행에서는 이 돈을 세계 어느 곳에서나 유통 가능한 외화로 바꾸어준다.

네 번째 이유. 제3세계에서 활동하고 있는 거대 다국적 기업의 대다수는 지주회사들이 보유하고 있는 특허들을 활용한다. 이를테면 페루와 칠레에 진출한 네슬레의 페루락과 치프로달은 스위스의 주그 주에 위치한 작은 마을 샴에 사업자 등록을 낸 네슬레 지주회사에 속한다. 네슬레가 소유한 특허를 사용하려면 그 대가로 이른바 로열티를 지불해야 한다. 기업의 이윤과 마찬가지로 로열티도 유럽이나 일본, 북아메리카, 또는 카리브 해 인근의 세금 천국으로 유출되며 이때도 당연히 해당 국가 통화가 아닌 외화로 바뀌어 송금된다.

마지막 이유. 세계 자본시장에서 볼 때, 제3세계 채무국들은 매우 위험도가 높은 국가에 해당한다. 따라서 서구 굴지의 대형 은행들은 북반구 고객들에게보다 훨씬 높은 이자율을 남반구 국가들에게 요구한다. 이렇듯 깜짝 놀랄 만큼 비싼 이자는 본의 아니게 남반구 국가들의 자본 출혈을 거들게 된다.

공격을 당하거나 상처를 입으면 우리 인간의 몸은 피를 흘리듯이, 남반구 국가들의 실질적인 부는 채권자들과 그들의 동조자인 콤프라도르 계급들에 의해 국가 밖으로 빠져나간다. 내가 보기에 가장 대표적이라고 생각되는 한 가지 예를 소개하겠다.

1970년대 무렵, 라틴아메리카 여러 나라들의 외채 총합은 600억 달러 정도였다. 그런데 1980년대에 들어서자 이 액수는 2,400억 달러까지 뛰었다. 그로부터 10년 후엔 2배로 증가해서 4,830억 달러까지 올라갔다. 2001년, 라틴아메리카 외채 총액은 7,500억 달러에 육박했다.[8] 이러한 부채 때문에 지난 30년간 해마다 평균 240억 달러가 채권자들에게로 송금되었다. 요컨대 지난 30년 동안 라틴아메리카 대륙은 해마다 자신들의 원자재와 서비스를 수출함으로써 벌어들인 돈의 30~35퍼센트에 해

당하는 액수를 부채 상환에 할애해야 했던 것이다.⁹

원칙적으로 외채를 요청한 나라는 외채를 얻어서 자국에 투자를 함으로써, 다시 말해서 자국 내 사회기반 시설을 확충하고 제반 생산력을 향상시킬 수 있어야 한다. 이렇게 해서 개발이 순조롭게 진행되면 차츰 빌려 쓴 돈을 갚을 수 있게 된다. 그런데 어찌 된 일인지 이와 같은 논리가 언제부턴가 파행으로 치닫고 있다. 오늘날 제3세계 국가들은 점점 더 높은 이자를 물어야 하고, 원금은 원금대로 갚아가느라 점점 더 가난해진다.

외채는 마치 치료하지 않고 방치한 종양과 같다. 끊임없이 자라나는 것이다. 돌이킬 수 없이 불어난다. 이러한 악성 종양은 제3세계 국가의 주민들이 가난과 비참함으로부터 벗어나는 것을 방해한다. 아니, 오히려 이들을 죽음으로 몰아간다.

한 나라가 북반구 은행이나 국제통화기금 등의 채권 기관에 이자 지불이나 원금 상환을 거부하면 어떤 사태가 발생하는가?

지불을 거부하는 국가에 대해 파산을 선고하는 공식적인 절차는 없다. 이 문제에 대해서 국제법은 침묵을 고수한다. 하지만 관례적으로 볼 때, 지불 불능 상태의 국가는 전부 또는 일부 변제 불능 선고를 받은 민간 기업이나 개인과 똑같은 대접을 받는다.

예를 들어보자. 약 20년 전에 알란 가르시아가 이끄는 페루 정부는 재앙에 가까운 자국의 재정 상태로는 브레턴우즈 기관들과 외국 민간 은행으로부터 얻은 외채에 대한 이자 지급과 원금 상환이 도저히 불가능하다고 판단했다. 그리하여 전체 외채 중에서 30퍼센트만 상환하기로 결정했다. 그 결과는?

어육 분을 싣고 항해 중이던 페루 선박 한 척이 함부르크 항구를 지날 무렵 독일 은행들로 구성된 채권단의 요청으로 독일의 사법 당국은 이 선박을 체포할 것을 명령했다. 그뿐이 아니다. 당시 페루 공화국은 수준 높은 국제적 항공사를 보유하고 있었다. 페루 정부가 일방적으로 외채의 일부분에 대해서만 이자를 지급하고 원금도 일부분만 상환하겠노라고 발표한 직후부터 뉴욕이나 마드리드, 런던 등 세계 주요 공항에 착륙하는 페루 소속 비행기들은 해당 채권자들의 요청에 따라 발이 묶였다.

요컨대 자국만의 완전한 자치주의를 고수하며 폐쇄정책을 밀고 나갈 작정이 아닌 한, 오늘날 제3세계의 그 어떤 채무국도 고의적이고 일방적으로 채무 변제 불이행을 선택할 수는 없다는 말이다. 그럴 경우 모든 국제 교류의 단절을 각오해야 한다.

남반구에 위치한 122개국의 사회 부문 지출 예산과 채무 변제 예산 사이에는 커다란 편차가 있다. 몇 가지 예를 들어보겠다.

예산에서 사회 부문 비용과 부채 관련 비용이 각각 차지하는 비율[10]

국가	사회 부문 비용	부채 관련 비용
카메룬	4.0%	36.0%
코트디부아르	11.4%	35.0%
케냐	12.6%	40.0%
잠비아	6.7%	40.0%
니제르	20.4%	33.0%
탄자니아	15.0%	46.0%
니카라과	9.2%	14.1%

출처: CADTM

사회 부문(과 고용 부문)의 지출이 없음은 가정으로 볼 때는 궁핍과 굴욕을 의미한다. 그들은 이따금씩 다른 나라로 이민 간 아들, 딸 혹은 친척들이 보내주는 얼마간의 돈으로 내일에 대한 근심을 잠시 덜기도 한다. 그러나 그 정도로는 빈곤의 문제를 근본적으로 해결하기에 역부족이다. 오늘날 전 세계에서 남녀 구별 없이 근로자 35명 중 한 명은 남의 나라로 떠난 이민 노동자다. 1970년에 이민 노동자들이 출신 국가로 송금한 돈은 모두 합해서 20억 달러였다. 1993년, 이 액수는 930억 달러로 늘어났다.[11] 그래도 여전히 문제를 해결하는 데 충분하지 않다.

사회기반 시설의 악화는 수천만 명의 어린이들이 지속적으로 학교 교육에서 배제되고 있음을 감안할 때 매우 심각한 현상이 아닐 수 없다. 유엔 회원국 191개국 중에서 학교에 가지 못하는 15세 미만의 어린이는 무려 1억 1,300만 명에 달한다. 이중에서 62퍼센트는 여자 어린이다.

유럽인들은 휴가를 보내고 싶은 곳으로 모로코의 마라케시, 아가디르, 탕헤르, 페스 등을 꼽는다. 모로코에서는 성인의 42퍼센트가 글자를 읽거나 쓸 줄 모른다. 6~15세의 어린이 중 32퍼센트는 모든 형태의 학교 교육으로부터 소외되어 있다.

이와 같은 문제를 해결하기 위해 유엔 아동기금(UNICEF)이 제시한 계산서를 보자.[12] 전 세계의 6~15세의 아동들을 모두 학교에 보내기 위해서 해당 국가들은 10년 동안 총 70억 달러를 추가로 부담해야 한다. 이 액수는 미국인들이 해마다 화장품을 사기 위해 지출하는 액수 총액에도 못 미친다. 이 액수는 또한 유럽인들이(2004년 5월 1일 이전에 유럽연합 회원국이었던 15개국에 거주하는 사람들) 해마다 아이스크림을 사는 데 쓰는 돈보다 적은 액수다.

스위스 연방을 구성하는 공국이면서 하나의 주이기도 한 제네바는 두 개의 호수 사이에 끼어 있는 멋진 영토다. 이 호수들은 론 강, 더 멀리로는 알프스 빙하에서 흘러내려오는 물로 이루어졌다. 1536년에 세워진 제네바 공국엔 184개국에서 모여든 40만 명의 주민들이 거주한다. 영토 면적은 다 해봐야 고작 247제곱킬로미터에 지나지 않는다. 나는 그곳에 살면서 좋은 사람들을 만나는 행운을 누리곤 한다. 그런데 얼마 전엔 솔직히 내 마음을 몹시 언짢게 만드는 사람을 만났다.

2004년 5월 7일 금요일 오후. 유엔과 유엔 교육과학문화기구(UNESCO) 사이의 업무 코디네이션 책임자인 조르주 말랑프레의 퇴직 기념 환송회가 빌라 무아니에 1층에서 열렸다. 꽃다발 증정과 축사, 친지들끼리의 덕담 등이 이어졌다.

키가 큰 유리문 뒤로 봄바람이 레만 호수의 검푸른 물을 흔들어놓고 가는 풍경이 한눈에 들어왔다. 말랑프레는 천성이 호의적이고 용기 있는 사람이었다. 그는 40년을 하루같이 가난한 나라 어린이들이 학교 교육을 받을 수 있도록 동분서주하며 헌신했다. 세계 곳곳에서 그를 아끼는 친구들이 구름떼같이 모여들어 조르주와 그의 아내, 두 딸들에게 따뜻한 인사를 건넸다. 전 유네스코 사무총장인 페데리코 마이요는 그 어느 때보다도 활기에 넘치는 음성으로 세련된 축사를 마무리 지었다. 벨기에 대사 미셸 아당과 그의 부인도 참석했다.

무리지어 모여 있는 하객들로부터 약간 떨어진 곳에 서 있는 젊고 날씬하고 세련된 차림의 남자가 내 눈에 띄었다. 남자는 드러날 듯 말 듯 재미있다는 표정을 짓고 있었다. 한눈에 척 봐도 제네바에 사는 사람들의 처세술엔 문외한인 사람임에 틀림없었다. 나는 그 남자에게 다가갔다.

그는 프랑스 사람으로, 마흔 살쯤 되었고, 며칠 전에 워싱턴에서 제네바로 왔다고 말했다. 말하는 투나 옷 입는 방식, 사교 모임에서 처신하는 방식 등은 그가 고위 관료임을 드러내고 있었다. 그는 제네바에 본부를 둔 국제기구들을 상대로 국제통화기금의 입장을 대변하는 책임자로 부임한 사람이었다.

그 남자는 다짜고짜 "난 세계무역기구에만 관심이 있습니다"라고 말했다. 그렇다면 세계보건기구(WHO)가 주관하는 전염병 퇴치 사업은? 세계식량계획(WFP)의 기아 퇴치 사업은? 국제노동기구(ILO)와 그의 책임자인 후안 소마비아가 건전한 노동 조건 정착을 위해 벌이는 사업들은? 또 이민자들의 복지를 위해 투쟁하는 국제이주기구(IOM)는? 고문 방지를 위해서 동분서주하는 유엔 인권고등판무관실은? 유엔 고등난민판무관실의 보호를 받는 난민들의 운명은?

그의 얼굴 표정만 보아도 이런 일에는 관심이 없는 것이 확실했다. 이 우아하고 세련된 고급 고용인에게 중요한 것은 오로지 공공재산의 민영화, 시장의 완전 개방, 자본과 상품, 거대 다국적 기업들이 소유한 특허권들이 세계무역기구의 보호 아래서 자유롭게 유통되는 것뿐이었다.

똑똑하고 능력 있으며 뛰어난 상황 분석력을 지닌 C씨는 제네바산 백포도주 기운이 돌기 시작하자 워싱턴에서 익힌 자제심을 조금씩 잃어갔다. 그는 나에 대해서 이야기를 들었다고 했고, 내가 쓴 책도 몇 권쯤 훑어본 듯한 눈치였다. 우리는 워싱턴의 18181H 스트리트에 있는 콘크리트 벙커 같은 사무실에서 일하는 공통의 친구도 있음을 알게 되었다.

그가 갑자기 말을 멈추더니 호감이라고는 전혀 풍기지 않는 표정으로 나를 쳐다보았다. 그러더니 양손을 천장을 향해 쳐들었다. 그의 갈색두 눈동자엔 비난의 빛이 역력했다. 그가 나한테 한 말은 대략 이랬다. "이보십시오, 선생께서 하는 일은 옳지 않아요. 선생의 이야기를 귀담아 듣는 저 젊은이들을 좀 생각해보십시오. 저들은 열정으로 가득 차 있죠. 언젠가는 세상을 바꾸고 싶어한단 말입니다. 물론 나도 그런 심정을 이해는 합니다. 하지만 그건 위험한 생각이에요. 특히 저 젊은이들이 세계 경제가 어떻게 돌아가는지, 세계 경제의 발목을 잡는 제한 요소들은 뭔지, 이런 걸 잘 모르는 사람들과 휩쓸리게 되면 더욱 그렇죠. 저들은 지금 선생 말을 믿습니다. 그런데 그 다음엔 어떻게 될까요?"

나는 그에게 최대한 조심스럽게 몇 가지 반대 의견을 제시했다.

그러자 그는 활짝 열린 유리문과 그 너머로 이어지는 호수 쪽으로 시선을 돌렸다. 내가 저물어가는 저녁 햇살과 젖은 나뭇잎 냄새를 느끼고 있을 때 그가 덧붙였다. "시장의 법칙은 돌이킬 수 없습니다. 요지부동이라고요. 아무 소용이 없어요. 그저 꿈만 꾸는 건 아무짝에도 소용이 없다, 이런 말입니다."

남자는 확신에 차서 말했다. 나는 그 같은 확신이 두려웠다. 특히 아시아와 아프리카, 라틴아메리카 등지에 사는 수억 명의 여자, 남자, 아이들의 삶을 향해서 그가 휘두를 수 있는 무소불위의 권력이 두려웠다.

국제통화기금은 협정서나 구조조정 계획서, 차관 연장, 지불 유예, 재정 재편성 등을 통해 부채에만 관여하는 것이 아니다. 국제통화기금은 외국 투기 자본가들에게 이익을 보장하는 보증인이기도 하다. 그렇다면 국제통화기금은 어떤 식으로 그 같은 절차를 수행하는가?

태국의 경우를 예로 들어보자. 1997년 7월, 외국의 투기자본들은 태국 통화인 바트(baht)를 집중적으로 공격했다. 약세에 놓인 바트화를 공략함으로써 단시간에 거대한 이익을 챙기려는 의도에서였다. 방콕의 태국 중앙은행은 당시 외환 보유고에서 수억 달러를 풀어 시장에 나온 바트화를 사들였다. 자국화의 가치를 지키기 위해서였다.

하지만 아무 소용없었다. 3주 동안 적극적으로 환율 방어에 주력했던 중앙은행은 마침내 투쟁을 포기하고 국제통화기금에 손을 내밀었다. 국제통화기금은 태국 정부에 새로 외채를 도입할 것을 요구했다. 태국 정부는 새로 끌어들인 외채로 외국 투기자본(헐값으로 나온 부동산을 노리는 자들이나 주식의 시세 차익을 노리는 자들)에 진 빚을 갚아야 한다는 조건이었다. 그러므로 외국 투기자본은 태국에서 단 한푼도 손해를 보지 않았다.

이와 동시에 국제통화기금은 수백 개의 공공병원과 공립학교를 폐쇄하고, 공공부문 지출을 삭감하며, 도로 보수공사를 중지하고, 공공은행이 태국 민간 기업들에게 대출해준 돈을 조기에 회수할 것을 종용했다.

그 결과는 어떠했는가? 불과 두 달 사이에 수십만 명의 태국인들과 외국인 노동자들이 일자리를 잃었다. 문을 닫은 공장도 수천 개에 이르렀다.

몽르포 공원에 어둠이 내려앉는다. 호수 한가운데 끝까지 남아 있던 백조들이 우아한 자태로 물 언저리로 돌아온다. 워싱턴에서 온 고급 하수인은 요지부동이다. "오늘이라도 다시 태국으로 가보십시오. 경제가 눈부시게 번창하고 있으니까요!"

지난 9년 동안 수십만 명을 괴롭혔던 고통과 불안은 어떡하고?

C는 대답이 없다. 하지만 나는 틀림없이 그의 입안에 맴돌고 있을 대답을 대신할 수 있다. "인간의 불안은 수치로 환원할 수 없습니다. 그러니 거시경제 분석에서는 이것을 고려할 수 없습니다. 국제통화기금 입장에서는 측정이 불가능한 요소들이란 존재하지 않는 것과 마찬가지죠."

나는 어둠 속에 잠긴 공원을 가로질러 로잔 방향 도로까지 걸었다. 내가 벌이는 투쟁은 시간이 매우 오래 걸릴 것이며, 다른 어느 때보다도 훨씬 강력한 적군과 맞서야 할 것임을 느낄 수 있었다. 지구상의 수억 명은 앞으로도 상당히 오랜 시간 굴욕적인 삶을 살아야 할 것이다. 하지만 굴욕만이 그들을 기다리는 것은 아니다. 그들은 저항을 택할 수도 있다.

제발 나에게 부채 탕감은 전 세계 금융체제를 위험으로 몰아넣기 때문에 도저히 불가능한 일이라고는 말하지 말아달라! 외채에 짓눌린 나라가 (일시적으로나마) 지불 불가능이라는 나락으로 떨어질 때마다(예를 들어 2002년 아르헨티나의 경우처럼), 《월스트리트 저널》과 《파이낸셜 타임스》는 이 같은 재앙을 가져온 체제를 문제 삼지 않는다면 지구는 끝장이라는 식으로 호들갑을 떨었다. 이런 호들갑은 그저 기자들의 심리적인 불안감 탓으로 돌려야 할 것인가?

물론 그렇지 않다. 기자들은 매우 교묘한 전략에 따라 이런 식으로 기사를 쓴다. 유럽의 TV 시청자들은 지극히 수동적이긴 하지만, 매일 부채가 빚어내는 부정적인 효과를 접하면서 분노를 느끼고 우려를 표명한다. 이들은 질문을 던진다. 한편 제3세계 국가의 국민들은 남녀노소 할 것 없이 이와 같은 체제가 빚어놓은 부정적인 효과를 온몸으로 체감한다. 그러니 부채를 '합리화' 해야 한다. 그러려면 어떻게 해야 하는가? 부채는 '피할 수 없는 필연적인 것'이 되어야 한다. 그러자니 자본주의 용병들이 지칠 줄 모르고 반복하는 "누구든 부채를 문제 삼는 자는 세계 경제를 파멸로 이끈다"는 논리가 등장하게 된다.

이들이 주장하는 소위 '필연성'을 차근차근 분석해보자. 오늘날 신자유주의를 표방하는 적대적 주식 공개매입자들은 19세기부터 20세기

상반기까지 활동한 자신들의 선배들은 겪지 않았던 새로운 종류의 문제에 직면했다. 식민지 제국주의가 승승장구하던 시절에는 인종 차별주의적인 논리를 앞세우면 어느 정도 통할 수 있었다. 가령 "흑인들은 게으름뱅이이며, 때려서 가르치는 수밖에 없다. 지진아 아랍인들은 스스로를 위해서 무엇인가를 조직할 수 있는 능력이 없기 때문에, 현대 경제를 이들에게 맡긴다는 건 〔……〕 하물며 안데스 산맥이나 과테말라 정글 속에 사는 인디언들이야 〔……〕 그 야만인들은 우리가 자기들이 키운 커피라도 사주는 걸 행운으로 여겨야 한다"는 식의 논리면 충분했다.

하지만 오늘날에는 상황이 전혀 다르다. 사이버 공간이 온 세상을 하나로 만들어버렸기 때문이다. 전자통신이 보편화되었으며, 덕분에 모든 일은 실시간에 진행된다! 인터넷을 통하면 전 세계로부터 수십억 개의 정보를 동시에 접할 수 있다. 뿐만 아니라 텔레비전은 비난의 대상이 되는 수많은 단점에도 불구하고 세계 곳곳의 이미지를 전 세계에 전파한다. 대량 관광으로 말미암아 비록 짧은 시간 동안이라고는 하나 어쨌거나 수억 명의 백인(또는 일본인)들이 동시 다발적으로 지구상의 오지를 찾아 이동하는 일이 가능해졌다. 이들은 그곳에서 세상의 비참한 모습, 굴욕과 기아를 대면하게 된다. 이처럼 새로워진 환경을 설명하기 위해서는 인종 차별주의라는 논리만 가지고는 불충분하다. 그것만 가지고는 북반구 국가들이 지구에서 생산되는 온갖 부와 자본을 독점하는 식의 불평등한 분배를 납득시킬 수 없다.

그러므로 다른 무엇인가를 생각해내야 했다. 이렇게 해서 이들 신자유주의 신봉자들은 자본의 흐름을 지배하는 '자연적인 법칙'이라는 이론을 고안해냈다. 하지만 제3세계 국가들을 빚더미 위에 올라앉게 만든 체제를 문제 삼지 못하도록 하는 이 이론은 제대로 된 분석 앞에서는 맥을 추지 못하는 부실하기 짝이 없는 이론이다. 그 이론을 꼼꼼하게 살펴보자.

지난 10년간 제3세계의 122개국에서 부채에 대한 이자 및 원금 상환을 위해 북반구 국가와 이들 나라의 은행으로 송금한 돈의 총액은 채권국 전체의 국민총생산을 합한 액수의 2퍼센트에 약간 못 미친다.

2000년부터 2002년까지 전 세계 증권거래소에 몰아친 강력한 충격으로 수천억 달러의 자산이 증발하면서 거의 모든 지역의 금융업계가 위기 상황에 빠졌다. 불과 2년 사이에 증권거래소에 등록된 대부분 주식의 가치가 65퍼센트 이상 하락한 것이다. 나스닥에 등록된 첨단기술주의 경우엔 하락폭이 80퍼센트에 이르기도 했다. 이 기간 동안 증권거래소에서 증발한 가치는 제3세계 122개국의 외채를 모두 합한 액수보다 무려 70배나 큰 액수였다.

하지만 2000~2002년의 증권거래소 위기는 이토록 어마어마한 액수의 자산이 증발해버렸음에도, 전 세계 은행 체제의 붕괴로 이어지지는 않았다. 비교적 단시일 내에 금융업계는 정상을 회복했다. 북반구 국가 전체의 경제, 고용, 저축의 대대적인 추락을 가져올 것이라는 막연한 추론에도 불구하고 세계 경제체제는 완벽하게 위기 상황을 넘긴 것이다. 북반구의 그 어느 나라도(전 세계 경제 전체라고 말해도 달라질 건 없다) 난관에 봉착하지 않았다. 새로운 위기가 2007년 8월 초에 전 세계의 증권거래소를 위협했다. 무려 3조 달러가 증발했지만, 이때에도 전 세계 금융시장은 별문제 없이 위기를 넘겼다.

그렇다면 왜 부채 탕감을 추진할 수 없다는 말인가?

가난한 나라들에게 무조건적이고 일방적이며 완전히 외채를 탕감해준다고 해도 서구 경제가 파산하는 일은 결코 일어나지 않을 뿐 아니라 그 어떤 채권 은행도 망하지 않을 것이 분명하다. 물론 유럽이나 미국의 해당 국제기구나 민간 기관이 어느 정도 손해를 볼 것은 자명하다. 하지만 이들이 보게 될 손해란 극히 제한적이며, 따라서 전체체제 안에서 얼마든지 수용 가능한 정도에 불과하다.

1789년 10월 1일에 발표한 「입법의회 대표들의 선택에 대한 고찰」에서 장-폴 마라는 이렇게 말했다. "단 하루 동안 민중들이 집을 몇 채 약탈했다고 한들, 나라 전체가 15세기에 걸쳐 세 부류의 국왕의 발밑에서 겪어온 독직과 횡령에 비하면 그것이 비교나 되겠는가? 몇몇 개인이 파산을 한들, 혈세를 징수하는 세리, 민중의 고혈을 빨아먹는 흡혈귀, 공공의 자산을 탕진하는 약탈자들에게 고난을 당해온 수십억 명에 비하면 그것이 비교나 되겠는가? [……] 이제 모든 편견을 접어두고 현실을 직시하자."13

그렇다, 다시 한 번 말하건대 제3세계 국민들이 짊어지고 있는 외채를 아무런 조건 없이 완전히 탕감하더라도 산업사회의 경제와 그 경제체제에서 사는 사람들의 복지에는 아무런 영향이 없을 것이다. 부자들은 여전히 부자로 남아 있고 가난한 사람들이 약간 덜 가난해질 뿐이다.

이 문제는 물론 격렬한 토론을 불러일으킬 만하다. 만일 사정이 그렇다면 신흥 봉건주의적 자본주의자들과 그들의 하수인 역을 자처하고 있는 브레턴우즈 기구들은 어째서 채무국들로부터 단 한푼도 모자라지 않는 액수의 돈을 단 하루도 어기지 않고 제 날짜에 돌려받으려고 그토록 악착같이 애를 쓴단 말인가? 이들은 어느 정도 합리적인 은행의 논리를 따르는 것이 아니라, 오로지 돈으로 이 세상의 민중들을 지배하고 착취하겠다는 논리에 따라 움직이기 때문이다.

부채를 얻고, 그 부채를 갚기 위해 이자를 지불하고 원금을 상환하는 일련의 과정은 봉건시대에 유행하던 충성 서약의 가시화된 표현과 다르지 않다.

노예는 국제통화기금으로부터 협정서 혹은 구조조정 합의서를 받을 때마다 무릎을 꿇는다. 무릎을 꿇지 않고 서 있는 노예는 비록 목이나 손목, 발목에 무거운 쇠사슬을 칭칭 동여매고 있더라도 위험한 노예다. 볼리비아의 예를 보자.

볼리비아가 조금이라도 재정 자립이 가능하며, 경제 주권을 소유하고 있으며, 정치적인 존엄성을 간직하고 있다면, 어떻게 외국 주인들의 이익만을 위하여 말도 안 되는 광산 계약이며 아마존 유역 영토 양도 조약, 무기 판매, 푼돈 받고 흑자 공공기업을 민영화하는 계약 따위를 체결할 수 있겠는가?

베네수엘라, 쿠바를 비롯한 몇몇 나라(머지않아 브라질과 아르헨티나도 이 대열에 합류하게 될 것이다)들에서 세계화 지상주의를 표방하는 자본주의 봉건제후들은 저항 세력과 맞서야 하는 입장이다. 하지만 그와 같은 몇몇 나라를 제외한 지역에서는 이들을 향해 모든 문이 활짝 열려 있다. 그러므로 이들은 경제 봉쇄조치를 통해 쿠바 정부를 타도하고, PDVSA 국영 석유회사의 태업을 통해 카라카스의 우고 차베스 대통령의 입지를 불안하게 만들며, 아르헨티나의 키르츠네르 대통령을 모함하고, 브라질에 대한 압력을 가중시킨다. 한마디로 힘없는 아랫사람들을 계속해서 힘없는 아랫사람으로 붙들어놓으려 하는 것이다. 세계화 지상주의자들은 이를 위해 전력을 다한다. 체제를 유지하고 지속적으로 천문학적인 이익을 실현하는 일이 거기에 달려 있기 때문이다.

부채의 멍에에서 벗어나기 위해서 제3세계 국민들이 이용할 수 있는 세 가지 전략적인 수단이 있다.

1. 노예화된 민중들이 중심이 된 사회단체 지도자들은 연대의식을 내세우는 북반구의 강력한 시민단체들과 연합한다.

특히 영국과 독일에서 적극적인 행동을 펼치고 있는 쥐빌레2000 같은 단체는 채권 기관으로부터(국제통화기금도 예외는 아니다) 최소한의 양보를 받아내는 데 성공했다. 이렇게 해서 탄생한 것이 바로「부채 경감 전략 기획서」다. 이 서류에는 무슨 내용이 담겨 있는가?

지금부터 30년쯤 전에 유엔은 후진국(least developed countries)이라는 개념을 창안했다. 후진국에 속한 나라의 국민들은 세계에서 수입이 가장 적은 사람들이다. 후진국이라는 개념은 여러 가지 다양한 기준이 복잡하게 결합되어 완성되었다. 오늘날 후진국 분류에 속하는 나라는 49개국(1972년엔 27개국이었는데, 30년이 지난 지금 숫자가 오히려 더 늘어났다는 사실은 매우 의미심장하다)이다. 이는 국민 수로 치자면 6억 5천만 명에 해당하며, 지구 전체 인구의 10퍼센트에 해당한다. 이들 49개국의 국민총생산량을 모두 합해도 전 세계 국민총생산량의 1퍼센트에 미치지 못한다. 이들 중에서 34개국은 아프리카에 위치하고 있으며, 9개국은 아시아에, 5개국은 태평양에, 나머지 1개국은 카리브 해에 위치하고 있다.

후진국 부류에 들어가는 나라는 늘 일정한 것이 아니라 그 분류에 포함되었다가 빠져나오는 나라, 처음엔 들어가지 않았다가 나중에 들어가게 되는 나라 등 어느 정도의 변화를 동반한다. 예를 들어, 보츠와나는 투자 정책과 농업 개혁 덕분에 후진국에서 탈피한 반면, 세네갈은 최근 후진국으로 분류되었다.

쥬빌레2000이 벌이는 캠페인은 이들 49개국의 외채를 모두 더한 액수가 이들 49개국의 국민총생산량을 더한 액수의 124퍼센트에 해당한다는 사실에서 출발한다.[14] 이들 나라들은 사회비용보다 부채를 갚는 비용을 더 많이 지출한다. 후진국의 대다수는 부채를 갚기 위해서 예산의 20퍼센트 이상을 지출한다.[15] 그뿐이 아니다. 1990년 이후 이들 후진국 각각의 국내총생산의 성장률은 평균 1퍼센트에도 못 미치는 반면, 인구 증가율은 2.7퍼센트를 기록하고 있다. 따라서 국가 내부에 자본의 축적이 이루어진다거나 사회 정책을 확산시키는 정책 따위는 도저히 불가능한 실정이다. 이들 나라들은 기우뚱거리는 유령선처럼 어둠 속으로 멀어져가면서 가난의 심연 속으로 점점 침몰해 들어가고 있다.

이 캠페인에 대한 화답으로 나온 「부채 경감 전략 기획서」는 국제통화기금 측에 부채 경감을 요청하고자 하는 후진 채무국들은 경감받은 돈만큼을 자국 내 다른 곳에 투자할 계획서를 첨부하라고 요구하고 있다. 하지만 이와 같은 체제는 매우 불만족스러운 가운데 운영되고 있다. 왜일까? 이렇게 될 경우, 한편으로는 국제통화기금 측이 후진국 국내 투자 계획의 직접적인 주체가 되므로 해당 채무국들에게 굴욕감을 주며, 다른 한편으로는 국제통화기금 측이 자신들이 생각하는 '시장 개방'과 '가격 적정성'에 부합하지 않는 투자 계획에 대해서는 절대로 동의하지 않기 때문이다. 가령 부채 경감을 요청하는 나라가 경감받은 돈의 일부를 긴급하게 필요한 식량 지원을 위해 쓰겠다고 한다면, 다시 말해서 빈민들이 식량을 구하기 쉽도록 하겠다고 한다면, 국제통화기금 측은 이에 대해 절대 동의하지 않는 식이다.

반대로 채무국이 공항과 도심을 잇는 고속도로를 건설하겠다고 한다면 국제통화기금은 그 계획을 승인하고, 따라서 건설비용만큼의 부채를 경감해주는 데 동의할 것이다.

한마디로 이와 같은 계획이 진지하게 실행에 옮겨지려면 아직 해결해야 할 일이 많다.

2. 부채 내역에 대한 철저한 감사

부채에 허덕이는 나라의 정부라면 언제든지 전임자들이 도입한 외채의 용처에 대해(영수증별, 거래별, 투자별 등의 방식에 따라) 상세한 조사를 벌일 수 있다. 효율적이긴 하나 매우 복잡한 이 방식은 브라질의 경제학자들에 의해서 처음으로 고안되어 점점 매끈하게 다듬어졌다.

1932년, 브라질 의회는 세계에서 처음으로 외채에 대한 감사를 실시했다. 감사 결과에 따라 브라질 정부는 그 후 '불법적'이라는 판정을 받은 부채에 대해서는 채권자인 외국 은행들에게 상환을 거부했다. 위조된 문서나 실제보다 부풀린 영수증에 의한 지출, 부패 또는 사기 행각 등에 의해 도입된 외채는 모두 '불법적'이라는 판정을 받았다. 지나치게 높은 이자를 지불하게 되어 있는 부채 또한 무효로 판정되었다.

이러한 작업은 당연히 브라질에게 이득이 되었다. 이 점에 대해서는 뒤에서 다시 언급하겠다.

3. '채무자 카르텔'의 구성

부채에는 항상 역학관계가 내재되어 있다. 부자는 항상 자신의 의사를 가난한 자에게 강요한다. 이자와 원금 상환액을 지불하지 않으면 당장 채권자들의 의지에 따라 움직이는 국제 사법권이 발동, 지불 불이행자에게 응분의 처벌이 뒤따른다. 그러나 채무국들끼리 뜻을 모아 동질적인 동맹체를 형성한다면 이와 같은 역학관계에 변화를 가져올 수 있다.

노동조합 활동과 마찬가지로 집단 협상을 통한다면 약자들의 협상의 여지가 커진다.

부채 경감을 위한 집단 협상 기제는 국제사회주의연맹(Internationale socialiste)의 집행위원회에서 사회주의에 동조하는 여러 명의 유럽 출신 경제학자들과 은행 전문가들의 노하우를 토대로 만들어낸 작품이다. 이 문제에 대해서도 뒤에서 다시 언급하겠다.

2003년에서 2004년으로 넘어가는 겨울 동안, 클라우스 페이만과 유타 페르버스는 베를린에 새로 지은 국회의사당의 일부를 구성하고 있는 브레히트 극장에서 매우 현대적이고 가슴 뭉클하게 각색된 〈도살장의 성 요한나〉를 공연했다. 이 작품에서 특히 마이케 드로스테는 성 요한나 역을 맡아 감탄할 만한 연기를 보여주었다. 나는 공연의 초연에 참석했다.

요한나가 시카고 도살장에서 희희낙락해하는 주인들과 처형당한 파업 노동자들의 시체들을 앞에 두고 최종 증언을 하자 극장 안에서는 우레와 같은 박수 소리가 터져나왔다.

요한나가 말한다.

> 높은 곳과 낮은 곳에서는 두 개의 언어
> 두 개의 크기, 두 개의 무게.
> 인간들은 누구나 똑같은 얼굴을 가지고 살지만
> 서로를 알아보지 못합니다.
>
> 낮은 곳에 사는 사람들은
> 언제나 낮은 곳에 붙들려 있는데, 이는

높은 곳에 사는 사람들이
높은 곳에 머물러 살게 하기 위해서입니다.

경제의 저개발은 그로 인한 희생자들을 희망 없는 삶 속에 가두어버린다. 그들은 이곳에서 영구적으로 갇혀 지내야 한다. 그러므로 이들은 죽을 때까지 그렇게 살아야 한다고 믿게 된다. 그곳으로부터 탈출한다는 것은 도저히 불가능해 보인다. 가난이라는 쇠창살이 더 나은 삶을 향한 전망까지 모조리 막아버린다. 이는 그들의 아이들을 생각하면 한층 더 고통스럽다.

세계은행이 '절대 빈곤층'이라는 미화된 용어로 지칭하는 그들은 하루 1달러 미만으로 사는 사람들이다. 그들 중 대부분은 사실상 1달러에도 훨씬 못 미치는 액수로 생활한다. 현재 전 세계에서 절대 빈곤층에 속하는 사람은 약 20억 명에 달한다. 지난 10년 동안 절대 빈곤층에 속하는 사람들의 수는 1억 명이나 증가했다.[16] 이들이 가난이라는 감옥으로부터 해방되려면 이들이 속한 국가의 외채를 탕감해주는 일이 절대적으로 필요하다.

이른바 '추악한 부채'라고 하는 것의 실체를 들여다보자.

르완다는 차와 커피, 바나나 등을 생산하는 작은 농업국가로, 26,000 제곱킬로미터에 달하는 국토는 녹음이 우거진 구릉지대와 깊은 계곡으로 이루어져 있다. 아프리카 대륙 중앙의 대호수 지대에 위치하고 있으며, 1960년 독립을 쟁취했다. 총 인구 800만 명으로 주로 후투족과 투치족, 이렇게 두 개의 대표적인 종족으로 구성되어 있고,[17] 서쪽으로는 콩고, 남쪽과 동쪽으로 탄자니아, 북쪽으로는 우간다와 국경을 맞대고 있다.

1994년 4월부터 6월 사이에 르완다의 구릉지대에서는 정규군과 인터함웨[18] 용병들이 투치족의 어린이, 성인 남녀들과 정권에 대항하는 후투족 수천 명을 무차별적으로 살해했다. 사전에 미리 작성된 명단을 손에 들고 라디오를 들으며 증오심을 키운 살인마들은 도시와 촌락 마을들을 샅샅이 뒤져가며 밤낮으로 사냥감을 찾아다녔고, 사냥감을 발견하면 커다란 벌채용 칼로 사정없이 내리쳤다.

일반적으로 죽음에 이르기에 앞서 고문이 자행되었다. 희생자들은 냉정하게 계산된 광기에 따라 차근차근 사지를 절단당했다. 성인 여성들과 어린 여자아이들은 거의 자동적으로 강간을 당한 후 살해되었다.

수도원이나 종교단체에서 운영하는 학교, 교회 등지에 피신한 투치족들은 후투족 출신 사제들과 수녀들에 의해 밀고당해 살인마들에게 넘겨졌다.

3개월에 걸쳐 밤이나 낮이나 카게라 강과 니야바롱고 강에는 잘려나간 머리와 절단된 사지들이 둥둥 떠다녔다. 이렇듯 집단학살을 자행하는 자들에게는 오로지 소수민족인 투치족을 모두 죽여 그들의 씨를 말려버린다는 단 한 가지 목표뿐이었다.

이 무렵 유엔은 르완다에 1,300명이 넘는 다국적 평화유지군(블루헬멧)을 주둔시키고 있었다. 주로 방글라데시, 가나, 세네갈, 벨기에 출신 병사들이었다. 평화유지군은 캐나다 출신 장군 로메오 달레르 사령관의 지휘를 받았으며, 르완다 영토 곳곳에 세워진 철책이 쳐진 영내에서 복무했다.

대학살이 자행되던 무렵, 수만 명의 투치족들이 치안이 안전한 유엔 평화유지군 영내에 피신할 수 있도록 도움을 청했다. 하지만 군대의 사령부 측은 시종일관 이 요청을 거절했다. 이는 뉴욕의 안전보장이사회

측이 유엔 평화유지군 부사령관격인 코피 아난을 통해 전달한 지시에 따른 것이었다.

집단학살극이 발발했음에도 불구하고, 유엔 안전보장이사회는 1994년 4월 21일에 의결된 912호 결의안에 따라 르완다 주둔 평화유지군의 병력을 반으로 줄였다.

머리끝부터 발끝까지 완벽하게 무장을 했음에도 불구하고 유엔군은 칼과 낫, 나무 막대기만을 들고 날뛰는 살인부대와 대면해서는 아무런 동작도 취하지 않은 채 수동적인 방관자 역할에 머물러 있었다. 그들이 한 일이라고는 사건의 추이(투치족 남녀노소가 살해된 방식)를 상세하게 기록하여 뉴욕으로 송고한 것이 전부였다. 요컨대 이들은 범죄 행위를 명령한 상부의 지시에 맹종했을 뿐이다.[19]

이렇게 해서 100일 사이에 남녀노소 구별 없이 대략 80만 명에서 100만 명의 투치족(남부 거주 후투족도 포함)이 무참하게 살해되었다. 유엔 평화유지군은 그 광경을 묵묵히 지켜보았을 뿐이다.

1990년에서 1994년 사이에 르완다에 외채와 무기를 제공한 나라는 프랑스, 이집트, 남아프리카공화국, 벨기에, 중국 등이다. 이집트 무기의 공급은 크레디 리요네를 통해서 보장되었고, 재정적인 지원은 특히 프랑스에서 맡았다. 1993년부터 1994년 사이에는 중국이 50만 점의 칼을 키갈리 정부에 제공했다. 집단학살이 이미 시작된 뒤에도 프랑스로부터 빌린 돈으로 대금이 지불된 칼이 가득 들어찬 상자들이 캄팔라와 몸바사 항구를 통해서 르완다로 물밀듯이 흘러들어왔다.

집단학살을 자행한 살인마 집단은 결국 우간다로 피신했던 젊은 투치족들로 구성된 르완다 애국전선군의 진격으로 소탕되었다. 르완다의 수도 키갈리는 1994년 7월에 이들에게 접수되었다. 하지만 프랑스는 고마와 북(北)키부를 통해 키부 호수 동쪽 연안으로 피신해 있던 최후의 학살 집단들에게 계속해서 무기를 공급했다.

프랑수아 미테랑 대통령 시절, 프랑스는 르완다에서 특별히 끔찍한 역할을 자처했다. 프랑스 장교들이 집단학살을 자행한 살인마들을 내내 두둔하더니, 이들이 패배하자 급기야 살인마들과 그들을 정치적으로 사주한 자들을 탈출시킨 것이다. 프랑수아 미테랑의 태도에는 어느모로 보나 예상을 뛰어넘는 특별한 점이 있었다. 이 문제에 정통한 전문가들의 분석을 들어보자. 후투족 출신인 하비야리마나 대통령의 독재정권은 프랑스어를 사용하는 정권이었다. 그런데 그 정권을 쓰러뜨린 르완다 애국전선은 우간다로 피난을 간 투치족의 젊은이들로 구성되어 있으므로 영어를 사용하는 정권이라는 것이다. 그러므로 프랑수아 미테랑 대통령은 프랑스어를 지키기 위해 집단학살을 자행한 살인마 집단에게 무조건적인 지원을 보냈다는 말이다.[20] 게다가 프랑수아 미테랑 대통령과 고인이 된 후투족 출신 쥐베날 하비야리마나 르완다 대통령의 집안은 오랫동안 친하게 지내왔다. 하비야리마나 대통령이 탄 비행기가 격추되면서 상황은 한층 과격해진 것으로 보인다.

르완다에 새로이 들어선 정권은 약 10억 달러가 넘는 외채를 이어받았다. 내란으로 국내 사정은 이미 피폐해질 대로 피폐해진 데다 자신들의 어머니와 동생들, 자식들을 죽이는 데 사용된 칼을 사기 위해 끌어들인 외채를 갚아야 할 도덕적 의무감을 전혀 느낄 수 없었던 새 정권은 채권단에게 부채 상환을 중지, 아니 아예 무효화해줄 것을 요청했다. 그러나 국제통화기금과 세계은행이 주도한 채권단은 협력 자금 공급을 끊거나 르완다를 재정적으로 세계로부터 고립시키겠다고 위협함으로써 그러한 요청을 보기 좋게 거절했다.

이렇게 해서 세계에서 가장 가난한 르완다의 농부들, 모진 집단학살에서 기적처럼 살아남은 몇 안 되는 그 농부들은 동족을 죽이는 데 든 비용을 빌려준 외국 은행에게 빚을 갚기 위해 매달 등골이 휜다.

'추악한 부채(dette odieuse)'라는 표현은 에릭 투생이 처음으로 사용했다. 그 후 대부분의 시민단체들과 지구상의 불의와 투쟁하는 사회운동 단체들이 이를 이어받았다. 그런데, 아, 이 얼마나 놀라운 일인가! 지난 2004년 봄, 채권단 중에서도 제법 영향력이 큰 기관이 처음으로 이 표현을 사용했다. 바그다드에서 열린 기자회견에서 연합군 측의 대표로 나선 폴 브레머가 사담 후세인 정권에 의해 누적된 외채를 가리켜 '추악한 부채'라고 말했던 것이다. 그의 이 표현은 우선 이라크의 가장 중요한 채권국가인 프랑스와 러시아연방을 염두에 두고 한 말이었다. 브레머는 같은 날 이라크의 외채를 탕감해줄 것을 요청했다. 왜냐하면 그의 표현대로라면 그 외채는 범죄 정권이 끌어다 쓴 빚이기 때문이었다. 그는 새로 얻은 미국의 보호령으로부터 하루 빨리 이득을 얻어내기 위해 몹시 서두르고 있었다.

파리클럽 내부에서 19개의 채권국들은 열띤 토론을 벌인다.[21] 1980년 이라크 정부는 360억 달러에 달하는 외환 보유고를 자랑하고 있었다. 하지만 이란을 상대로 10년 동안 벌여온 전쟁 때문에 이라크는 채무국으로 전락했다. 이라크의 외채는 현재 1,200억 달러에 이르며, 이중에서 절반인 600억 달러는 인근 지역 국가들로부터 빌린 돈이고 나머지는 파리클럽 회원국들로부터 빌린 돈이다. 엄밀한 의미의 부채 외에 사우디아라비아와 쿠웨이트가 1990년 침공으로 인한 손해를 배상하라는 명목으로 요구하고 있는 3,500억 달러를 더해야 한다.

여기에서 우리는 세계화 지상주의자들과 그들의 하수인인 정치가들의 엉큼한 속셈을 읽을 수 있다. 이들은 '그다지 영양분이 없는 국가의 외채'는 탕감해주기를 거부하면서, 부자 나라(자신들이 직접 또는 간접적으로 지배하고 있는 나라)의 부채는 '추악하다(따라서 갚지 않아도 좋다)'고 말하는 뻔뻔스러움을 감추지 않는다.

내가 보기엔 제3세계 국가들의 모든 채무, 즉 경제 발전을 가로막고 국민들을 노예 상태에 붙잡아두며 기아로 인간을 파괴하는 모든 부채는 '추악한 부채'라고 부르는 것이 마땅하다.

기아, 부조리와 파렴치의 극치

　　　　　　　　　　영양 결핍과 기아로 목숨을 잃는 사람이 수백만 명에 달한다는 사실은 21세기 최대의 비극이다. 이는 그 어떤 이유나 정책으로도 정당화될 수 없는 부조리와 파렴치의 극치다. 나아가 이는 끝없이 되풀이되어온 반인류 범죄에 해당한다.

　앞에서도 말했듯이, 현재 지구상에서는 5초마다 10세 미만의 어린이 한 명이 기아 또는 영양 결핍으로 인한 질병으로 죽어가고 있다. 2007년 기아로 사망한 사람의 수는 같은 해 일어난 모든 전쟁의 사망자를 더한 수보다 많다.

　기아를 방지하기 위한 투쟁은 어떻게 되었는가? 과거에 비해 현저히 뒷걸음질치고 있다. 2001년엔 7초마다 10세 미만의 어린이 한 명이 기아로 목숨을 잃었다.[22] 같은 해, 8억 2,600만 명이 심각한 만성 영양실조로 인한 질병에 걸려 불구자가 되었다. 그 숫자는 현재 8억 5,400만 명으로 증가했다.[23] 1995년에서 2004년 사이에 만성적인 영양 결핍으로 고통받는 사람은 2,800만 명 증가했다.

　기아는 부채가 낳은 직접적인 산물이다. 왜냐하면 가난한 나라들은 부채 때문에 농업이나 사회기반 시설, 운송과 유통 등을 위한 설비 건설에 투자할 여력이 없기 때문이다.

기아는 신체에 가해지는 끔찍한 고통, 정신적 신체적 기능 약화, 미래에 대한 불안, 경제적인 독립성의 상실 등을 동반한다. 그리고 죽음으로 이어진다.

영양실조는 인간이 음식물을 통해 섭취하는 열량의 부족을 의미한다. 이는 칼로리를 단위로 하여 측정된다. 칼로리란 신체가 소비하는 에너지의 양을 재는 단위다.[24]

매개변수는 나이에 따라 다양하다. 가령 영아는 하루에 300칼로리를 필요로 한다. 1세에서 3세 사이의 유아는 하루에 1천 칼로리, 5세의 아동은 1,600칼로리 정도가 필요하다. 성인이 하루를 사는 데 필요한 열량은 거주 지역의 기후와 생계를 위한 노동의 종류에 따라 2천에서 2,700칼로리 정도 된다.

지구상에서 대략 6,200만 명, 즉 전 세계 인구의 1퍼센트 정도가 해마다 무슨 이유로건 사망한다. 2006년의 경우, 이중에서 3,600만 명 이상이 기아 또는 영양 결핍으로 인한 질병으로 사망했다.

따라서 기아는 지구상에 살고 있는 인류의 가장 중요한 사망 원인이라고 할 수 있다. 그런데 이 기아란 다름 아닌 인간이 만들어낸 산물이다. 기아로 죽는 사람은 누구든 살해당한 것이라고 해도 과언이 아니다. 그리고 이 살인자의 이름은 바로 부채다.

유엔 식량농업기구(FAO)는 '정세 변동적인' 기아와 '구조적인' 기아를 구별한다. 정세 변동적인 기아란 한 국가의 경제가 전체적으로 혹은 부분적으로 갑작스럽게 침몰하면서 발생하는 기아를 가리키며, 구조적인 기아란 경제의 전반적인 저개발에 따라 발생하는 기아를 가리킨다.

정세 변동적인 기아의 예를 들어보자. 2004년 7월, 강력한 열대 계절풍 때문에 방글라데시가 엄청난 수해를 입었다. 116,000제곱킬로미터에 달하는 국토 면적의 70퍼센트 이상이 물에 잠긴 것이다. 1억 4,600만 방글라데시 주민 가운데 300만 명이 기아로 죽을 위험에 처했다. 방글라데시는 벵갈 만으로 흘러드는 크고 작은 수많은 강 주변에 형성된 삼각주로 형성되어 있다. 이 강들은 히말라야 지맥들로부터(부탄, 라다크, 네팔) 흘러나온다. 그런데 열대 계절풍이 몰려오면 강물이 갑자기 불어나 물의 흐름을 예측하기 어렵게 된다. 거센 물결은 나무와 집들을 송두리째 뿌리 뽑는가 하면 제방을 무너뜨리고 진흙탕이 되어 세차게 흘러내리면서 주변의 수십만 헥타르의 농경지를 뒤덮고 인근 도시의 주거지대를 집어삼키는 것이다.

평상시엔, 그러니까 그와 같은 특별한 계절적 요인이 발생하지 않을 경우라면, 해마다 방글라데시에서는 10세 미만의 어린이 중에서 3만 명 정도가 비타민 A의 결핍으로 시력을 잃는다.

구조적인 기아와 정세 변동적인 기아는 모두 부채로 인하여 직접적인 영향을 받는다. 구조적인 기아의 경우 상관관계는 부수적인 설명이 필요 없을 정도로 명백하다. 반면 정세 변동적인 기아와 부채의 상관관계에 대해서는 얼마간의 설명이 필요하다.

방글라데시가 겪은 예외적인 기아 문제로 돌아오자. 2004년 7월의 수해로 가장 직접적인 피해를 입은 곳은 브라마푸트라 강과 갠지스 강 유역이다. 나는 유엔으로부터 요청받은 임무를 수행하기 위해 2002년에 방글라데시를 방문한 적이 있다. 당시 나에게 주어진 임무는 이와 같은 부류의 천재지변을 미연에 방지할 수 있는 수단을 조사하는 것이었다. 그때 나는 수도 다카에 있는 수자원부의 거대한 장관실에서 몇 시간 동안 방글라데시의 지리와 관련 통계, 앞으로의 사업 계획들에 대해 이야기를 들었다. 그 결과 최신 기술을 이용하면 별다른 문제 없이 방글라데시의 강들을 통합적으로 관리할 수 있으리라는 결론이 나왔다. 기술적으로만 본다면, 열대 계절풍에 의한 홍수는 얼마든지 통제가 가능하다.[25] 하지만 방글라데시는 동남아시아에서 외채 부담이 가장 큰 나라 중의 하나이므로, 강에 댐을 건설하여 흐름을 끊는 작업을 하는 데 필요한 재원이 없다.

이번에는 유엔 식량농업기구가 구조적 기아라고 분류하는 기아의 예를 들어보자.

2003년 2월 4일 저녁, 내가 늦은 시간에 브라질리아의 플라날투에 있는 브라질 대통령 집무실에서 나오자 몸집이 크고 유쾌해 보이는 금발의 남자가 광장에서 내 앞을 막았다. 남자에게서 풍겨 나오는 '인생은 즐겁게' 식 사고방식은 전염성이 강했다. 오래전부터 친구로 지내온 우리 두 사람은 이내 서로를 얼싸안았.

지능과 에너지를 겸비한 조앙 스테딜레는 산타카타리나로 이민 간 티롤 지방 농부의 후손이었다. 무농지 농촌 노동자 운동[26]을 이끄는 9명의 지도자 중의 한 사람인 그는 현재 가장 영향력 있는 지도자로 손꼽힌다. 룰라 대통령, 농업부장관과 악수하는 그의 모습은 이제 전설이 되었을 정도다.

"자네, 내일 뭐 할 건가?" 그가 나한테 물었다.

"리우데자네이루행 비행기를 탈 걸세. 제네바로 돌아가야 하니까."

"말도 안 돼! 내일 자네는 리슈(쓰레기 하치장 – 옮긴이)[27]에 가야 하네. 거기에 가보지 않고는 이 나라 정부와 이 나라에서 일어나는 일에 대해서 아무것도 이해할 수가 없을 걸세. 새벽에 가야 하네. 관용차를 타지 말고, 유엔 직원들도 동행하지 말게. 택시 타고 혼자 갔다 오게." 티롤 출신 농부는 도저히 어기면 안 될 것 같은 투로 말했다.

나는 새벽에 일어나지 못했다. 아침에 눈을 뜨니 벌써 해가 높이 올라와 있었다. 급히 커피를 한 잔 마시고 택시에 올라탔다. 아침나절 브라질리아의 교통 혼잡은 파리에서보다 더 지옥 같다. 우중충하게 잔뜩 흐린 하늘에서 열기가 내려왔다. 내가 묵고 있던 아틀란티카 호텔은 시내 서쪽에 있었기 때문에 동쪽에 위치한 시립 쓰레기 하치장까지 가는 데는 두 시간이 넘게 걸렸다.

브라질리아에는 200만 명이 넘는 사람들이 모여 산다. 하루 24시간 내내 이어지는 트럭의 행렬은 실어온 쓰레기를 하치장에 내려놓는다. 3제곱킬로미터에 걸쳐 거대한 쓰레기 피라미드가 하늘을 향해 솟아오른다. 쓰레기 하치장 출입은 엄격하게 통제된다. 철제 울타리 앞에서는 군대 경찰에서 파견한 병사가 보초를 서고 있다. 그 주위로는 짙은 파란색 제복을 입은 남자들이 기관총과 검은 고무로 된 긴 막대기를 든 채 경비를 서고 있다.

공식적으로는 2만 가구가 모여 산다고 알려져 있는 빈민촌이 도심의 마지막 고층 건물과 철제 울타리 사이의 공간에 펼쳐진다. 종이 상자를 펼친 골판지와 나뭇조각, 골진 양철 지붕들이 바다처럼 일렁거린다. 이곳은 기아의 희생자, 라티푼디움의 희생자, 고이아스 주의 농지를 독점하고서 소작인들을 내쫓은 대규모 농가공 식품업 연합의 희생자, 일용직 농업 노동자와 그의 가족들이 모여 사는 곳이다.

빈민촌에 사는 사람들 중에서 600명가량의 장년 남자들과 젊은이들이 그날그날 하치장에 들어갈 수 있는 표를 지급받는다. 600명을 선발하는 기준은 무엇인가? 나는 그것까지는 알 수 없었다. 다만 이곳 군대 경찰의 관습을 아는지라, 아마도 부패가 이 표를 분배하는 데에 무관하지 않으리라고 추측할 뿐이다.

커다란 검은 눈의 어린아이들, 한눈에 척 봐도 제대로 먹지 못해 영양실조에 걸린 아이들이 그래도 좋다고 떼를 지어 뛰어다닌다. 뚜껑 없는 하수도와 굶주린 개들, 판잣집들과 아이들이 제멋대로 뒤엉켜 커다란 덩어리를 이룬다. 아이들이 택시를 에워싼다. 웃으면서 손뼉을 치기도 한다. 나는 아이들 사이를 뚫고 나와 초병이 있는 곳으로 간다. 대위가 입구에서 나를 기다린다. 얼굴 가득 미소를 띠고 있다. 스테딜레가 전날 전화를 해놓은 모양이다.

"조금 더 일찍 오실 줄로 알고 있었습니다." 대위가 입을 연다.

엄마의 품에 안긴 젖먹이들의 눈과 입, 코에는 보라 빛깔의 파리들이 들러붙어서 윙윙 소리를 낸다. 곳곳에 배설물이 널려 있다. 파리 떼들은 배설물과 젖먹이들의 코 사이를 부지런히 왕복한다.

브라질에서 군대 경찰은 프랑스의 헌병대와 같은 임무를 수행한다. 군대 경찰은 브라질 연방공화국을 이루는 각각의 주의 주지사들의 지휘를 받는다. 대위는 서른 살 전후의 나이로, 흑백 혼혈인 특유의 섬세한 얼굴 윤곽과 칠흑처럼 새까만 눈동자를 지니고 있었다. 그는 활기 넘치며, 능력이 있는 사람이었다. 하지만 초소 주위와 철제 울타리 너머 쓰레기가 쌓여 있는 진흙탕 속을 서성거리는 '가난뱅이들'에 대해서는 경멸감을 감추지 않았다.

대위의 말은 매우 예의 바르고, 방문객의 질문에 적절하게 응답했다. 그는 나의 방문을 무척 신기해하는 것 같았다.

"선생 같은 유럽인들은 모두 부자입니다! 당신들은 모든 걸 태워버리죠! 하지만 우리는 다릅니다. 우리는 그렇게 하지 않아요. 우리나라는 가난합니다. 쓰레기 하치장은 이 근처에 사는 몇몇 사람들에게 일자리를 제공합니다. 우리는 아무것도 소각하지 않습니다. 모든 것이 다 쓸모가 있습니다. 아마도 선생님은 나뭇조각 하나, 알루미늄 조각 하나가 이 빈민촌에서 어떻게 쓰이는지를 알게 되면 깜짝 놀라실 겁니다! 상자들은 도매상들에게 팔립니다. 알루미늄 상자, 맥주 깡통들은 납작하게 만든 다음 팝니다. 수집된 유리들도 팔리죠. 수완 좋은 리셰이루(lixeiro, 리슈에서 일하는 사람 - 옮긴이)라면 하루에 5레알[28] 정도는 벌 수 있습니다. 그들은 음식물 찌꺼기, 채소, 과일, 가축 배설물 등으로 돼지를 치죠. 쓰레기 하치장 덕분에 선생님께서 지금 보고 있는 이 지역 전체가 살아갈 수 있는 겁니다." 대위는 팔을 내밀어 그의 앞에 펼쳐진 하치장과 멀리 보이는 고층 건물 숲을 갈라놓는 공간 안에 최대한 커다랗게 원을 그렸다.

군대 경찰은 쓰레기 더미가 피라미드처럼 쌓인 하치장 안으로는 절대 들어가지 않는다. "우리는 그저 아침에 표를 나눠주고 하치장 출입을 관리할 뿐입니다. 어린아이들의 출입을 통제하는 것도 우리의 일이죠. 아이들한테는 위생상 좋을 게 없거든요."

대위는 나한테 이가 모두 빠져버린 덩치 큰 남자를 소개해주었다. 60세쯤 되어 보이는 그 남자는 아래위로 군데군데 기름때가 낀 갈색 옷차림을 하고 있었다. 남자는 목발을 짚고 있었다. 유심히 보니까 다리가 하나뿐이었다. 무슨 색이라고 한마디로 단정하기 어려운 빛깔의 밀짚모자가 남자의 머리 위에 얹혀 있었다. 남자는 안색이 창백했다. 이마에서는 식은땀이 방울방울 흘러내렸다. 역한 냄새도 풍겼다. 남자의 시선은 무기력 그 자체라고 해도 좋을 것 같았다. 게다가 연신 비굴하게 굽실거렸다. 나는 남자에 대해서 거의 즉각적으로 반감을 느꼈다.

"이 사람은 페이토르[29]입니다. 쓰레기 줍는 사람들을 관리 감독하죠. 이자는 하치장 안으로 들어가는 사람들에게 각자 어느 곳으로 가서 일하라고 지시합니다. 이 일을 제대로 하려면 상당한 권위가 필요합니다. 아시겠습니까? 잠깐만 한눈팔면 싸움이 그치질 않는다니까요."

밀짚모자를 쓴 남자는 두 명의 피스톨레이루를 불렀다. 그의 부름을 받자 흑인 두 명이 나타났는데, 남자의 경호원임에 틀림없었다. 우리는 함께 (쓰레기) 산길로 접어들었다. 목발에 의지해서 걷는 서글픈 모습의 외다리 반장 때문에 빨리 걸을 수가 없었다. 땡볕이 내리쬐는 가운데 20분쯤을 걸어서 겨우 도착했다.

나는 악취 때문에 숨이 멎는 것만 같았.

땀이 줄줄 흘러내렸다.

쓰레기 산들 사이로 트럭들이 꼬리에 꼬리를 물고 오가는 통에 양옆으로 하수용 배관까지 거느린 널찍한 길은 마치 협곡 같았다. 도로에는 여기저기 홈이 파여 있었다. 짐을 실은 무거운 트럭의 바퀴들이 남겨놓은 자국들이었다. 트럭은 무게 때문에 비틀거렸다.

끝에 쇠로 만든 갈고리가 달린 긴 막대기를 들고 노인들과 청소년들이 쓰레기 피라미드 위로 올라갔다. 나이 든 남자들은 검은 고무장화를 신고 있었다. 머리에는 쓰레기 하치장 입구에 들어선 코카콜라 매장에서 지급한 챙 달린 빨간 모자를 쓰고 있었다. 고양이만큼이나 몸집이 큰 쥐들이 젊은 사람들의 다리 사이를 아무렇지도 않게 지나다녔다. 이들 젊은이들의 대다수는 뼈만 앙상했으며, 입 안에는 이미 제대로 된 치아라고는 없었다. 이들은 고무 샌들 차림이라 작업 중에 쉽게 상처를 입었다. 젊은이들은 맨손으로 쓰레기를 분리해서 종류별로 정해진 위치로 운반했다. 아들, 아버지, 사촌이 함께 나귀에 맨 수레를 밀었다. 못쓰게 된 타

이어 두 개 위에 엉성하게 짜맞춘 수레였다.

수레마다 각기 다른 물품을 운반했다. 어떤 수레에는 수레가 찌그러질 정도로 많은 상자와 폐지들이 실려 있는가 하면, 어떤 수레에는 금속성 폐기물이 잔뜩 실려 있었다. 각종 유리병들과 깨진 유리 조각을 싣고 있는 수레도 여러 대 눈에 띄었다. 중간 상인들은 울타리 반대쪽 입구 근처의 공터에서 물건들이 나오기를 기다리고 있었다.

음식물을 실은 수레가 단연 압도적으로 다수였다. 말이 좋아 음식물이지, 사실은 형체를 알 수 없는, 무어라 표현하기 어려운 색깔의 죽 같은 것들이 회색 플라스틱 양동이에 담긴 채 역한 냄새를 풍기고 있었다. 양동이 속에는 밀가루, 쌀, 말라비틀어진 채소, 고기 조각, 생선 대가리, 뼈 등이 제멋대로 섞여 있었다. 이따금씩 죽은 토끼나 쥐들도 눈에 띄었다. 하여간 모든 양동이마다 심한 악취가 풍겨 나왔다.

수레마다 보랏빛 파리들이 구름떼처럼 몰려들었다. 파리들의 끝없는 행진이 빚어내는 웅웅거림으로 귀가 멍멍할 지경이었다. 파리들은 젊은이들의 병든 눈가나 노인들의 앙상한 다리에도 제멋대로 달라붙었다. 나는 작업반장에게 양동이 속에 든 내용물은 어디로 가느냐고 물었다.

"돼지 먹이용"이라고 그가 자신 없는 목소리로 대답했다. 나는 그의 손에 10레알짜리 지폐를 한 장 슬며시 쥐여줬다.

"나는 관광객이 아니오. 나는 유엔 식량특별조사관이오. 그러니 여기에서 무슨 일이 벌어지는지 반드시 알아야겠소." 나는 내가 생각해도 어처구니없을 정도로 엄숙한 목소리로 말했다.

작업반장은 나의 임무 따위엔 전혀 아랑곳하지 않았다. 하지만 그래도 10레알짜리 지폐에는 무심하지 않은 모양이었다. "우리나라 아이들은 배를 곯고 있습니다, 아시겠어요?" 그가 변명이라도 하듯이 우물쭈물

입을 열었다. 두 명의 경호원을 거느린 이 무기력한 사나이가 그제야 내 눈에 호의적으로 보이기 시작했다.

　심각하고 만성적인 영양실조는 천천히 우리 몸을 망가뜨린다. 영양실조는 우리 몸을 허약하게 만들고 활력을 빼앗아간다. 그 결과 아주 사소한 질병에라도 걸리는 날엔 이겨내지 못하고 쓰러지고 만다. 공복감이 내내 떠나지 않는다.
　하지만 영양실조로 인한 가장 큰 고통은 뭐니 뭐니 해도 불안과 굴욕감이다. 허기진 사람은 자신의 존엄성을 지키기 위해 항상 승산이라고는 없는 절망적인 투쟁을 벌여야 한다. 그렇다. 기아는 수치심을 유발한다. 한 가정의 아버지가 가족들을 먹이지 못하고, 어머니는 배가 고프다고 우는 아이 앞에서 빈손만 바라보아야 한다.
　밤이면 밤마다 낮이면 낮마다 기아는 성인들의 저항력마저도 차츰 떨어뜨린다. 배가 고픈 성인은 이제 더 이상 먹을 것을 찾아 거리를 헤매지도 못하고, 쓰레기통을 뒤지지도 못하게 될 날이 오리라는 것을 잘 알고 있다. 그는 구걸을 할 수도, 하찮은 일거리나마 얻어서 마니옥 한 줌, 쌀 한 되라도 장만해서 가족들 입에 풀칠조차도 할 수 없게 되는 날이 다가오는 것을 느낀다. 불안이 그를 속속들이 갉아먹는다. 그는 누더기를 걸치고 밑창이 다 닳아버린 샌들을 신고 시선은 허공을 향한 채 하염없이 걷는다. 그는 자신을 내치는 다른 사람의 눈길을 느낀다. 그와 그의 가족들은 식당이나 부잣집의 쓰레기통을 뒤져서 찾아낸 먹다 남은 음식으로 배를 채운다.
　바이아 연방대학의 사회학과 교수인 마리아 두 카르두 소아리스 데 프레이타스와 그의 동료들은 배를 곯는 사람들이 자신들이 처한 상황을 어떤 식으로 헤쳐나가는지 이해하고자 살바도르 시의 펠라포르쿠를 장기간에 걸쳐 관찰했다. 펠라포르쿠는 알라가두스와 더불어 브라질 북부 지역에 위치한 살바도르 시에서 가장 가난한 바이로[30] 중의 하나다. 살바도르 시로 말하자면, 브라질의 루시타니아 부왕국의 고대 수도였다. 이곳엔 부패가 판을 치며, 경찰들의 전횡, 무장 폭력배들의 난동, 전염병처럼 무서운 속도로 번져가는 실업 증가, 교육 시설, 사회복지 시설, 위생 시설 등 모든 사회기반 시설의 부재가 만연한 가운데, 거주자들의 주거 시설 또한 낙후 상태를 면하지 못하고 있다. 현재 약 11,000 가구가 거주한다. 『기아에 관한 글』이 그들이 집필한 책의 제목이다. 아직 출판되지 않은 이 책은 이들 사회학 연구팀이 기아에 허덕이는 빈민들을 직접 만나서 채록한 생생한 증언들로 가득 차 있다.[31] (바이아 대학교 공중보건 연구소에 복사본 형태로 비치되어 있다.)

수치심을 몰아내기 위해서 이들 만성적 영양실조 환자들은 다음과 같은 문장을 하루에도 몇 번씩이고 되뇐다. "A fome vem de fora do corpo(기아는 내 몸의 밖으로부터 온다)." 기아는 나를 공격하는 침략자이며, 기아는 나를 못살게 구는 짐승이다. 기아에 대항해서 나는 어떻게 손을 쓸 수가 없다. 나는 내가 처한 상황에 대해 책임이 없다. 나는 내가 입고 있는 누더기 옷, 내 아이들의 울음, 아무짝에도 쓸모가 없어진 내 몸뚱어리, 내 가족을 먹여 살리지 못하는 무능력에 대해서 부끄러워해서는 안 된다.

도심 건물이나 이타포아 해변의 백사장에 면한 호사스러운 호텔 쓰레기통에서 음식 찌꺼기를 찾아 먹는 사람들은 이렇게도 말한다. "나는 쓰레기통을 뒤지려면 수치심을 물리쳐야 한다. 도둑질은 쓰레기통을 뒤지는 것보다 더욱 나쁜 짓이다."

이들의 질문에 답한 수많은 사람들은 한결같이 기아를 가리켜 '그것'이라고 말했다. "그것이 우리 집 문을 두드렸죠." 기아를 자신의 몸 밖으로 내쫓고, 자신을 기아로부터 공격당한 피해자라고 간주하며, 자신보다 너무나 힘이 센 적을 만나 온몸에 상처를 입었다고 생각한다. 이처럼 이들은 수치심으로부터 자신을 지키기 위해 온갖 방어기제를 생각해낸다.

몇몇 주민들은 이렇게 말한다. "난 경찰들이나 기아로부터 끊임없이 괴롭힘을 당하고 있는 것 같아요." "기아는 항상 내 몸에 상처를 내는 고통이죠." 짐승이 나를 공격하는데, 내가 어떻게 할 수 있겠어요? 아무것도 할 수 없거나 아니면 뭔가 한다 해도 대단할 것도 없는 일이죠." "왜냐하면 그 짐승이 나보다 훨씬 힘이 세거든요."

"기아로부터 괴롭힘을 당한다"는 말이 거의 모든 답변에 반복적으로 등장한다.

몇몇 사람들은, 특히 청소년기의 남학생들이나 여학생들은 이 짐승에 항거하고 저항하려는 자세를 보인다. "우리는 강해져야 해요. 반격을 해야 하죠. 무언가를 해야 한다고요. 수치스러워해서도 안 되고, 두려워해서도 안 돼요. 이 사람 저 사람에게 도움을 요청해야 해요. 쓰레기통이라도 뒤져야죠. 어떤 사람들은 도둑질도 서슴지 않아요. 다른 사람들을 공격해서 그 사람들이 가진 것들을 빼앗죠. 하늘에서 무언가가 뚝 떨어지기만을 기다려서는 안 돼요. 자기가 가진 힘이 모두 사그라질 때까지 가만있지 않으려면 굉장한 믿음이 필요해요. 자리를 박차고 일어나서 걸어가야 해요. 앞으로 나가야 한다니까요."

마리아 두 카르두와 그녀가 이끄는 팀의 구성원들은 '밤의 기아'에 대해서 특히 폐부를 찌르는 질문을 했다. 질문을 받은 거의 모든 사람들은 나이와 성별을 떠나 모두들 한결같이 밤이면 자주 대하는 환영들이 있다고 답했다. 밤이 되면 일종의 보상심리로, 티 하나 없이 깨끗한 식탁보가 깔린 식탁에 과일이며 고기, 케이크 등 진수성찬이 상다리가 부러지도록 잔뜩 쌓인 환영을 본다는 것이다. 이 같은 상상은 허기지고 불안과 고통에 시달리는 심신을 달래주고 위로해준다고 대답했다.

질문을 받은 한 젊은 여성은 이렇게 말했다. '밤이 되어 어린 자식들은 울어대고, 주위엔 폭력(경찰과 무장 폭력배)이 난무하는 가운데에도 불면증과 허깨비 같은 환영들은 어김없이 찾아옵니다."

자신을 소외시키고 먹을 것도 주지 않는 사회에 대해서 허기진 사람들은 환상에 매달리는 수밖에 다른 도리가 없다. 이들은 환상을 통해서 상상 속에서나마 자유로운 인간으로서 잃어버린 존엄성을 되찾는다.

현재 지구상에서는 20억 명이 유엔에서 이른바 '보이지 않는 기아(hidden hunger)', 즉 영양 결핍이라고 부르는 상황으로 고통받고 있다. 영양 결핍은 좀더 엄밀하게 말하자면 영양소(무기질, 비타민)의 결핍을 가리킨다. 이와 같은 결핍은 때로 치명적인 질병을 야기한다.

리마의 칼람파, 상파울루의 파벨라, 마닐라 스모키마운틴의 지저분한 빈민가들은 모두 악취가 대단한 곳이다. 약 50만 명이 모여 사는 스모키마운틴의 공기는 썩는 냄새로 진동한다. 쥐들이 몰려다니며 갓난아기의 얼굴을 물어뜯기도 한다. 양철을 엉성하게 이어서 만든 허름한 집에서 남자, 여자, 어른, 아이 할 것 없이 모두들 산처럼 쌓인 쓰레기 더미에서 찾아낸 음식 찌꺼기로 연명한다. 이따금씩 이들은 그런대로 충분한 열량을 섭취하기도 한다. 하지만 그나마도 열량만 놓고 보면 충분할지 모르나, 영양 면에서 보면 위험할 정도로 영양소의 불균형이 심하다.

만성적인 영양 결핍에 시달리는 어린이들은 기회가 있을 때마다 배가 부르도록 먹는다고 하더라도 영양소 결핍으로 인한 질병으로 고통받는 일이 심심치 않게 발생한다.

앞에서도 말했지만, 현재 제3세계의 122개국에서 전 세계 인구의 80퍼센트가 살고 있으며, 이들 나라에 만연한 영양 결핍 상태를 그대로 방치한다면, 떼죽음을 면하기 어렵다.[32]

영양소 결핍으로 인해 가장 흔하게 나타나며 현재 가장 널리 퍼져 있는 질병으로는 사하라 사막 이남의 검은아프리카에서 자주 나타나는 콰시오커, 빈혈, 구루병, 실명 등을 들 수 있다. 콰시오커에 걸린 청소년들은 복부가 부풀어오르고 머리카락이 붉은색으로 변하며 안색은 노래진다. 이 아이들에게서는 치아가 빠지는 증세도 나타난다. 충분한 양의 비타민 A를 지속적으로 섭취하지 못할 경우 실명할 위험도 있다. 구루병은 어린아이의 뼈가 제대로 발육하는 것을 방해한다.

한편 빈혈은 혈관체제를 공격하며, 혈액순환이 순조롭지 못하면 에너지의 공급이 원활하지 못하고 집중력이 떨어진다.

또 다른 예를 들어보자. 세계은행이 2006년 3월에 발표한 보고서에 따르면, 시조르다니와 가자 지구에 사는 10세 미만의 팔레스타인 어린이들의 15퍼센트 이상이 만성적으로 심각한 영양실조에 시달리고 있다.

팔레스타인은 농경지 파괴, 지하수층 유용, 이스라엘 점령군에 의한 도시와 마을의 전면 봉쇄 등으로 인하여 2000년 9월에 발생한 제2차 인티파다 이후 국민총생산이 50퍼센트 이상이나 감소했다.

칸유네스, 라파, 베이트하눈 등지의 UNRWA 학교에서는 학생들이 영양실조로 쓰러지거나 빈혈로 정신을 잃는 일이 빈번하게 일어난다.[33]

소아 영양 결핍의 결과가 빚어낸 참상으로, 팔레스타인 영아 수천 명은 돌이킬 수 없는 뇌손상을 입고 있다.

이번엔 미량 영양소의 결핍이 초래하는 심각한 후유증을 좀더 상세히 살펴보자.[34]

철분의 부족은 가장 널리 퍼져 있는 '보이지 않는 기아'의 한 전형이다. 철분은 혈액 형성에 반드시 필요한 요소다. 철분의 결핍은 빈혈을 일으킨다. 빈혈의 가장 큰 특징은 적혈구의 부족이라고 할 수 있다. 전 세계에서 13억 명이 빈혈로 고생하고 있다. 이들 중에서 약 8억 명 정도는 특히 철분 부족으로 인한 빈혈을 앓고 있다. 일단 빈혈에 걸리면 면역체계에 이상이 온다.

이보다 덜 심각한 빈혈의 형태도 얼마든지 존재한다. 이러한 경증 빈혈에 걸린 사람은 대체로 노동 능력과 생식 기능이 떨어진다. 남반구 국가에 사는 여성의 50퍼센트, 남성의 20퍼센트 정도가 이런저런 형태로 철분 부족으로 인한 빈혈을 앓고 있다.

생후 6개월에서 24개월 사이의 영유아에게는 철분 섭취가 반드시 필요하다. 이 시기에 철분이 부족하면 뇌신경 세포 형성에 치명적인 손상을 초래할 수 있다. 세계에서 가장 가난한 나라 49개국의 경우, 30퍼센트의 영유아가 철분 부족에 시달리고 있다. 이 아이들은 평생 정신 장애로 고통받게 될 것이다.

해마다 약 60만 명의 여성이 임신 기간 중에 심각한 철분 부족으로 목숨을 잃는다. 출산 중에 죽는 산모들의 20퍼센트는 철분 부족으로 인한 후유증으로 사망한다.

또 다른 중요한 영양소인 비타민 A의 경우를 보자. 남반구 국가에 사는 가난한 사람들에게는 비타민 A의 부족이 실명의 가장 큰 요인으로 작용한다. 비타민 A의 부족으로 4분마다 한 명씩 시력을 잃는다. 5세 미만의 어린이 4천만 명이 비타민 A 결핍으로 고생한다. 이 가운데 1,300만 명이 해마다 시력을 잃는다.

세계보건기구는 위험이 높은 인구, 즉 비타민 A의 결핍과 간접적으로 관련이 있는 특정 질병(소화기관이나 호흡기관 장애)에 노출된 인구의 통계를 산출했다. 이 부류에 속하는 인구는 8억 5천만 명이나 되었다.[35]

요오드 또한 균형 잡힌 신체를 위해 반드시 필요한 영양소다. 그런데 요오드 부족에 시달리는 인구는 남녀노소 구별 없이 모두 합해서 10억 명이 넘는다. 이들은 주로 농촌 지역에 밀집해서 살고 있다. 지난 10여 년간 도시 지역을 중심으로 각국에서 식용 소금에 요오드를 첨가하는 노력이 이루어진 까닭에 이처럼 농촌 지역에만 결핍 인구가 밀집되어 있는 것으로 보인다. 모체의 요오드 부족은 태아에게 치명적인 영향을 끼친다. 가령 2006년의 경우, 2천만 명의 신생아가 치료 불가능한 뇌 손상을 입고 태어났다.

비타민 B의 사정은 어떠한가? 매일 음식을 통해 충분한 양의 비타민 B를 섭취하지 못하는 사람은 각기병에 걸린다. 각기병은 서서히 신경계통의 기능을 마비시키는 병이다.

만성적인 비타민 C 결핍은 괴혈병을 야기한다.

엽산은 특히 산모와 신생아에게 절대로 필요한 영양소다. 유엔은 해마다 20만 명의 신생아들이 심각하고 만성적인 영양소 결핍을 안고 태어난다고 보고했다. 또한 제3세계의 심장혈관 계통 사망 환자 중에서 10퍼센트 정도는 엽산 결핍으로 인한 사망인 것으로 알려져 있다.

대부분의 경우 영양 결핍은 여러 가지 복합적인 요인이 더해져서 나타난다. 브라질 페르남부쿠 주의 봉건적인 대영지 인근 황무지 오두막집에서 사탕수수 농장 노동자인 아버지와 일용직 어머니 사이에 태어난 아기는 요오드와 철, 각종 비타민 등의 결핍으로 고생할 확률이 매우 높다. 미량 영양소 결핍으로 고통받는 사람들의 50퍼센트 이상은 한 가지가 아닌 여러 가지 영양소의 결핍 증세를 보인다.

영양 결핍으로 출산 중 사망하는 수십만 명의 산모들, 뇌를 비롯한 신경기관 장애를 안고 태어나는 수백만 명의 신생아들, 노동력을 상실하게 되는 수천만 명의 성인 남자들, 이 모두는 우리 사회에 무거운 짐이 되는 것이 사실이다. 더구나 어린 시절부터 줄곧 영양 결핍에 시달려온 이들 성인 남녀들은 자손들에게도 빈혈을 비롯한 영양 결핍으로 인한 질병을 동반하는 '나쁜 피'를 물려주기 때문에 더욱 심각한 사회 문제가 아닐 수 없다.

하지만 영양 결핍은 특별한 기술적인 지원이나 엄청난 경비를 지출하지 않고서도 비교적 빠른 시간 안에 지구상에서 퇴치할 수 있다. 제3세계에서 소비되는 음식물에 서구 사회에서 통용되는 똑같은 처방을 적용하기만 하면 될 것이다. 제네바에서 내가 사먹는 소금은 스위스에서 현재 시행 중인 법에 따라 요오드가 첨가된 것이다. 이런 식으로 서구 사회에서 철분 부족으로 인한 빈혈은 이미 오래전에 자취를 감추었다. 서구 산업 국가들에서 시행 중인 식품 관련법은 모두 엄격하게 식품에 미량 영양소를 첨가하도록 규정하고 있다. 그런데 북반구 국가에서와는 달리, 이와 같은 법률이 남반구 국가에서는 아주 예외적으로만 시행될 뿐이다.

이렇게 본다면 수십억 명의 사람들을 '보이지 않는 기아'로부터 해방시키는 데에는 별다른 어려움이 없어 보인다. 얼마간의 비용이 든다는 점을 제외한다면 말이다. 사실 영양 결핍의 피해를 보는 희생자들 대부분의 구매력은 거의 제로라고 할 수 있다. 이들이 속한 나라의 정부들도 자국에서 생산되거나 다른 나라로부터 수입하는 식품에 미량 영양소를 강화하는 정책을 시행할 여력이 없다. 게다가 그럴 의지도 없다고 말할 수 있다. 국제기구들 역시 지구 차원에서 영양 결핍을 뿌리 뽑기 위한 대대적인 캠페인을 벌일 자금이 부족하다.[36]

영양실조와 영양 결핍, 이 두 가지 현상은 세계보건기구가 정해놓은 기아 관련 질병 부류와 직접적인 상관관계에 있지는 않은 여러 가지 다른 바이러스성 질병들을 일으키는 데 결정적인 역할을 한다.

기아로 고통받는 신체는 면역체계가 제대로 작동하지 않기 때문에 사소한 감염에도 저항하지 못한다. 그렇기 때문에 미세한 바이러스의 공격에도 사망하는 경우가 적지 않다. 아시아와 아프리카에서 결핵이 급속도로 확산되는 현상도 영양실조와 영양 결핍의 만성화 현상과 무관하지 않다.

사하라 사막 이남의 검은아프리카 지역에서 에이즈가 창궐하는 것도 똑같은 맥락으로 이해할 수 있다. 전 세계에서 에이즈에 걸린 환자는 모두 합해서 3,900만 명 정도다. 이들 중에서 2,700만 명이 검은아프리카 대륙에 산다. 에이즈에 걸린 아프리카의 성인 남녀, 어린이들의 대부분은 트리테라피 치료를 받지 못한다. 돈이 없기 때문이다.[37] 물론 에이즈는 HIV 바이러스에 의해 전파되는 전염병이므로 섭취 열량 부족이나 비타민 결핍과는 무관하다. 기아로 고통받는 사람들은 물론 제대로 잘 먹는 사람들조차도 걸리는 병이기 때문이다. 그렇지만 만성적인 영양실조 상황이 전염병의 빠른 확산을 부추기는 것은 분명한 사실이다. 특히 검은아프리카 지역의 경우를 볼 때, 기아로 고통받는 사람들이 HIV 바이러스에 감염되면 아무런 면역체계가 발동하지 못해 상태가 훨씬 빨리 악화된다.

서부아프리카 출장에서 돌아오면서, 유엔 세계에이즈억제기구[38]의 책임자인 피터 파이어트는 다음과 같이 보고했다. "나는 말라위에 가서 HIV 바이러스를 지니고 사는 한 무리의 여성들을 만났다. HIV 보균자나 에이즈 환자들 혹은 다른 부류의 사람들을 만날 때면 늘 그랬듯이 그들에게도 무엇을 최우선이라고 여기는지 물었다. 그들은 만장일치로 분명하게 대답했다. 먹을 것이 가장 중요하다는 것이었다. 그 어떤 보살핌도, 치료를 위한 약품도, 격리 수용이 아닌 다른 방책도 다 필요 없고 오로지 음식이 필요하다고 그네들은 입을 모았다."[39]

짐바브웨의 한 지방인 마쇼나랜드의 무자라바니에 사는 젊은 여성 버지니아 마람바가 사는 모습을 소개해보자. 버지니아의 남편 앤드류는 에이즈에 걸려서 2003년에 죽었다. 남편은 죽으면서 아무 재산도 남기지 않았다(그는 농업 노동자였다). 버지니아는 어린 두 아이를 혼자서 키워야 했다. 그래서 백인 소유의 대농장에서 날품팔이 일자리라도 얻으려고 했다.

일거리를 얻지 못한 날에는 대농장 주변 숲에서 나무뿌리나 풀을 뜯어서 죽을 끓였다. 이웃들도 버지니아와 비슷하게 가난했다.

버지니아와 두 아이의 신체와 정신을 갉아먹는 지속적인 영양실조는 게으름 탓이라고 할 수 없었다. 버지니아는 일을 했고, 그것도 아주 열심히 일을 하는 사람이었기 때문이다. 2003년 말이 되었을 때, 버지니아는 작은 땅뙈기를 마련했다. 버지니아는 그 땅에 옥수수와 콩, 당근, 마니옥, 고구마 등을 심었다. 하지만 비가 제대로 내리지 않았다. 뿐만 아니라 버지니아는 비료를 살 돈도 없었다. 그 결과 2004년에 버지니아는 겨우 옥수수 20킬로그램을 수확했다. 가족이 한 달 먹을거리밖에 안 되는 수확이었다.[40] 버지니아는 늘 배가 고팠고, 영양실조에 걸린 그녀의 몸은 감염에 무방비 상태로 노출되어 있다. 이런 상황이라면 버지니아의 목숨은 풍전등화나 다름없다.

기아를 둘러싼 국제적인 토론이 있을 때면 언제나 '운명'이라는 말이 등장한다. 방글라데시는 독립을 쟁취한 지 3년 후인 1974년에 역사상 가장 끔찍한 재앙을 겪었다. 홍수로 갠지스 강과 브라마푸트라 강이 범람하는 바람에 400만 명이 넘는 이재민들이 기아로 고통을 받은 것이다. 당시 헨리 키신저는 '배스킷 케이스(basket case)'라는 개념을 내세웠다. 일부 국가들은 절망이라는 바구니 제일 밑바닥에 옴치고 뛸 수도 없을 정도로 짓눌려 있기 때문에 그 상태로는 아무런 희망을 가질 수 없다는 의미에서 사용되는 개념이었다. 기후나 지정학적인 위치가 경제 발전을 저해하기 때문에 인구의 상당수는 기아에 시달릴 수밖에 없다는 것이다. 따라서 이들 나라의 국민들은 국제적인 구걸에 의존해서 생활할 수밖에 없으며, 그러자니 당연히 미래에 대한 불안감에 시달릴 수밖에 없다.[41] 말하자면 이들은 영원히 그렇게 살도록 선고받은 것이나 다름없다.

키신저의 이처럼 불길한 예언은 용납되어도 좋은 것인가? 언제까지고 바구니 밑바닥에 깔려서 숨도 못 쉬고 살아야 하는 나라가 정말 있는 것일까? 이제 '운명'이라는 개념에 대해서 살펴보기로 하자.

해마다 세계식량계획은 세계기아지도(World Hunger Map, 전 세계의 기아 분포 상황을 보여주는 지도. 이 지도는 유럽의 모든 학교의 벽에 걸도록 되어 있다)를 편찬한다. 이 지도는 만성적이고 심각한 영양실조 비율에 따라 각기 다른 색을 정해서 나라마다 해당 색으로 표시하는 방식으로 만들어진다. 예를 들어, 짙은 갈색은 영양실조에 걸린 인구 비율이 전체 인구의 35퍼센트 이상임을 표시한다. 그런데 이 짙은 갈색이 아프리카와 아시아 대륙, 카리브해 인근 지역 상당 부분을 뒤덮고 있다. 2001년 이후로 이 영양실조 문제에 있어서 참담하게도 항상 가장 상위에 드는 3개국 중 하나가 바로 몽골이다.

몽골은 아시아의 한가운데 자리하고 있으며, 대초원과 사막, 산과 툰드라 등으로 이루어진 광활한 나라다. 국토 면적 150만 제곱킬로미터, 인구는 240만 명 정도다. 이들은 대부분이 몽골인이지만, 카자흐족, 부리아트족 등도 일부 섞여 있다. 전체 인구의 50퍼센트 이상이 유목민이다.

여름은 6월 중순부터 9월 초까지 약 두 달 반 정도 계속된다. 여름이 끝나면 기나긴 가을과 겨울이 이어진다. 10월 말이면 벌써 기온이 영하 20도 아래로 내려가며, 12월엔 영하 50도까지도 내려간다. 몽골의 하늘은 1년에 250일 이상 투명하고 파란빛을 띤다. 태양도 강렬하게 빛난다.

시베리아와 중국, 카자흐스탄과 국경을 접하고 있는 몽골은 숨이 멎을 정도로 아름다운 자연 환경을 지닌 나라다. 북쪽은 침엽수림 지대, 서쪽은 알타이 산맥, 남쪽 내륙 깊숙한 곳은 고비 사막을 지나는 바람이 만들어놓은 모래언덕과 바위 고원지대, 중심부와 동쪽은 끝없이 이어지는 파도처럼 기름진 목초로 뒤덮인 구릉지대가 펼쳐진다.

아스팔트를 깐 유일한 600킬로미터의 도로가 수도 울란바토르와 시베리아와 국경을 접하고 있는 도시 셀렝게를 잇는다. 철도는 국토를 남북으로 이어준다. 바로 베이징과 상트페테르부르크를 잇는 저 유명한 시베리아 횡단 철도다.

대초원 지대를 가로지르는 군데군데가 끊어진 교차로에는 수없이 많은 돌탑이 쌓여 있으며, 돌무지 꼭대기에는 무당의 상징인 하늘색 깃발(이 깃발은 티베트 불교의 상징이기도 하다)이 꽂혀 있다. 샤머니즘 전통에 따르면, 여행자는 작은 돌탑을 세 바퀴 돈 다음 주위에서 돌멩이 세 개를 주워서 돌탑에 얹어야 한다.

여름이면 기분 좋은 미풍이 대초원 위를 지나간다. 하지만 10월이면 벌써 강풍이 하늘을 뒤흔든다. 11월부터 3월까지는 눈보라가 대지에 휘몰아쳐서 사람이고 짐승이고 모두 파묻어버린다.

몽골에서 여름은 생명이 폭발하는 계절이다. 곳곳에서 결혼식이 열린다. 씨름 대회, 활쏘기 대회, 곡예, 마장마술, 승마 경주 등이 모든 아이막[42]에서 앞 다투어 개최된다. 이 무렵이면 길고 긴 흐느낌 같기도 하고 애달픈 곡소리 같기도 한 몽골의 노래가 대지에 울려퍼진다.

몽골인들은 오랜 집단 역사를 지니고 있으며, 이 집단 역사는 오늘날에도 여전히 남아 있다. 과거 생활을 증언하는 상징물들이 곳곳에 보존되어 있다. 그들은 12세기 말부터 15세기까지 인류 역사상 가장 큰 제국을 건설하여 세계를 지배했다. 헝가리에서 자바에 이르는 몽골제국의 영토는 아시아 대륙 전체(일본 제외)[43]를 포함할 정도로 광대했다. 몽골제국의 창시자 칭기즈칸은 1227년에 사망했다. 칭기즈칸이라는 이름은 '보편적인 왕'을 의미한다. 그의 손자인 쿠빌라이 칸은 몽골제국의 수도 카라코룸을 떠나 베이징을 세웠다.

게르(양의 털로 짠 펠트지를 이용해서 추위와 바람을 피할 수 있도록 만든

둥근 몽골식 천막)에 사는 몽골인들이 기르는 짐승을 모두 합하면 3천만 마리가 넘는다. 염소(중국에서 수입되는 고급 캐시미어 직물을 제공하는 고마운 짐승), 양(모든 종류가 총망라되어 있다), 암소(먹지 못해 비쩍 말랐다), 쌍봉낙타('고비 사막 항해선'이라고들 부른다)는 물론 작달막하면서 발이 무척 빠르며, 모습이 아름답고 숨이 넘어갈 정도로 빠르게 달리는 순종 말에 이르기까지 종류도 무척 다양하다.

암말에게서 얻는 젖, 말고기, 러시아에서 수입한 곡물들을 증류시켜 만든 보드카 등이 몽골인들이 가장 좋아하는 음식과 음료수다.

수천 년간 이어 내려온 전통 보존이라는 관점에서 본다면, 몽골인들이 보여주는 상호부조 정신과 남을 환대하는 태도 등은 분명 매력적이다. 하지만 유목민 상태에 머물러 있는 몽골 사회는 현대에 들어오면서 매우 불안정한 것도 사실이다. 1999년과 2002년 겨울의 경우, 예년보다 훨씬 지독한 추위가 몰아친 데다 가뭄과 메뚜기 떼의 습격까지 이어져 1천만 마리가 넘는 짐승이 떼죽음을 당했다.44

세계식량계획의 지도에서 보면, 몽골은 만성적이고 심각한 영양실조 비율이 평균 43퍼센트나 되는 나라로 분류되어 있다. 오늘날 몽골인들이 먹는 식품의 70퍼센트는 중국, 한국, 러시아 등지에서 수입된다.

몽골 인구의 40퍼센트 정도는 극단적인 빈곤 한계점에도 못 미치는 생활을 하고 있다. 이들은 한 달에 22,000 투그릭(22US달러가 조금 안 되는 액수)으로 생존해야 한다. 그런데 몽골 정부가 내놓은 지침에 따르면, 울란바토르에서 필요한 최저 생계비는 한 달에 3만 투그릭이다.

몽골의 수도엔 전체 인구의 절반 이상이 집중해서 살고 있으며, 울란바토르 주민의 30퍼센트는 그곳에서 산 지 5년이 채 안 된다. 다시 말해서 천재지변이나 대초원의 기아 상태를 피해서 이곳으로 상경한 사람들이다.

몽골의 유아 사망률은 세계에서 가장 높은 편이다. 2003년의 경우 신생아 1천 명당 58명이 죽었다.

가난한 사람들의 생활환경은 점점 더 나빠지고 있다.

여름이 지나치게 짧은 탓에 씨를 뿌린 후 수확까지 일정 시간이 소요되는 농업은 매우 어렵다. 물이 부족하기 때문에 국토 면적의 4분의 3에 해당하는 지역에는 물을 대기도 불가능하다. 따라서 몽골은 고기와 우유를 제외하고는 필요한 식량의 대부분을 수입에 의존하는 수밖에 없다. 그런데 중국과 러시아 등지에서 수입하는 곡물의 가격은 점점 더 올라가기만 한다. 내가 그곳에 머물렀던 2004년 8월, 밀, 감자 등 러시아에서 수입하고 있는 식품 가격은 평균 22퍼센트 정도 인상되었다.

1921년부터 1991년까지 몽골은 소련의 감시 체제에 놓여 있었다. 형식적으로는 독립 국가였지만, 실질적으로는 소련의 위성 국가로서 강제수용소, 무소불위의 권력을 행사하던 KGB, 전통가치의 무차별적인 파괴 등 온갖 수모를 다 겪었다. 3만 명의 라마승과 불교 승려들이 1930년 '무신론에 항거하는' 캠페인을 벌이다가 스탈린 독재체제에 의해 처형당했다.

하지만 몽골의 뿌리 깊은 전통은 끈질기게 살아남았다. 부족들은 고스란히 유지되었다. 부족 간의 연대감이야말로 몽골 사회의 근간을 이룬다. 한겨울에 기온이 영하 50도 아래로 내려가거나 한여름에 가뭄이 계속되어 물이 부족할 경우, 대초원의 게르에 사는 다른 부족들이나 도시의 빈민촌 등지의 다른 주민들이 보여주는 연대감이 없다면 아무도 살아남을 수 없다.

이 연대감은 몽골 도처에서 관찰된다. 연대감이야말로 몽골 사회의 숨통인 것이다.

나와 마주 보고 있는 곳에는 빛바랜 노란색 벽으로 둘러싸인 3층짜리 건물이 한 채 서 있다. 이 집은 울란바토르 남쪽 교외, 둔드고비 쪽으로 가는 길이 나 있는, 나무라고는 없는 구릉지대 초입에 위치하고 있다. 건물 앞에 나 있는 조그만 계단을 올라가면 철제문이 나온다.

나는 건물 외벽의 한쪽을 장식하고 있는 몽골어 현판을 번역해달라고 부탁했다. '시립 어린이 주소 확인 센터'라고 했다.

평상복 차림의 50세쯤 되어 보이는 몸집이 우람한 남자가 우리를 보더니 깜짝 놀라면서 다가왔다. 약간 불안해하는 듯한 표정이었다. 그는 바야르비암바 대령으로 이 센터의 책임자였다. 대령 뒤로 흰색 운동복 차림의 중년 여성 엔크마 박사와 청색 제복을 입은 젊은 경찰관 한 명이 따라왔다. 해는 벌써 중천에 솟아 있었다. 기분 좋은 미풍에 건물 앞에 홀로 외롭게 서 있는 나무의 가지들이 부드럽게 흔들렸다.

아침이었지만 기온은 벌써 섭씨 35도를 훌쩍 넘어섰다.

경찰 대령이 버려진 아이들을 맡아 돌보는 센터의 책임자라니? 순간적으로 조그만 계단을 올라갈까 말까 망설였다. 하지만 어느새 철제문이 열렸고, 내 귀엔 어린아이들이 재잘거리는 소리가 들려왔다.

다른 나라에서였다면 나는 틀림없이 군데군데 금장이 달린 청색 정복을 입은 경찰을 보고서 발걸음을 돌렸을 것이다. 외국인들을 상대로 뻔한 눈속임을 하고 있다고 생각하며 즉각적으로 돌아섰을 것이다. 하지만 몽골은 달랐다. 그랬다, 몽골에서는 국가 경찰이 난방용 구들장 속에 숨은 아이들을 찾아서 땅 위로 올려 보내고, 마구간 문 앞에 버려진 아이들을 이곳으로 데려왔다. 경찰 역시 모든 몽골인들을 하나로 이어주는 연대감 속에서 살고 연대감 속에서 임무를 수행했다. 국가 경찰은 지하 터널에 숨어든 아이들을 찾아내 잠자리와 샤워, 최소한의 의복, 먹을 것을 제공했다. 경찰이 아니었다면 이 아이들은 대부분 시름시름 죽어갔을 것이다. 아이들을 발견한 경찰은 부모를 찾아주거나 아이들을 보살펴줄 친척을 찾아주기 위해 최선을 다한다. 하지만 대부분의 경우 이 같은 노력은 헛수고로 끝난다.

남자, 여자, 나이 구분 없이 이 센터에 머물고 있는 132명의 어린이들이 모여서 금속 식판에 점심을 먹고 있었다. 삶은 양고기와 감자로 구성된 식사는 푸짐했다.

이곳에 있는 아이들의 80퍼센트는 상처를 입었거나 병이 든 상태로 이곳에 도착한다. 이 아이들의 대다수는 '지하 터널의 아이들'이다. 이 아이들은 거의 모두 영양실조 상태에서 발견된다. 영양실조에 걸린 아이들이 가장 걸리기 쉬운 질병은 피부병과 위염이다.

울란바토르는 50년 전에 건설된 도시로, 당시 소련 건축 방식에 따라 급조되었다. 툰드라 지역에 무제한으로 존재하는 석탄을 연료로 사용하는 거대한 공장에서 도시 전체에 전기와 난방을 공급했다. 효율적인 집단 난방을 위해 도로 밑 지하로 수없이 많은 터널을 뚫었으며, 이 터널을 통해 각 가정마다 설치되어 있는 라디에이터로 끓는 물이 공급되었다.

해마다 9월 말이 되면 가난한 사람 중에서도 최고로 가난한 사람들, 특히 버림받은 아이들이 추위를 피해 이 터널 속으로 기어들어왔다. 이들은 5월 무렵이 되면 잠시 지상으로 올라왔다가 9월이면 다시 땅속으로 숨어들었다. 수도 치안을 맡은 경찰들은 이들을 찾아내서 미아 센터로 데려갔다.

나도 금속 사다리를 타고 이 지하 터널에 내려가보았다. 터널 안은 배설물로 가득 차 있었다. 쥐들도 무리지어 돌아다니고 있었다. 도저히 참을 수 없을 만큼 심한 악취가 풍겼다.

이 아이들의 대부분은 가정 폭력의 희생자들이다. 2004년 도시 지역 노동 가능 인구의 실업률은 무려 47퍼센트에 이르렀다. 이런 상황이니 보드카 소비는 정점에 달했다. 보드카 소비와 더불어 절망도 극에 이르렀다. 그로 인한 상처는 고스란히 어린아이들에게로 돌아갔다. 성폭력이나 매질 등에 시달리던 아이들은 밤을 타서 집에서 도망쳐 나와 터널 속에 몸을 숨겼다. 터널 속의 아이들은 낮 동안엔 쓰레기통을 뒤져서 배를 채웠다.

이런 아이들이 울란바토르에 몇 명이나 될까?

"4천 명쯤 된다"고 바야르비얌바 대령이 대답했다.

"최소한 1만 명"이라고 몽골에서 월드비전 사업을 지휘하는 미국화된 인도 사람 프라산네 다 실바는 주장한다. 월드비전은 미국의 개신교 장로교파 계열에서 운영하는 시민 구호단체로서, 1년 예산이 10억 달러가 넘는다. 예산의 59퍼센트가 개인의 기부금으로 충당된다. 월드비전은 울란바토르에서 떠돌아다니는 거리의 아이들을 찾아내서 보호하는 39개 센터 가운데 일부를 지원하고 있다.

나는 아이들과 함께 점심을 먹었다. 내 옆에서는 열 살쯤 되어 보이는 여자아이가 살점이라고는 없이 비쩍 마른 18개월짜리 사내 아기에게 밥을 먹여주고 있었다. 녀석은 여자아이가 씹어서 건네주는 자그마한 양고기 조각을 덥석덥석 받아 먹었다. 무척 흡족해 보였다.

둘군은 열네 살짜리 청소년이다. 날씨가 너무 더운 탓에 녀석은 반바지 바람이었다. 등에는 매 자국이 선명했다. 척추 양옆으로 여러 개의 불그레한 굵은 상처 자국이 나 있었다.

둘군보다 더 어린 남자아이 하나는 얼굴이 온통 딱지투성이였다.

몇몇 아이들은 호기심 어린 눈빛으로 우리를 바라보았다. 반면 두려운 표정이 역력한 아이들도 있었다. 하지만 시간이 지나면서 모두들 슬금슬금 다가와 손을 내밀었다.

열두 살짜리 소녀 자야는 꽃무늬 잠옷 차림이었는데, 영양실조가 너무 심한 상태라 회복 불가능할 정도로 뇌 손상을 입었다. 자야는 무어라고 하는지 알아들을 수 없는 괴상한 소리를 질렀다. 자야의 시선에서는 고통과 광기가 느껴졌다. 혼자서는 몸을 움직일 수 없는 자야는 친구의 도움을 받아야 다른 곳으로 옮겨갈 수 있었다.

식사가 끝나자 아이들은 얌전히 자리에서 일어나 둥그렇게 원을 만들었다. 아이들은 손에 손을 잡고 〈요리사 선생님 고맙습니다!〉라는 노래를 불렀다. 마치 브레히트 연극을 보는 듯했다. 그 노래가 끝나자 다른 노래들이 이어졌다. 한자리에 가만히 있지 못하는 자야는 원 한가운데 조심스럽게 앉아 있었다.

나는 아이들과 더 오랫동안 이야기를 하게 해달라고 요청했다. 울란바토르 시 사회복지 책임자인 바트 초임퐁이 통역을 맡았다.

아이들이 들려준 이야기는 대개 전형적인 이야기들이었다. 가정 파괴, 가난, 굴욕적인 생활에 이르는 아이들의 이야기는 전 세계 어디를 가나 비슷하다.

손도르는 일곱 살 먹은 사내아이인데, 커다랗고 순해 보이는 갈색 눈이 인상적이었다. 가느다란 팔뚝과 뺨엔 얼룩말의 줄무늬 같은 상처 자국이 선명했다. 매질을 피해서 이 센터에 온 지 두 달이 되었다고 했다. 손도르는 낮에는 학교에 가고 싶어했다. 아이 말로는 부모는 구치소에서 복역 중이라는 것 같았다.

투굴두르는 열다섯 살이다. 그 소년은 거리의 아이, 아니 좀더 정확하게 말하면 지하 터널의 아이다. 3년 동안 그렇게 살았다. 부모가 도저히 갚을 수 없는 빚을 지게 되자 게르를 팔았다. 부모 역시 지하 터널과 길거리에서 산다. 하지만 투굴두르는 어디로 가면 부모를 만날 수 있는지 알지 못한다.

비얌바는 속이 훤히 드러나 보일 듯이 피부가 투명하고 몸이 몹시 약해 보이는 열두 살짜리 남자아이다. 그 아이는 남부 지역인 움고비 아이막에서 왔다. 비얌바는 고아다. 여섯 살 때 부모님이 돌아가셨다. 울란바토르에 사는 할머니가 비얌바를 맡아서 길렀는데, 그 할머니마저 돌아가셨다. 이렇게 되자 비얌바는 지하 터널로 들어갔다. 지난 5월 발견될 때까지 무려 5년이나 그렇게 살았다. 내가 떠나려 하자 비얌바는 내 소매 끝에 매달렸다. 이제까지 한 번도 제대로 받아보지 못한 가족의 정을 간청한 것일까?

슬픔을 가득 머금은 예쁜 얼굴, 낡은 하늘색 원피스에 흰색 샌들 차림의 쉬노로프는 열다섯 살의 사춘기 소녀다. 삶이 가져다준 절망 속에서 보드카만을 위로 삼아 살던 엄마는 결국 쉬노로프를 떠났다. 실업자인 아버지는 딸을 성폭행하려고 했다. 쉬노로프는 올해 2월에 터널 속으로 들어왔다.

2004년 8월 17일 화요일, 나는 울란바토르 파르티잔가 6번지에 위치한 높은 회색 건물 안에서 정부재난방지기구[45] 총책임자인 푸레프 다시 참모장과 마주앉았다. 그가 입고 있는 짙은 녹색 정복 위에는 소련과 몽골 정부로부터 받은 훈장들이 자랑스럽게 주렁주렁 매달려 있었다. 금속 테 안경에 청소용 솔처럼 짧게 깎은 검은 머리의 그는 중키에 에너지가 넘치며, 몽골인의 두드러지는 특징이라고 할 수 있는 약간 냉소적인 미소를 시종일관 유지하는 인물이었다.

그는 이공계 박사이기도 했다. 그의 보좌관인 위진 오드쿠 역시 참모장으로 이공계 학사였다. 그는 체구가 작고 상관을 절대적으로 존경하며, 멀리 외국에서 온 방문객에게 지대한 호기심을 보였다.

푸레프 다시는 나를 위해서 자신이 책임지고 투쟁해야 하는 재난들을 열거했다.

그가 가장 두려워하는 재난은 대초원의 화재였다. 몇 달 안 되는 여름 동안 수십만 헥타르의 초원을 잿더미로 만들어버리기 때문이다. 산불 또한 두렵기는 마찬가지였다. 몽골 국토의 8.3퍼센트는 타이가, 즉 침엽수림으로 덮여 있다. 이 숲들은 시베리아를 가로질러 북극지방까지 펼쳐진다. 타이가는 지구상에서 연속적으로 펼쳐져 있는 가장 거대한 숲 지대다. 대초원과 숲을 태우는 화재는 1990년대 말부터 악화된 가뭄 현상이 주원인으로 꼽힌다. 1980년대 말까지만 하더라도 한 해 평균 강수량은 200밀리미터 수준이었으나, 1999년부터 2003년까지 계속된 대가뭄으로 강수량이 계속 줄어들었다. 하지만 다시는 화재를 제어하고 재난 지역에 사는 주민들과 가축들을 대피시키기 위해, 캐나다 같은 나라에서 동원할 수 있는 헬리콥터도 없고 캐나다 에어 따위는 꿈도 꾸지 못한다.

화재에 이어 그가 두 번째로 두려워하는 재난은 염소, 말, 양, 낙타 등의 가축들을 공격하는 각종 전염병이다. 사람들도 이런 병의 공격을 받을 수 있다. 짐승들에게 가장 치명적인 전염병은 아프타 열병이다. 이 병으로 2002년과 2003년에 수십만 마리의 가축들이 떼죽음을 당했다. 수의학 부문에서는 백신이며 구충제, 비타민 등 모든 것이 부족하다. 유일한 해결책은 병에 걸린 짐승을 도살 처분하고 사체를 불태우는 것이다. 그렇게 할 경우 문제의 짐승들을 기르던 유목민 가정은 결정적으로 파산 선고를 받게 된다.

인간을 공격하는 전염병 중에서 다시 참모장이 가장 두려워하는 병은 흑사병이다. 각종 질병을 옮기는 벼룩은 특히 마르모트의 털 속에서 살기를 좋아한다. 그런데 마르모트는 야생 영양과 당나귀들과 더불어 몽골인이 가장 좋아하는 사냥감이다. 마르모트에게서는 기름을 얻을 수 있을 뿐 아니라, 모피는 시장에서 인기 있는 품목이기 때문이다.

흑사병과 맞서기란 결코 쉬운 일이 아니다. 다시 참모장은 라디오를 통해 사냥꾼들에게 "죽은 짐승을 그대로 가만 놔두라. 죽은 다음 시간이 경과해서 몸이 식으면 그 안에 살던 벼룩은 저절로 죽는다"라고 반복해서 경고하는 정도다.

그에겐 또 다른 걱정거리도 있다. 중국으로부터 전파된 사스 전염병으로, 이 전염병은 다모클레스의 칼(그리스 신화에 나오는 한 가닥 머리칼에 매달린 머리 위의 칼. 절박한 위험이나 권세의 위태로움을 뜻한다 – 옮긴이)처럼 몽골의 하늘에 매달려 있는 형국이다. 세계보건기구를 대표하여 몽골에 파견된 꼼꼼하고 활력 넘치는 덴마크 출신 로베르트 하간 박사만이 그에게 약간의 위안이 된다. 하간 박사 덕분에 몽골은 유엔 세계보건기구가 아시아 대륙 전역에 걸쳐 발동 중인 사스 감시 체계 속에 얼마 전부터 편입될 수 있었다.

눈보라는 10월부터 시작되지만 때로는 9월 말에 시작되기도 한다. 눈보라가 일단 일기 시작하면 사람이고 짐승이고 모두 그 안에 파묻힌다. 다시 참모장은 급히 가축 대피소를 짓기 위해 필요한 예산을 확보해야 한다. 그뿐이 아니다. 겨울이 계속되는 8개월 동안 가축들에게 먹일 짚도 확보해야 한다. 그런데 2003년 메뚜기 떼의 공격으로 수십만 헥타르의 초원이 완전히 파괴되어 목축업자들은(대부분이 영세한 유목민인 이들을 이렇게 불러도 좋을지 모르겠지만) 짚을 비축해두지 못했다. 그러니 가축들을 먹이기 위해서는 시베리아에서 수천 톤의 짚을 수입해야 한다.

2003년, 스위스 영농기술개발국에서는 러시아 지원관청과 공동으로 게르가 눈보라 속에 파묻혀 꼼짝 못하게 된 몽골인들을 위해서 3천 킬로미터 이상을 트럭으로 이어 사람이 먹을 식량과 가축들에게 먹일 짚을 운반했다. 그런데 2004년엔 자금이 턱없이 부족하다.

나는 "어떻게 할 작정이냐?"고 물었다.

참모장은 잠자코 눈을 들어 하늘만 멀뚱멀뚱 쳐다보았다. "그저 바라는 수밖에 없죠. 겨울이 춥지 않기를 바라는 수밖에요."

몽골에서 춥지 않은 겨울이란 기온이 섭씨 영하 30도 아래로까지는 내려가지 않는 겨울을 가리킨다.

재난방재기구에서는 기아에 대비해서 곡식을 비축한다. 하지만 물까지 비축할 수는 없는 노릇이다. 설비와 예산이 부족하기 때문이다. 그러는 사이 가뭄으로 수질 층은 점점 말라간다.

푸레프 다시 참모장을 만난 다음 며칠 후에 나는 울란바토르에서 멀리 떨어진 남부 고비 사막 지역을 방문했다. 만달고비 시는 1942년에 건설되었다. 역시 소련 건축 양식에 따라 흉물스럽게 지어진 건물 안에 얀코프도포르진 아디야 도지사의 집무실이 자리 잡고 있다. 살이 통통하게 찌고 명랑한 도지사는 유목 인구 51,000명, 면적 76,000 제곱킬로미터에 달하는 둔드고비 아이막 지역을 통치한다.

그가 통치하는 아이막에 있는 깊이 50미터 미만의 전통적인 우물 90퍼센트는 현재 사용이 불가능하다. 그것보다 훨씬 깊게 파야 물이 나오는데, 굴착기와 전기 양수기가 없어서 우물을 파지 못하고 있다. 여름이면 유목민들은 강가와 늪지대로 돌아간다. 이질에 걸려서 죽는 사람들, 특히 어린아이들의 수가 급격하게 증가하고 있다.

몽골은 헨리 키신저가 말한 대로 바구니 밑바닥에 처박힌 신세인가? 과연 뜻도 분명하지 않은 '운명'이라는 말로 몽골 아이들의 불행을 설명해도 좋을까?

절대 그렇지 않다. 이 아이들의 불행에는 분명한 이유가 있으며, 그 이유란 다름 아닌 부채다.

몽골의 부채는 2006년 현재 20억 달러다. 이 숫자는 몽골 국내총생산과 거의 전적으로 일치한다. 다시 말해서 몽골에서 같은 해에 생산된 모든 부를 전부 합한 총액이다.

몽골은 질식 상태다. 이 나라를 위협하는 모든 재난들은 적절한 기술만 있다면 얼마든지 예방 또는 피해 복구가 가능하다. 문제의 이 기술들은 서구 사회 시장에서 언제든지 구할 수 있다. 다만 돈이 들기 때문에 몽골 사람들은 이를 사들일 수 없다.

몽골이 사용 가능한 돈이란 돈은 전부 부채라는 괴물이 빨아들이고 있다.

3.
에티오피아, 희망의 불씨는 꺼지지 않았다

'부유한' 전쟁 과부, 알렘 체하이에

티그레이 고원 위에는 언제나 바람이 분다. 하늘은 청명하다. 아침이면 흰 구름 몇 조각이 서쪽 수단의 숲 지대를 향해 천천히 흘러간다. 기온은 높다. 아득하게 높이 솟은 태양은 희멀건한 원 모양으로 작지만, 그 몸에서 나오는 빛은 눈이 부시다. 2004년 2월의 마지막 날, 그러니까 건기가 끝나갈 무렵이다.

티그레이 고원은 높이가 해발 2,000미터에서 2,500미터 정도 된다. 얼굴 윤곽이 섬세하고 갈색의 깊은 눈동자, 군살이라고는 없는 날씬한 몸매, 검은 피부를 가진 인류가 수천 년 전부터 가꾸어온 먼지 풀풀 날리는 대지가 끝도 없이 펼쳐져 있다. 들판에서 일하는 남자들은 마른 편이며, 한눈팔지 않고 열심히 일에 열중한다.

4세기 중엽, 알렉산드리아에서 온 승려들은 천천히 나일 강을 거슬러 올라갔다. 그들은 처음 만난 폭포를 정복하고, 이어서 두 번째, 세 번째 폭포도 정복하면서 타나 호수, 즉 나일 강의 발원지에 도착했다. 곤다르 지맥에서, 암하리 지역에서, 티그레이 고원에서도 이들은 복음을 전파했다. 같은 시기에 다른 설교자들도 몰려들었다. 남부 아라비아 지역 언어(그으즈와 팔레스타인 아람어)를 사용하는 이들은 개종한 유대인들로,

주로 홍해 서쪽 해안에 익숙한 항해사들이거나 상인들이었다. 오늘날 아디그라트 지역에 퍼져 있는 에티오피아 정교도에 속한 일부 기독교 공동체 내부에서는 고대 시리아어가 여전히 통용되고 있으며, 따라서 이들을 통해서 고대 유대인 공동체로부터 물려받은 관습을 관찰할 수 있다.

1991년 5월, 러시아 독재자들의 지지를 받던 하일레 멩기스투의 군사독재가 종식되고, 승리를 거둔 티그리언 인민해방전선(TPLF) 게릴라들이 아디스아바바에 입성한 이후, 에티오피아는 9개 주로 구성된 연방공화국으로 새롭게 탄생했다. 각각의 주는 독립적인 정부와 의회, 예산, 지역 법을 지니고 있으며, 특히 독립적인 관료체제를 유지하고 있다.

몇몇 예외를 제외하면, 각 주는 과거 수천 년 동안 아비시니아(에티오피아의 옛 이름 - 옮긴이) 지역에서 통용되어온 각기 다른 문명과 언어, 문화 습관으로 자연스럽게 형성되어온 국경을 그대로 답습하고 있다. 연방공화국의 면적을 모두 합한 국토 면적은 100만 제곱킬로미터를 훌쩍 뛰어넘으며, 7,100만 명의 주민들이 그 울타리 안에서 살고 있다.

티그레이 주는 가장 북쪽에 위치한 주다. 동쪽으로는 깎아지른 듯한 절벽이 고원의 천연적인 경계를 이룬다. 아프리카의 거대한 지구대라고 불리는 이 절벽은 일종의 거대한 협곡이다. 협곡은 마치 거대한 갈색의 칼자국처럼 아프리카 동부에서 시작하여 홍해의 남부 해안을 거쳐 말라위의 니아사 호수까지 이어진다.

에티오피아의 최북단, 에리트레아와의 국경지대 근처에 자리한 다나킬 분지는 지구상에서 가장 황량한 지역 중의 하나로, 해수면보다 100미터나 아래에 위치한다. 타버린 나무 둥지, 염전, 열기로 갈라진 암석, 군데군데 자라난 마른 풀, 띄엄띄엄 자리 잡은 유목민 거처, 낮이면 이글이글 타오르는 햇볕, 밤이면 찾아오는 을씨년스러운 어두움, 우물 몇 개,

있는 둥 마는 둥 보잘것없는 오아시스, 1년 열두 달 허옇게 바래버린 하늘. 명실상부한 비라고는 결코 쏟아지지 않는 곳. 그곳이 바로 다나킬 분지다.

낙타를 몰고 다니는 유목민으로 뛰어난 소금 상인인 아파르족은 달나라를 연상시키는 이 황량한 곳을 넘나든다.

우리가 도착한 날, 에티오피아의 북쪽 고원에 위치한 메켈레와 아디그라트를 잇는 간선도로에서 우리는 두 무리의 소금 상인단과 맞닥뜨렸다. 각각 낙타 30마리, 50마리로 이루어진 상인단이었다. 이들이 끌고 다니는 단봉낙타들은 저마다 다나킬의 광물질 풍부한 호수에서 채취한 단단한 잿빛 소금 덩어리 100킬로그램 정도를 싣고 있었다. 상인들은 몸을 흔들며 유유자적하게 걷는 낙타들의 걸음걸이에 맞춰서 길게 줄지어 걸었다. 이들은 아디스아바바의 시장까지 수천 킬로미터를 그렇게 걸어간다. 때로는 그보다 더 먼 남쪽 카파 지역까지 가기도 한다.

복잡한 문양의 문신을 하고, 웃음이 가득 담긴 눈에 군살 없는 단단한 체구의 아파르족 젊은이들은 휘파람을 불면서 상인단의 앞에서 뒤로 뛰어다닌다. 긴 막대기를 들고 낙타들이 도로에서 멀어지도록 몰아붙이는 것이다. 하지만 모두 소용없는 짓이다! 짐을 잔뜩 실은 이 멋진 낙타 녀석들은 애송이 젊은이들의 지시 따위엔 전혀 아랑곳하지 않고 자기만의 리듬에 따라 제멋대로 걷는다! 결국 우리를 태운 자동차가 도로에서 약간 벗어나 차를 세웠다. 낙타들은 수천 년 동안 걸어온 것과 똑같은 리듬으로 유유히 도로 위를 걸어갔다.

티그레이 주는 거의 대부분 건조하고 가파르며 바위투성이인 고원지대로 이루어져 있다. 하지만 서쪽 끝부분에 이르면 고원이 완만한 경사를 이루며 낮아져서 인근 바나나 농장과 옥수수 밭, 아열대림과 정원들로 이어진다. 이곳에서 티그레이 주는 수단과 경계를 이룬다. 이곳의 토양은 놀라울 정도로 비옥하다. 토마토와 양파, 수수, 참마 등이 풍부하게 생산된다. 과실수, 특히 오렌지 나무들이 곳곳에 즐비하다. 망고나무에서 얻는 열매는 뛰어난 품질로 유명하다.

메켈레 주 정부는 농부들과 식솔들에게 지나치게 인구가 밀집된 고원지대를 떠나 서쪽 낮은 지대의 비옥하고 아열대 작물 농장들이 즐비한 이곳으로 이주하도록 적극적으로 권장하고 있다. 너무나 자연스러운 일이 아니겠는가! 2년 동안 정부에서는 이주 농민들이 숲을 경작하고 농작물을 심으며 살 집을 짓는 비용을 지원할 것이다. 그동안 그의 가족들은 살던 곳에서 예전처럼 땅의 경작권을 행사할 수 있다. 2년 후 서쪽 낮은 지대에서의 삶이 해볼 만하다고 판단되면, 그때 가서 고원지대에 남아 있던 식솔들을 데려오면 된다. 만일 낮은 지대에서의 새 생활이 실패라면, 가족을 대표하여 떠나왔던 이주 농민은 가족들이 남아 있는 고원지대로 돌아가면 된다. 잠시 동안의 모험을 끝낸 것으로 치면 되는 것이다.

그런데 한 가지 문제가 있다. 조상들의 저주가 티그레이족들을 따라다니는 것이다. 서쪽 낮은 지대와 아열대 지역에는 전염병이 창궐한다. 정부의 온갖 예방 노력에도 불구하고 말라리아, 빌하르츠 주혈흡충병, 황열병 등으로 이주 농민들이 대대적으로 죽어나가는 것이다. 편충의 일종인 트리파노소마라고 하는 기생충은 특히 위험한 존재다. 체체파리에 의해서 전염되는 이 기생충이 뇌로 들어가면 그대로 죽음으로 이어진다.

하지만 잘 살고 싶다는 티그레이인들의 열망과 의지는 대단해서 모든 역경에도 불구하고 점점 더 많은 가구가 그동안 살아온 바위 집을 등지고 서쪽으로 삶의 터전을 옮기고 있다.

티그레이 주 중심부에 위치한 암반 고원지대에는 바위를 파서 지은 수많은 동굴교회들이 여전히 굳건하게 남아 있다. 이런 교회들은 구에랄타 한 곳에만도 120개나 된다. 우리는 흔히들 아브레하와 아세바 교회라고 부르는 곳('왕들의 교회'라는 뜻의 데브라 네가스트 교회라고도 불린다)을 방문했다. 왕들의 교회라는 이름은 4세기 초엽 이곳에서 번성했던 세계주의적인 국가 악숨을 통치한 두 형제를 기리기 위해 붙여졌다.

풍경은 무어라고 표현하기 어려울 정도로 아름다웠다. 붉은 사암 절벽 아래에 형성된 돌집 마을은 키가 엄청나게 큰 무화과나무들 그늘 아래서 졸고 있었다. 기암괴석으로 이루어진 산꼭대기가 지평선을 가로막았다. 붉은 화강암으로 된 거대한 계단 하나하나는 바람에 의해 풍화된 채 위쪽에 난 견고한 문과 문 안쪽으로 난 터널을 향해 이어졌다. 높은 천장 아래로 천사장 가브리엘과 미카엘, 그리고 성모에게 바쳐진 세 개의 제단이 세워져 있었다. 천장을 받치고 있는 기둥들은 바위를 직접 깎아 세운 것으로, 양초 그을음 때문에 색이 거무죽죽했다.

알렘 체하이에 아단은 나이가 오십 줄에 접어든 전쟁 과부로[1] 교회당 입구에서 몇 백 미터 남짓 떨어진 곳에서 산다. 남편인 시몬 네구에스는 티그리언 인민해방전선에 들어가서 싸우다가 서부전선 참호에서 불에 타 죽었다. 언제였는지 날짜를 정확하게 알 수는 없지만, 1980년대 말 소련의 안토노프 폭격기가 투하한 네이팜탄에 희생된 것이었다.

몸이 아주 마른 알렘 체하이에는 항상 꼿꼿한 자세를 유지했다. 회색 면으로 만든 옷을 입고 샌들을 신었으며, 허리엔 알록달록하게 색을 넣은 허리띠를 매고 있었다. 이마와 눈 주위, 손등엔 짙은 남빛의 가느다랗고 섬세한 문신이 새겨져 있었다. 알렘은 자신감이 넘쳤으며, 잘 웃고 활기차게 움직였다. 그녀는 자신이 사는 돌집의 두 번째 정원으로 우리를 안내했다. 세월에 의해서 풍화된 교회당의 계단 오른쪽으로 보이는 절벽이 끊임없이 몰려드는 모래바람으로부터 바나나 나무 몇 그루, 우물 하나, 닭장 등을 보호해주는 형국이었다. 그런데 왜 하필 두 번째 정원으로 안내했을까? 두 번째 정원이야말로 알렘 체하이에의 자랑거리인 화장실이 있는 곳이었기 때문이다!

우리가 아디스아바바에서 에티오피아 항공사 소속 포커 기를 타고 아침 일찍 메켈레에 도착하자마자 티그레이 주 정부의 부통령인 아바디 제무 게브루와 티그레이 구호단체 REST(Relief Society of Tigray)의 사무총장 테클레우아니 아세파는 서둘러서 우리를 자동차에 태웠다. 울퉁불퉁한 비포장도로를 달려 우리는 동쪽으로, 구에랄타의 붉은 절벽 쪽으로 향했다.

나는 유엔이 나에게 부여한 임무를 수행하기 위해서 이곳에 왔으므로 주 정부와 REST에서 추천하는 모범 시민 몇몇을 만난다고 해도 내 임무에 전혀 위배될 것이 없었다. 그런 연유로 이렇게 알렘 체하이에 아단을 만나게 된 것이었다.

REST는 1978년 폭동 초기에 세워진 단체로, 게릴라 전투와 그 덕분에 해방된 마을에서 속출하는 부상자들을 돌보자는 취지에서 설립되었다. 이 단체는 또한 중상을 입은 부상자들을 수단의 카살라, 혹은 바닷길을 통해 홍해 해안의 포트수단까지 운반하는 일도 한다. 그곳에 가면 유럽에서 보낸 기부금 덕분에 스웨덴, 노르웨이, 프랑스, 이탈리아, 스위스 등지에서 온 의사들이 유산탄이 온몸에 퍼지거나 폭탄으로 몸에 구멍이 뚫린 사람, 네이팜탄으로 화상을 입은 사람들을 24시간 쉬지 않고 보살핀다. 이곳에 실려오는 환자들은 대부분 젊은 병사들로 직접 전투에 참가한 사람들이다. 외과 의사들은 안토노프 폭격기의 폭탄 세례를 받은 마을의 여자들이나 아이들도 수술한다. 오늘날 REST는 티그레이 주에서 가장 중요한 공공구호단체 역할을 훌륭하게 수행하고 있다. 알렘 체하이에의 두 번째 정원에 화장실을 설치할 수 있도록 보조금을 지급한 것도 REST였다.

아바디 제무 게브루와 테클레우아니도 함께 자리에 앉았다. 두 사람은 기적적으로 살아난 사람들이다. 둘 다 60세가 넘었지만 아직도 몸이 대단히 유연하고 행동이 민첩하다. 대머리가 된 두 사람은 인민해방전선 동지 가운데 보기 드물게 살아남았다. 이들은 수단의 정글 속에서 힘을 기르는 수련 기간을 거친 다음 끝도 없이 이어지는 산을 타고 넘어 마침내 고원지대 도시에서 벌어진 끔찍한 전투에 투입되었던 것이다.

심한 근시인 아바디 제무 게브루는 두꺼운 안경을 낀다. 벗어진 머리엔 왕관을 두른 것처럼 백발이 남아 있다. 재킷의 오른쪽 소매 속은 헐렁하게 비었다. 바람이 불면 빈 소매만 펄럭인다. 20년 전, 러시아제 포탄에 어깨가 파열되었다. 상처 부위에 괴저 현상이 나타났다. 동지들의 도움을 받아 친구인 테클레우아니가 나뭇조각에 칼을 갈았다. 그가 너덜거리는 살점을 잘라내고, 남아 있던 근육과 힘줄, 뼈를 차례로 잘라 어깨 근처에서 한쪽 팔을 도려냈다. 마취 따위는 꿈도 꿀 수 없었다.

티그레이인은 에티오피아 전체 인구의 7퍼센트를 차지할 뿐이다. 하지만 1991년 독재정권을 무너뜨린 것은 바로 그들이었다. 그 공으로 현재 에티오피아의 모든 권력은 이들이 장악하고 있다. 이들은 어떤 방식으로 권력을 행사하는가?

원래 마르크스주의자였던 이들 티그리언 인민해방전선 측은 순전히 정치적인 계산에 따라 미국과 손을 잡았으며, 그 덕에 에티오피아 연방공화국을 구성하는 9개 주 정부의 장관, 또는 정체가 불분명한 각종 자문위원 등의 요직을 차지했다. 연방정부 차원에서도 TPLF는 1991년 이후 수상, 외무부 장관, 경제개발 담당 부수상, 주요 군대 총사령관, 치안 담당 책임자 등 요직을 독점하고 있으며, 이러한 상황은 앞으로도 상당히 오랜 기간 지속될 것으로 보인다.

아바디 제무 게브루는 활기차고 검소하며 유머도 풍부해서 함께 다니기에 매우 유쾌한 길동무였다. 그는 마르크스주의자라고는 하나 고원지대에 수천 년간 이어져 내려온 평등주의와 탈권위주의가 몸에 배어 있었으며, 겉만 번지르르한 수사학적 언어와는 거리가 멀었다. "선생은 그자를 만나보았소? 아직 안 만났다고요? 그렇다면 만날 필요 없습니다! 여기 사는 사람들은 모두 멜레스죠. 나 역시 멜레스라니까요!"² 그러면서 호탕하게 껄껄 웃어대는 식이었다.

무엇이 그리 좋은지 늘 깔깔거리고 웃어대는 어린아이들과 심각하게 주위를 탐색하는 듯한 눈길을 지닌 청소년 한 무리가 곧 정원으로 들어섰다.

너무 작다 싶은 뜨개질 옷을 입은 어린 남자아이가 엉덩이는 그대로 내놓은 채 자랑스럽다는 듯이 알렘 체하이에의 품으로 달려가 안겼다. 전쟁 과부에게는 18세부터 25세까지의 자식이 여섯 명에 손자가 셋 있었다. 품에 안긴 아기도 손자 중의 하나였다. 게브레마리암, 아마누엘, 세눈 네게스, 요세프, 치둑, 자스비아, 쿠셰드 등 아이들의 이름은 모두 예외 없이 마을을 굽어보는 데브라 네가스트 교회 사제들이 이 가정에 끼친 영향력을 증명하는 것 같았다.

한눈에 보아도 화장실은 아직 한 번도 사용하지 않은 것이 틀림없었다. 화장실은 평평하게 다듬은 면에 구멍을 내고 구멍의 양옆으로 시멘트를 약간 높게 바른 형태였다. 가히 기념비적이라고 할 수 있을 이 화장실은 알렘의 가족들이 REST가 밀어붙이는 발전 전략을 한 치의 유보도 없이 수용하고 있음을 보여주는 증거물이었다.

지칠 줄 모르고 불어오는 바람 속에서 알렘 체하이에는 우리가 묻는 질문에 망설이지 않고 대답했다. 나는 왜 이제는 인민해방전선의 중앙위원회 간부이며 주 정부의 요직을 맡은 이 두 명의 역전의 용사들이 우리를 이 두 번째 정원 무화과나무 그늘 아래로 제일 먼저 데리고 왔는지 이해할 수 있었다. 2004년은 '수확이 좋은 풍년'으로 기억될 만한 해였다. 바꿔 말하면 티그레이 주의 490만 인구 중에서 100만 명만이 지부티 항구를 통해 전달되는 세계구호식량의 도움을 받으면 된다는 것이다. 그런데 알렘 체하이에는 자신의 식구들을 온전히 먹여 살릴 수 있다. 마을의 82가구 중에서(이중에서 12가구는 여자 혼자 꾸려나간다), 티그레이 고원지대의 삶에 대해서 이런 단어를 써도 되는지는 잘 모르겠지만, 알렘의 집이 제일 '부유하다'.

벌써 여러 세기 전부터 에티오피아에 몰아닥치는 재앙들을 감안할 때, 2004년은 그야말로 '괜찮은 한 해'였다고 할 수 있다. 에티오피아 전체적으로 볼 때, 720만 명만이 구호식량의 지원을 받았기 때문이다.

에티오피아는 잘 알려졌다시피 열대 계절풍 지대에 속한다. 그런데 요즘 들어 계절풍은 점점 더 변덕스러워지고 있다. 덕분에 기아도 점점 더 잦아진다. 요컨대 기아가 몰려오는 주기가 점점 짧아지고 있다.

1973년 고원지대에서는 수백만 명이 기아와 갈증으로 목숨을 잃었다. 1984년 또다시 같은 이유로 수십만 명의 희생자가 발생했다. 그 후 다행스럽게도 사전 경보체제가 개선되었다. 제네바의 로잔 가에는 세간에 그다지 알려지지 않았지만 대단한 영향력을 가지고 폭풍우와 가뭄,

태풍 등을 예보하는 기구가 자리 잡고 있다. 이 기구는 바로 세계기상기구(WMO)다. 이 기구에서 띄운 위성들은 유엔 소속이다. 세계기상기구 덕분에 기상 현상에 따른 현장의 대응력은 1973년이나 1984년에 비해서 훨씬 효율적이고 신속하다.

그런데도 2004년 2월 현재 이곳에 파견된 조사관은 어처구니없는 상황에 직면하고 있다. 에티오피아 전 국토에 산재해 있는 18개의 생산기지에서 곡물의 작황만 놓고 보면 공급 과잉이라고 할 수 있다. 하지만 운송 수단과 도로 등의 부족으로 수십만 톤의 테프와 옥수수, 밀 등이 썩어가고 있었다. 그뿐 아니라 거의 전적으로 상인들의 투기에 좌우되는 가격 구조는 완전히 왜곡되어 있었다. 옥수수 1톤을 생산하는 데 드는 비용은 평균 70달러 정도지만, 내가 그 지역을 방문한 기간 동안 농부들은 1톤당 평균 23달러를 받았다. 한편 세계식량계획에서는 지부티 항구에서 목적지까지 운송하는 비용으로 옥수수 1톤당 평균 140달러를 지원했다.

먹을 것이 없고 먹을 것을 살 돈도 없는 720만 명을 1년 동안 먹이려면 90만 톤의 곡식이 필요하다.

2004년 3월 15일, 세계식량계획은 세계 각국에 에티오피아 현지에서 수수와 밀, 옥수수 30만 톤을 수매하는 데 필요한 1억 달러를 모아달라고 긴급히 호소했다.

하지만 이 호소는 거의 아무런 반응을 얻지 못했다.[3] 따라서 에티오피아에서 생산된 수수, 옥수수, 밀 등은 식량이 없어 배를 곯고 있는 사람들과 불과 수백 킬로미터 떨어진 곳에서 계속 썩어야 할 운명이다.

광대한 에티오피아 국토 전역은 북에서 남으로, 동에서 서로, 장소를 가리지 않고 주기적으로 발생하는 말라리아나 결핵, 각종 티푸스 질병, 황열병에 시달리며, 그때마다 번번이 대규모의 희생자들이 발생한다. '개발 역군들', 즉 주 정부에서 일하는 공무원들에 의해 배급되는 말라리아 예방약은 양이 충분하지 않다. 한편 결핵은 영양 결핍으로 인한 질병이다. 티푸스성 질병의 확산은 가축들과 인간이 함께 식수로 이용하는 습지와 강의 오염이 원인이라고 할 수 있다.

거의 모든 마을에서 말라리아가 창궐한다. 알렘의 집만 예외다. 두 눈을 반짝거리며 알렘은 나한테 말했다. "나는 가족 중의 어느 누구도 잃지 않았어요. 내 아이들이나 손자들은 한 명도 죽지 않았다니까요." 알렘의 품에 안긴 아기가 갑자기 몸부림을 치기 시작했다.

2월엔 사순절 기간이 시작된다. 이는 기독교 정교도들의 부활절에 앞서서 찾아오는 절기다. 사순절 축제는 에티오피아 기독교인들의 삶의 주기를 찬란하게 장식한다. 에티오피아 인구의 절반은 기독교 정교도이며 나머지 절반은 이슬람교도다. 사순절 기간 동안 농부들은 금식을 한다. 만성적인 영양실조가 지배하는 나라에서 금식을 한다는 건 참으로 역설적이다. 하지만 우리가 잠시 들른 마을의 작은 식당들은 두 가지 메뉴를 내보였다. 하나는 정상적인 상차림(쇠고기 소스를 곁들인 테프 전병과 닭고기 또는 달걀 요리)이고 나머지 하나는, 종교 계율에 따른 금식 상차림이었다. 금식 상차림에는 모든 동물성 식품이 배제되었다. 이 식당 돗자리 위에서 만난 티그레이 사람들은 누구나 두 번째 식단, 즉 금식 상차림을 주문했다.

에티오피아는 음력에 따라 생활한다. 2004년의 경우, 사순절은 2월 16일부터 4월 14일까지 55일 동안 계속되었다.

사순절 기간 동안엔 선명한 원색으로 채색된 금속 상자들이 교차로마다 삼각다리 위에 놓였다. 영혼이 과연 구원받을 수 있을지 확신할 수 없어 두려워하는 기독교인들을 겁주기 위해 설치된 이 상자는 사순절 헌금함이다.

알렘은 이 상자에 몇 비르⁴를 넣었을까? 그녀는 대답하지 않았다. 하지만 미소를 짓는 모습으로 보아 나는 알렘이 사제들의 작전에 속아 넘어가지 않는 야무진 신자일 거라고 짐작했다.

2004년 2월 26일, 아디스아바바 대학에 들어가려는 사람들은 누구나 오랫동안 몸수색을 당했다. '테러리즘의 위협' 때문이라고 했다. 나는 《에티오피언 헤럴드》를 샀다. 1면에 실린 기사를 보고 깜짝 놀랐다. 이날부터 세계식량계획은 에티오피아 영토 내에 세워진 난민촌에 지급되던 1일 배급량을 30퍼센트 줄인다는 소식이었다. 난민촌에는 수단, 에리트레아, 소말리아 등지에서 모여든 126,000명이 기거하고 있다. 새로 정해진 배급량에 따르면, 이들은 하루에 1,500칼로리를 섭취하게 된다. 다시 말해서 유엔이 기아 상태로 규정하는 열량에 해당한다.⁵

이제 에티오피아 난민촌에서 이 새로운 규정을 실시하게 되면 이는 머지않아 유엔이 에티오피아 전역에 걸쳐 배급하는 지원 식량 전체에도 적용될 것이다.

이렇게 갑작스러운 배급량 감소는 어떻게 설명될 수 있을까? 세계식량계획은 2004년 2월에 다시금 기부자들에게 호소했다. 하지만 필요한 1억 4,200만 달러 중에서 겨우 3,700만 달러만 모였다. 서구 주요 국가들의 대답은 약속이나 한 듯이 천편일률적이었다. 테러리즘에 대항하기 위해서는 치안 정책이 최우선이라는 것이었다.

'테러리즘과의 전쟁'이 낳은 치안에 대한 편집증적인 반응 때문에 유엔 가입국 대부분은 빈곤 퇴치 운동에 등을 돌리고 있다. 기부금이 점점 고갈되어간다. 재정적인 지원이 없다면, 에티오피아에서 기아를 뿌리 뽑으려는 유엔의 노력은 수포로 돌아갈 것이다.

커피 가격의 폭락, 시다모의 부조리한 녹색 기아

에티오피아를 구성하는 9개의 주 정부는 인종적 관점에서 볼 때 거의 모두 동질적이다. 몇몇 소수부족을 예외로 친다면, 각 주 정부는 하나의 단일한 종족으로 이루어져 있다. 오직 SNNPR(Southern Nations, Nationalities and People's Region: 남부 국가, 국적, 부족 정부)만이 예외라고 할 수 있다. SNNPR은 45개의 부족이 모여서 이루어졌는데, 이중에서 수적으로 가장 우세한 5개 부족은 거의 세력이 비슷하다.

이 주는 연방공화국의 남쪽 끝, 토지가 비옥하고 살기 좋은 아열대 기후 지역, 케냐와 수단과의 국경지대에 위치하고 있다. 10만 제곱킬로미터가 넘는 면적에서 1,400만 명의 주민이 산다. 주도 아와사에는 양철지붕 집들이 늘어선 가운데 콘크리트 건물이 몇 개 눈에 띈다. 하얀 꽃이 만발한 목화 밭으로 둘러싸인 인근 호수의 수면 위로는 근사하게 새로 지은 녹색 이슬람 성원의 그림자가 어린다. 이슬람 원리주의 세력인 와하브파가 기증한 성원이다.

공기가 무겁다. 곧 소나기가 쏟아지려는지 천둥소리도 들린다. 옥수수 굽는 냄새가 주위에 가득하다. 도로를 따라가면서 여자들이 숯을 담은 자루들을 팔아보려 애를 쓴다.

남부 지역에서는 일부다처제가 보편화되어 있다.

아와사 호수를 중심으로 하는 SNNPR 주 주변으로는 시다모족의 주가 펼쳐진다. 커피를 주로 재배하는 시다모족은 약 350만 명이다. 이 주는 놀랄 만큼 비옥하다.

비에른 룽크비스트는 고집스러운 루터 교회 신자다. 중키에 살이 많이 쪘으며, 희끗희끗한 머리카락에 장난기로 가득 찬 맑은 두 눈동자를 지닌 그는 늘 유머와 활력이 넘친다. 그는 어린이 학대에 맞서서 투쟁하는 데 평생을 헌신한 여러 스칸디나비아 사람 중의 하나다. 의사인 그의 부인은 탄자니아 출신으로, 두 사람 사이엔 세 명의 자녀가 있다. 30여 년 전부터 룽크비스트는 아프리카를 떠난 적이 거의 없다. 현재 그는 유엔 아동기금의 에티오피아 조정관으로 일하고 있다.

그는 쉰세 살의 나이가 되기까지 굉장한 이력을 쌓았다. 하지만 그와 정치적인 토론을 벌여보려 한다면 그건 완전 헛수고다. 그는 그런 일엔 전혀 관심이 없다. 폭풍이 몰아치는 날 우연히 에티오피아 항공사가 소유하고 있는 두 대의 포커 비행기 중 한 대에 탑승한 적이 있는데, 그때 그에게 물었다. "자넨 이 세계를 어떻게 보고 있나? 에티오피아는 도대체 어떻게 되어가는 중이지? 도대체 자네의 그 확고한 신념은 어디에서 오는 거야?" 비행기가 몹시 흔들거렸으므로 솔직히 나는 무척 불안했다. 하지만 비에른은 아무런 동요 없이 바위처럼 떡 버티고 있었다. 그는 내가 던진 질문은 물론 불안해하는 심정 따위는 도저히 이해할 수 없다는 표정을 지었다. "내 신념? 부모님은 내가 아주 어렸을 때부터 정의로운 것과 도저히 용납해서는 안 되는 것들을 가르쳐주셨지. […] 결국 인간을 존중해야 한다는 거지." 나는 그의 대답이 너무 단순하다고 생각했지만, 더 이상은 묻지 않았다. 그런데 갑자기 비에른이 내 눈을 똑바로 쳐다보면서 "이 아이들을 도와야 한다네, 그렇지 않은가?"라고 물었다.

당연하지, 비에른 동지!

2003년 6월 시다모 주 데일 지역에 이르가 알렘 식량지급센터를 설립한 사람은 바로 비에른 룽크비스트다. 나는 2004년 2월 어느 날 아침, 센터의 철제문 앞에서 걸음을 멈췄다. 바로 전해, 그러니까 2003년에 벌써 생긴 지 얼마 되지도 않은 여러 개의 센터가 문을 닫았다.

풀풀 날리는 먼지 속에서 남자와 여자들이 모두 책상다리를 하고 앉아 있었다. 남부 지역 사람들이 전통적으로 앉는 자세였다. 찌는 듯한 더위로 숨이 턱 멎을 것 같았다. 개들이 사람들 사이를 어슬렁거리며 돌아다녔다. 여자건 남자건 품안에 아이를 한 명씩 안고 있었다. 모두 생명이 꺼져가는 아이들이었다. 파리 떼들이 해골처럼 뼈만 앙상한 아이들의 고단하고 퀭한 눈 주위를 맴돌았다. 어른들은 서두르는 기색도 없이 손짓으로 파리들을 쫓았다.

아이들의 성냥개비처럼 가느다란 팔 다리. 열에 들뜬 시선. 몇몇 아이들은 누더기 같은 이불보를 덮고 있었다. 이따금씩 누더기 뭉치 속에서 그렁거리는 신음소리가 새어나왔다.

주변에 늘어선 화염목, 아카시아, 유칼리 나무들이 한껏 달아오른 광장에 그늘을 만들었다. 엔달레 네제사우 박사는 이 센터의 책임자다. 일정한 간격을 두고, 갈색 머리의 아름다운 여인이며 그의 수간호사인 에타페라후 알렘마예홀이 철제문을 열었다. 새로 온 가족들을 받아들이기 위해서였다. 세 개의 대형 텐트 안에는 야전용 침대와 돗자리들이 놓여 있었다.

마르타 살라마는 심각하게 영양실조를 앓고 있는 세 명의 아이와 건강한 아이 한 명의 어머니였다. 마르타의 식구들은 첫 번째 텐트 안에 놓인 침대 주변에 옹기종기 모여 쭈그리고 앉아 있었다. 아이들의 이름은 각각 벨리네시 카예모, 카피타 카예모, 마무시, 멩게셰였다.

건강한 아이 한 명을 제외한 세 아이들에게는 하루에 두 번씩 '치료용 우유'가 배급되었다. 이 음료는 비에른과 그의 동료들이 개발한 것이었다. 단백질과 지방, 각종 비타민(A, D, E, C, B1, B2), 나이아신 등이 포함되어 있으며, 다양한 무기질도 첨가된 음료였다.

영양실조 환자용으로 지급되는 식사의 기본은 탈지분유였다. 심각한 영양실조일 경우에 처방되는 이 식량은 알루미늄 포장 상태로 운송되었다. 이 식량엔 '치료용 우유 F-1000 B-O-누트리세트'라는 길고 복잡한 이름이 표기되어 있었다. 이 식량은 끓인 물에 타서 마시기만 하면 된다. 포장된 단위 하나에 물 2리터를 더하면 2.4리터의 '치료용 우유'를 얻을 수 있다. 일단 포장을 열면 세 시간 안에 모두 소비해야 한다.

아사 직전 상태에 처한 아이들에게 다시금 생명을 불어넣어 주는 일은 간단한 작업이 아니다. 의료진의 철저한 관리 감독이 반드시 필요하다. 이 아이들은 대체로 입 안에 종기가 나거나 심각한 호흡기 질환을 앓고 있거나 또는 혼수상태에 빠져 이곳에 도착한다. 그러므로 입을 통해 음식을 섭취하는 일 자체가 불가능한 상태일 가능성이 매우 높다. 이럴 경우 우선 비타민이 들어간 강장제 주사를 처방한다.

복잡한 과정을 거쳐 생명을 되찾은 다음 센터에서 퇴원한 후에도 이 아이들은 일정 기간 의료진의 처방을 거친 '치료용 음식'을 지급받는다. 그런 다음엔?

유엔 아동기금에서는 언제 어디서나 한결같이 모유 수유를 권장한다. 하지만 시다모의 열대 저지대에서는 어머니들조차 기아에 시달리는 까닭에 젖이 말라버렸기 일쑤다. 만성적이고 심각한 영양실조에 시달리는 이들 여인들에게서 갓난아기들에게 필요한 성분이 골고루 갖춰진 모유가 나오리라고는 기대할 수 없는 형편이다.

현지에서 일하는 맨발의 남녀 간호사들과 위생 요원, 의사들(이들은 대부분 쿠바 출신이다)을 위해 비에른 룽크비스트와 그의 동료들은 일종의 교본을 만들었다. 『심각한 급성 영양실조에 대처하는 요령. 에티오피아 용』이라는 이 책자는 160쪽에 걸쳐서 여러 장의 삽화를 곁들여가며 포장된 식량을 저장하는 방법, 아기의 몸무게를 관찰하는 요령, 집안 위생 관리 방법, 영양 결핍으로 야기되는 주요 질병에 대처하는 요령, 설사로 인한 탈수 치료법, 저혈당증 응급처치 요령 등을 상세하게 기술하고 있다. 이 교본은 에티오피아에서 통용되는 각 지역 언어로 번역되어 나왔다. 하지만 이 교본을 배포하는 데에는 적지 않은 어려움이 뒤따른다. 글을 읽을 줄 아는 여성이 거의 없기 때문이다.

일반적으로 이 센터에 들어온 가족들은 평균적으로 일주일가량 그곳에 머문다. 물론 심각한 합병증(이를테면 결핵 등)을 앓고 있는 어린이를 둔 가정은 그보다 훨씬 오랜 기간 머물러야 한다.

세 개의 텐트는 치료의 세 단계를 반영한다. 이곳에 오는 어린이나 어른들은 누구나 한 텐트에서 적절한 치료를 받아 신체 조직이나 신진대사 기능이 어느 정도 정상적으로 움직이기 시작하면 다음 텐트로 옮겨가고, 그곳에서 적절한 치료를 받은 후 다음 텐트로 옮겨간다. 비에른 룽크비스트가 개발한 치료용 식량은 그야말로 기적을 일구어냈다. 이르가 알렘에서는 2003년 6월에 센터가 건립된 이후 수백 명의 어린이들과 어른들을 받았는데, 이들 중 10퍼센트 정도만 살려내지 못했을 뿐 모두가 건강을 되찾았다.

세 번째 텐트엔 퇴원을 앞둔 환자들이 머물고 있다. 이들은 센터를 떠날 때면 여러 주일 동안 섭취할 만큼의 치료용 우유를 배급받으며, 간호사들이 이들에게 정확한 사용법을 알려준다.

늘 따뜻한 미소를 잃지 않는 간호사 에타페라후는 일종의 전염병이라고 할 수 있는 일상과 맞서서 싸움을 벌여야 한다. 센터에서 퇴원한 후 다시금 심각한 영양실조에 빠진 아이를 데리고 몇 번씩 반복적으로 센터를 찾아오는 엄마들이 너무 많기 때문이다. 에타페라후가 "왜 우리가 알려드린 대로 규칙적으로 아이에게 우유를 주지 않으셨어요?"라고 물으면, 엄마들은 대개 겸연쩍어하면서 "그 우유를 남편한테 주었어요"라고 대답한다. 하지만 간호사들에게 야단을 맞으리라는 걸 잘 아는 엄마들은 얼른 덧붙인다. "아이야 뭐…… 신께서 또 다른 자식을 주시겠지만, 남편은 한 명밖에 없잖아요."

마르타 살라마와 그녀의 아이들을 비롯하여 시다모에 거주하는 수천 명의 다른 마르타들이 처한 부조리한 상황을 비에른은 '녹색 기아'라는 말로 표현한다.

이르가 알렘 식량지급센터의 텐트 주변 자연 환경은 더할 나위 없이 아름답다. 흐드러지게 핀 빨갛고 파란 부겐빌리아가 울창한 화염목 나뭇가지들 사이에서 빛을 발한다. 짙은 초록색 아카시아 잎사귀들 역시 햇빛을 받아 사방에 빛을 반사한다. 가뭄의 흔적은 그 어디에도 없다. 붉은 황톳빛 대지는 기름져 보인다. 야생에서 자라는 풀들은 남자 어른 키만큼이나 길게 웃자란다. 오솔길 가장자리로는 꽃을 함빡 달고 있는 키 작은 관목들과 오렌지 농장, 바나나 농장이 이웃하고 있다. 이르가 알렘 센터에서 불과 몇 백 미터 떨어진 곳에서는 짙은 갈색의 강물이 도도하게 흘러간다. 강물의 힘이 어찌나 센지 강의 양쪽 가장자리엔 흙이 뭉텅이로 떨어져나가거나 관목들이 뿌리째 뽑혀나간다. 주변에 세워진 여러 시장(지위, 호산나 시장, 좀더 멀리 떨어진 북부 지역 시장까지 모두)의 판매대에는 참마, 수수, 콩, 렌즈콩, 무화과 등이 풍성하게 쌓여 있다.

우리가 이곳에 도착한 첫날엔 텐트 위로 비도 몇 방울 뿌렸다.

자, 그렇다면 이처럼 자연의 축복을 받은 시다모에서 어째서 어처구니없게도 기아가 판을 치고 영양 결핍이 만성화된단 말인가? 답은 간단하고 명쾌하다. 세계 시장에서 커피 가격이 갑작스럽게 폭락했기 때문이다. 이곳에서 커피 가격의 폭락은 천재지변이나 마찬가지다.

시다모와 이웃한 카파 지역은 지리적으로 보면 남서부 아열대 지역에 속하며, 커피의 요람이다. 갈색 콩에 커피라는 이름이 붙은 것도(에티오피아만은 예외다. 이곳에서는 커피를 '부나'라고 부른다) 바로 카파라는 이 고장 이름 때문이다.

아주 오랜 옛날부터 커피는 거의 모든 아비시니아 사람들의 집에서 '커피 예식'이 행해질 정도로 일상생활에서 매우 중요한 역할을 담당했다. 이 예식은 다른 무엇보다도 남을 받아들이고 환영하는 뜻이 담겨 있었다. 또한 마귀를 쫓아내고 나쁜 기운을 몰아내는 예식이기도 했다. 요컨대 '커피 예식'은 적대적인 모든 것으로부터 집을 보호하는 의식이었던 것이다.

집안의 주부는 원두 껍질을 까서 찧은 다음 금속으로 만든 틀 위에 놓고 볶는다. 이 금속 틀은 부잣집의 경우 은, 일반 서민들은 무쇠로 만든 것을 사용했다. 화로 위에 얹어놓을 수 있는 일종의 석쇠였다. 화로에 피운 숯 냄새와 커피 향이 한데 섞이면서 방 안에는 기분 좋은 냄새가 가득 찬다. 볶아진 커피 원두를 토기 주전자 속에 넣은 다음 세 차례에 걸쳐서 우려낸다. 마침내 커피를 작은 잔에 따라서 마시는데, 첫 잔은 손님에게 대접한다.

이 예식은 침묵 속에서 엄숙하게 진행되는데, 몸짓, 손놀림 하나하나가 매우 아름답고 우아하다. 손님은 석 잔을 연거푸 마셔야 한다. 전통적으로 그렇게 해왔기 때문이다. 만일 전통을 따르지 않으면 손님은 물론 손님을 맞이한 가정, 그리고 손님의 가정에까지 저주가 내리게 된다.

커피는 에티오피아의 주요 수출품이다. 짐승 가죽과 몇몇 채소와 더불어 에티오피아가 외화를 벌어들일 수 있는 확실한 수단인 것이다. 그렇기 때문에 에티오피아에서는 커피를 '갈색 황금'이라고 부른다. 그런데 2000년 이래 세계 시장에서 커피가 처한 상황은 재난이라고밖에는 달리 표현할 수가 없다. 생산자들이 받는 가격이 폭락했기 때문이다. 2004년 3월의 가격은 100년 만에 처음이라고 할 정도로 엄청 내려갔다.

에티오피아에서 생산되는 커피 원두의 95퍼센트가 가족끼리 농사짓는 소규모 농부들이 생산한 것임을 감안한다면, 그 결과를 쉽게 짐작할 수 있다.

옥스팜[6]은 2000년부터 2003년까지 3년 동안 원두 1킬로그램당 가격이 3달러에서 86센트로 떨어졌다고 발표했다.[7] 에티오피아 연방정부의 재무장관은 가격 폭락 이후 에티오피아의 수출액은 8억 3천만 달러나 줄어들었다고 발표했다.[8] 그 결과 2004년엔 전통적으로 커피 생산에 전념하던 농부 대다수가 수확을 포기하는 사태가 속출했다. 팔아봤자 생산비도 건질 수 없기 때문이었다.

다른 몇몇 통계치도 살펴보자. 1990년, 전 세계의 커피 생산국들은 모두 합해서 110억 달러어치의 원두를 수출했다. 같은 해 전 세계의 소비자들은 300억 달러어치의 커피를 소비했다. 2004년 커피 생산 농부들이 수출로 벌어들인 돈은 55억 달러로 감소했다. 그런데 커피 유통의 가장 마지막 단계에 있는 소비자들은 커피 소비를 위해 700억 달러를 썼다.[9]

전 세계적으로 볼 때, 커피 생산에 종사하는 사람들은 대략 2,500만 명 정도 된다. 이들의 대부분은 가족 단위로 1에서 5헥타르 정도의 소규모 농장을 경작하는 중소규모 농부들이다. 세계에서 생산되는 커피의 70퍼센트가 경작 면적 10헥타르 미만의 농장에서 생산된다. 2003년 커피 생산에 종사하는 농부들은 모두 합해서 1억 1,900만 포대의 커피를 생산했다(한 포대에는 원두 60킬로그램이 담긴다).

이미 예전부터 세계 커피시장은 늘 현지 생산 농가에 지불하는 값의 요동을 겪어왔다. 하지만 현재 생산자들이 겪고 있는 정도의 재앙은 다행히도 매우 드문 경우였다. 1980년에서 1990년 사이 국제커피기구(International Coffee Organization: ICO)에 따르면, 현지 생산 농부에게 지불하는 커피 가격은 1파운드당 1.2달러였다. 그러던 것이 오늘날엔 50센트 밑으로 떨어진 것이다.

94퍼센트의 커피는 생산국가에서 '녹색 콩', 다시 말해서 아직 볶지 않은 상태로 수출된다. 따라서 커피를 볶는 과정은 생산국을 벗어나서 진행된다는 말이다. 세계의 커피시장은 오늘날 노엄 촘스키가 '거대한 영구적 법인'이라고 명명한 거대 다국적 기업들에 의해서 좌우된다. 이 기업들이 사실상 브라질에서 베트남, 온두라스에서 에티오피아에 이르는 70개국에서 커피를 재배하는 수천만 명 농부들의 생사여탈권을 쥐고 있는 것이다. 이 '거대한 영구 법인들' 중의 하나가 바로 저 유명한 농가공 식품업체 네슬레다.¹⁰ 세계의 커피시장을 쥐락펴락하는 신흥 봉건제후들의 수는 날로 줄어든다. 이들 봉건제후들 사이에 인정사정 볼 것 없는 처절한 전쟁이 끊임없이 벌어지면서 강자가 약자를 잡아먹음으로써 어느 정도 정리가 되었기 때문이다. 2004년의 경우, 가장 거대한 5대 기업은 네슬레와 사라 리, 프록터 앤드 갬블, 치보, 그리고 크래프트(필립 모리스 소유)였다. 이들 5대 기업은 종류 불문하고 생산된 커피 원두의 45퍼센트 이상을 사들인다. 더구나 이들 기업들은 원두를 볶아서 가공하고 상품화시키는 과정까지 거의 전 과정에 걸쳐서 막강한 지배력을 행사하고 있다.

유럽의 대형 식품매장에 들어서면 소비자들은 수없이 많은 상표의 인스턴트 커피나 가루로 빻은 커피, 원두 상태의 커피 등을 접할 수 있다. 그러나 이 모든 상표 중에서 대표적인 상표들은 사실상 위에 열거한 5대 거대 다국적 기업들에 속하는 상표들이다. 가령 맥스웰과 제이콥은 크래프트 소유이며, 네스카페와 네스프레소는 네슬레, 폴거는 프록터 앤드 갬블 소유다. 한편 사라 리는 도우웨 에크베르츠를, 치보는 치보와 에두초를 소유하고 있다.

기아와 영양 결핍, 아메바성 질병, 결핵 등이 마르타와 그녀의 아이들을 죽음으로 몰아가는 사이에 이들 5대 기업의 매출액과 영업이익은 폭발적으로 증가했다. 사라 리의 이익은 2000년 한 해 동안(생산자로부터의 구매 가격이 내리막길로 들어선 해) 17퍼센트 상승했고, 네슬레는 무려 26퍼센트 상승했다. 치보에게 2000년 한 해는 창립 이래 가장 높은 이익을 낸 해로, 47퍼센트 상승을 기록했다.

30년 넘는 동안 세계 커피시장은 국제커피협약(ICA)에 의해 조정되어왔다. 이 협약 덕분에 주요 생산국가나 거대 농가공 식품업자들은 비교적 안정적인 수입을 생산 농가에게 보장해줄 수 있었다. 시카고 시장에서 벌어지는 투기 세력들의 작전, 변화무쌍한 기후 조건(가령 어느 대륙의 작황이 어느 한 해엔 풍년이었다가 이듬해엔 완전히 흉년이 되는 식), 한 해 농사를 언제 망칠지 모르는 병충해 등 가격 변화를 야기하는 무수히 많은 이유들에도 불구하고 농부들에게 비교적 안정적인 수입을 보장해주는 유일한 해결책이 바로 이 협약이었다. 그렇다면 이 협약은 어떻게 성립되었는가?

국제커피협약은 생산국가별로 매우 엄격하게 수출 물량을 제한한다. 이를 위해서 석유수출국기구(OPEC)가 사용하는 방식을 상당 부분 본떴다. 수출 물량 제한 덕분에 가격 변동 폭을 커피 원두 1파운드당 1.2달러에서 1.4달러 정도로 제한할 수 있었던 것이다.

그런데 1989년 국제커피협약은 거대 다국적 커피 기업들에 의해서 해체되고 말았다. 이유는 무엇일까? 옥스팜이 그 해답을 제공한다.

커피는 일반적으로 매우 영세하지만 지정학적으로 볼 때 전략적인 위치를 점하고 있는 국가의 농부들에 의해서 생산된다. 이 세계가 정치 경제적인 양극화 현상, 다시 말해서 정치적 경제적으로 대립하는 두 체제로 양분되어 있는 이상, 무슨 수를 써서라도 수백만 수천만 명에 이르는 가난한 커피 생산 농부들이 공산주의 유혹에 빠지는 일은 막아야 했다. 세계화 지상주의자들은 혹시라도 브라질, 콜롬비아, 엘살바도르, 르완다 등이 소련의 영향력 아래 편입되는 악몽이 벌어질까 봐 전전긍긍했다. 따라서 국제커피협약은 머리를 싸매고 고안해낸 복잡한 기제를 통해 인위적으로라도 생산자들에게 안정적인 수입을 보장해줌으로써 이와 같은 위험을 사전에 차단했다. 하지만 1989년 서방세계와 소비에트 연방공화국의 국경은 무너져버렸다. 이어서 소련은 와해의 길을 걸었다. 이렇게 되자 국제커피협약은 더 이상 아무런 존재 이유가 없어져버렸다. 이렇게 해서 현재 세계 커피시장에서는 오로지 강자, 다시 말해서 5대 거대 다국적 기업들에게만 절대적으로 복종하는 새로운 법칙이 성립되었다.

아와사는 1995년까지 시다모 주의 주도였다. 2000년 이 도시의 농부들은 60킬로그램들이 아라비카 커피 한 포대를 670비르에 팔았다. 2004년엔 그 값이 150비르까지 떨어졌다.

이 지역에서 오로지 커피 농사만으로 생계를 유지하는 사람은 280만 명이다. 시다모는 2000년까지만 하더라도 매우 번창했다. 1973년이나 1984년에 겪었던 살인적인 가뭄은 다행히 반복되지 않았다. 그러나 오늘날 커피를 팔아서 얻는 소득은 생산 원가에도 훨씬 미치지 못한다. 자연 조건에 따라 성장 속도가 다른 커피 원두를 일일이 손으로 수확하려면 고도의 기술과 에너지, 기술이 필요하다. 하지만 오늘날엔 그렇게 일을 해도 적절한 대가를 받을 수가 없다.

아무런 소득이 없는 농가의 안주인들은 더 이상 생존에 필요한 식품이나 생활용품(조리용 기름, 약품, 소금, 의복 등)을 인근 시장에서 구매할 수 없다.

이런 절박한 상황이 아이들의 취학 문제에 가져올 결과는 참담하기 그지없을 것임을 쉽게 짐작할 수 있다. 교과서와 교복 등이 모두 유료인 탓에 아이 한 명을 학교에 보내려면 1학기 동안 20비르가 필요하며, 소득 없는 농가는 이 돈을 부담할 수 없다. 그렇기 때문에 오늘날 이 지역의 학교는 텅 비어간다.

집을 소유한 농부들은 집을 팔고 도시로 떠난다. 하지만 도시로 가도 절대로 일자리다운 일자리, 일한 만큼 정당한 대가를 지불해주는 정규직 일자리는 얻지 못한다. 그러다 보면 어느새 성매매와 구걸이 이들 파산한 농가의 유일한 수입원이 되어버린다. 이처럼 불안하게나마 유지되던 가정은 머지않아 결국 가난의 나락 속으로 떨어져 와해되고 만다.

한스 조허는 네슬레의 '농업' 담당 국장이다. 대부분의 다른 사람들에 비해서 그는 커피 재배 농부들에게 몰아닥친 상황의 폭력성을 속속들이 잘 알고 있으며, 일이 그 지경에 이르렀음을 몹시 유감스럽게 생각한다. 하지만 그는 상황이 그렇게 된 것은 어디까지나 '세계화된 시장이 지니는 보편적인 힘' 때문이라고 주장한다.

네슬레(네슬레를 비롯하여 다른 농가공 식품업체 연합)가 아라비카와 로부스타 원두 가격을 놓고 벌이고 있는 투기에 대해서는? 한스 조허는 그런 일은 금시초문이라고 답한다. 절대로 그렇지 않다, 그건 어디까지나 시장을 움직이는 보이지 않는 손, 즉 객관적인 힘에 따른 것일 뿐이라고 그는 확신한다. 시장의 동향에 대해서 인간이 할 수 있는 일이란 아무것도 없다는 것이 그의 지론이다.

하지만 한스 조허는 그로 인해 타격을 입은 농가들에 대해서는 무한한 연민을 느끼며 그들을 돕고 싶어한다. 그는 가히 현기증이 날 만한 제안을 서슴지 않는다. 현재 지구상에는 커피 생산자가 2,500만 명쯤 되는데, 이들 중에서 적어도 1천만 명은 "기꺼이 사라질 것을 수락해야 한다"는 것이 그의 제안이다. 바꿔 말하자면, 시장을 '정화시켜야 한다'는 것이다.

조허는 남아도는 인간들에게 '사라질' 것을 권유한다.

그렇다. 그는 그들에게 사라져달라고[11] 말한다.

연대, 저항의 또 다른 이름

　　　　　　　　　　　　에티오피아에는 자기 땅을 소유한 사람이 아무도 없다. 전통적으로 토지 사용권만을 소유할 뿐이다. 산꼭대기 요새 속에서 은둔하는 승려들이나 속세에서 생활하는 사제들(주로 한 가정의 가장이면서 구리로 된 십자가 장식이 달린 지팡이를 들고 다니며 흰색 터번을 착용한다)이나 예외는 없다. 이들도 교구민들과 마찬가지로 뙤약볕 아래에서 혹은 끝없이 몰아치는 바람 속에서 자신들에게 할당된 땅뙈기를 경작한다.

　이 나라의 일부 지역, 특히 월로와 티그레이 지역에서는 주 정부들이 나서서 조심스럽게나마 농토를 사유화하는 정책에 착수하고 있다. 이를테면 땅을 인증하는 제도, 즉 세계은행의 압력으로 경작권을 등록하는 정책을 체계화하고 있는 것이다.

　정부가 사유 토지를 인정하지 않는 제도는 이 나라가 걸어온 역사 속에 깊이 각인되어 있다. 아주 오래전부터 1974년 9월 어느 날 아침 마지막 황제가 하야할 때까지 에티오피아는 강력한 봉건체제를 고수했다. 주로 암하라 출신들로 이루어진 귀족 계급은 수도원, 사제 계급과 더불어 경작 가능한 땅과 숲, 수로, 목초지 등을 독점적으로 소유했다.

왕족과 봉건 영주, 암하라 출신 성직자들은 농부들이 수확한 곡물 중에서, 지역에 따라 비율이 약간씩 다르긴 하나, 대체로 3분의 2까지 세금으로 거둬들여, 이를 가지고 장사를 하거나 개인적으로 활용했다.[12] 이처럼 높은 징세 비율 때문에 땅을 경작하는 농민들은 파산하는 사이에 봉건 지배계급은 수준 높은 회화와 건축, 문학 전통을 낳았다. 황제 치하에서는 거의 모든 농부들이 소작인에 불과했다.

농업에 기반을 둔 봉건체제와 그에 따른 불편부당한 징세제도에 대한 기억은 당연히 에티오피아인들의 집단의식을 형성했다. 1974년에 발발한 혁명은 하일레 마리암 멩기스투 대위를 필두로 하는 일단의 군인들에게 신속하게 접수되어, 마르크스주의를 기조로 삼게 되었으며, 이에 따라 모든 토지가 국유화되었다. 그 후 티그리언 인민해방전선은 1991년 5월, 아디스아바바 북부 지역에서 마지막 남은 멩기스투 충신들과의 전투에서 승리를 거두었으나 이들 역시 토지의 국유화 정책 기조는 그대로 유지했다.

벨레이 에지구는 농업부 장관으로, 체구가 크고 명랑하며 우렁찬 목소리를 가진 사람이다. 우리가 커피 예식을 마치고 평온한 마음으로 에티오피아 농업 생산이 직면한 수많은 문제들에 대해 토론하기 시작한 지 벌써 한 시간이나 되었다. 농업 문제 전문가인 두 명의 동료가 나와 동행했다. 내가 토지 사유화 문제를 거론하자, 농업부 장관은 자리에서 벌떡 일어나더니 갑자기 두 주먹으로 탁자를 내리쳤다. 그러고는 버럭 소리를 질렀다. "절대 안 됩니다! 아시겠습니까? 우리는 절대로 투기자본에게 우리 땅을 내주지 않을 겁니다!" 장관의 논리는 대체로 이러했다. 항상 기아의 위협에 시달리는 농민들에게는 그럴듯한 조건을 제시하며 접근하는 소말리아나 예멘 출신 상인들에게 땅을 팔아넘기고 싶은 유혹이 강할 테니, 그걸 막으려면 제도적으로 뒷받침이 되어야 한다.

에티오피아 국민의 82퍼센트는 절대 빈곤층으로 살아간다.[13] 5세 미만 어린이들의 50퍼센트는 비정상적인 저체중이다. 2006년의 경우, 사망한 5세 어린이들 가운데 59퍼센트가 영양 결핍으로 사망했다. 1997년부터 2000년 사이에 어린이 사망률은 25퍼센트나 증가했다.

에티오피아인들의 섭취 열량은 평균 1,750칼로리(성인 1인당 하루 칼로리 소모량)로 아프리카 대륙 전체를 통틀어서 가장 낮다. 요오드와 철분, 비타민 A의 결핍은 심각한 상태다.[14]

에티오피아 전체 주민 가운데 69퍼센트는 깨끗한 식수를 공급받지 못한다. 이 비율은 농촌으로 가면 76퍼센트로 높아진다. 나는 시다모 주의 어린이들이 갈색 흙탕물로 변해버린 강물을 그냥 마시는 광경을 보았다. 강물에서는 소들이 휘젓고 다니고, 제멋대로 오줌을 싸는 시커먼 돼지들도 있었다. 중앙과 북부 고원지대에서는 수백만 명의 여인들이 매일 개울이나 우물을 찾아 10킬로미터 이상을 걸어가서 무거운 물동이를 이고 집으로 돌아오는 일을 반복한다.[15]

200만 명의 에티오피아인들은 에이즈 바이러스에 감염되었다. 이는 인구 전체의 비율로 볼 때, 인도와 남아프리카공화국에 이어 세계에서 가장 높은 감염률에 속한다.

남녀 차이를 고려하지 않을 때, 에티오피아인들의 평균 수명은 45.7세다. 전체 인구의 2.9퍼센트만이 65세까지 산다.

15세 이상의 에티오피아인들 중에서 40.3퍼센트가 문맹이며, 전체 인구의 12퍼센트만이 의료 혜택을 받을 수 있다.

눈부신 아름다움을 지닌 에티오피아의 여자들은 성인, 미성년자 할 것 없이 현저한 성적 차별을 받으며 사회적 지위도 매우 낮다. 거의 모든 부족들이 아직 사춘기에도 접어들지 않은 여자아이들을 결혼시킨다. 최초의 월경 이후 곧바로 최초의 성 경험을 갖는 경우가 비일비재하다. 이렇게 어린 나이에 성 경험을 하게 되므로 12세, 14세, 혹은 15세 정도에 자녀를 출산하는 경우도 적지 않다. 여자 나이 25세가 되면 벌써 8명에서 10명 정도의 아이를 출산한 경험을 가지고 있다.

에티오피아의 여자들은 삼중으로 착취당하고 있다. 집에서, 농사일을 하는 들판에서, 그리고 성적으로 착취당하는 것이다. 가령 15세의 소녀가 강제로 혼인을 하게 되면, 학교 교육을 제대로 받을 수 없음은 불 보듯 뻔하다. 이 소녀는 자유롭게 친구들과의 우정을 키우고 세상을 발견하며 자율적인 인간으로서의 인격을 형성하는 청소년기를 박탈당한다고 말할 수 있다. 아버지의 오두막집에서 어머니와 다른 자매들과 더불어 힘든 집안일을 하다가 곧 남편이 강요하는 강제 노동으로 넘어가는 셈이기 때문이다.

유엔 아동기금은 주로 소말리아 출신 부족들이 정착해서 사는 에티오피아 동부 지역에서 설문조사를 실시했다. 이 지역에서는 무려 70퍼센트에 달하는 여자아이들이 음부 봉쇄 관습으로 신체를 훼손당한 반면, 다른 지역에서는 회음부 절개가 지배적이었다.

누(瘻)로 고생하는 여성과 어린이들을 위한 병원이 30년 전에 에티오피아 출신 여성 의사에 의해서 설립되었다. 이 분야에서 가장 규모가 크고 오랜 역사를 자랑하는 이 병원이 세워지기까지는 아디스아바바에 거주하는 영국 여성들의 도움이 컸다. 이 병원은 오늘날 같은 질병으로 고생하는 여성들이 수백만 명에 이르는 아프리카 대륙의 모범 사례로 꼽힌다.

누는 매우 수치스럽고 고통스러운 질환이다. 12세 무렵에 임신을 하게 되는 소녀들은 질이 매우 좁기 때문에 출산 때 항문과 질 사이의 피부가 찢어질 수도 있다. 이렇게 되면 대변이나 소변의 배설을 제대로 통제할 수 없게 된다.

에티오피아에서 일어나는 성 차별의 참담한 결과는 부족 간의 문화 차이를 넘어 대도시 골목길에서 눈으로 직접 확인할 수 있다. 유엔 아동기금의 통계에 따르면, 수도인 아디스아바바 한 곳에만도 버려진 아이들이 6만 명이나 된다. 유엔 아동기금은 에티오피아 전역에서 거리를 방황하는 미성년자들의 숫자는 어림잡아 30만 명은 족히 될 것으로 추산한다. 구걸과 에이즈, 일일이 열거할 수 없을 정도로 무수히 자행되는 미성년자에 대한 성적 학대, 조기 사망 등이 이 아이들이 공통적으로 감내해야 하는 몫이다.

가난한 사람들은 도처에서 수도로 모여든다. 이들에게 아디스아바바는 기적이 일어나는 궁전이며, 전국의 부를 비추는 거울이다. 밤이나 낮이나 거지들의 행렬이 화산 분화구에서 용암이 흘러내리듯 거리를 따라 흘러간다. 먼 곳에서 온 트럭들이 누더기 차림의 가족들을 도시 한가운데 내려놓는다. 수도의 인구가 몇 명인지, 그저 대략적으로라도 아는 사람은 아무도 없다. 시장은 2004년 3월에 아마도 500만 명쯤 될 거라고 말했다.

1892년, 황제 메넬리크 2세는 아디스아바바 마을의 꺼진 분화구에 정착했다. 그전까지 황제의 궁전(황제의 궁전뿐 아니라 각 부족의 왕궁도 마찬가지였다)은 일종의 이동식 행궁 형태로, 황제는 이 마을 저 마을을 순회했다. 이처럼 한곳에 정착하지 않고 끝없이 순회를 거듭한 데에는 여러 가지 정치적 군사적 경제적 요인이 있을 수 있겠지만, 그중에서 특히 구속력이 강했던 하나의 원인을 들자면 너무 많은 식솔들 때문이라고 할 수 있다. 황제가 한 번 행차할 때마다 수천 명의 고위 관리들과 친척, 장병, 서기들이 동행해야 했으므로 식사 조리용과 땔감용으로 주변의 나무들이 너무 빨리 사라졌다. 그러니 그때마다 장소를 옮겨야 했다.

외국인 고문들의 조언 덕분에 메넬리크 황제는 오스트레일리아에서 성장 속도가 매우 빠른 수종(樹種)을 발견했다. 바로 유칼리 나무였다. 황제는 그 나무의 종자를 들여왔다. 빠른 속도로 숲을 재조성하고 건설에 필요한 목재와 음식을 조리하는 데 필요한 땔감을 마련해야 하는 문제는 이로써 해결되었다. 이렇게 해서 아디스아바바는 에티오피아의 영원한 수도가 되었다.

오늘날 아디스아바바는 죽어가는 사람의 마지막 거처로 변해버렸다. 바다처럼 펼쳐진 녹슨 양철 지붕과 끝없이 이어지는 판잣집들의 행렬이 분화구를 뒤덮고 있다. 비쩍 마른 봉우(峯牛) 떼들은 양철 오두막과 떼 지어 몰려다니며 즐겁게 재잘대는 철모르는 어린아이들 사이의 공터를 헤맨다.

어떤 사회복지 혜택도 받지 못하고 구걸로 연명하는 사람들이 너무 많아서 그 수를 헤아릴 수도 없다. 반쯤은 탈수 상태에 빠진 어린아이를 안고 다니는 뼈만 앙상한 여인들, 퀭한 얼굴을 한 채 누더기를 걸친 남자들이 수도의 거리 곳곳을 방황한다. 이들은 빨간 불에 막혀 멈춘 외국 자동차를 향해 그대로 돌진하기도 한다. 알아들을 수 없는 말을 중얼거리며 돌아다니는 군중들은 도심에 세워진 세 개의 거대한 교회를 에워싼 엄청난 규모의 유칼리 나무 숲과 교회 안으로 이어지는 계단, 교회로 가는 도로 등 곳곳을 가득 채운다.

시도 연방정부도 돈이 없어서 아무런 대책을 내놓지 못한다. 오직 지나가는 행인들이 어쩌다가 베푸는 동정의 손길만이 거리를 배회하는 걸인들의 고통을 잠시나마 잊게 해준다.

화산 분화구라는 지형적인 위치 때문에 아디스아바바 도심 한가운데에서는 뜨거운 물이 솟아나온다. 이 물은 수로를 통해 공공 해수욕장 시설로 흘러 들어간다. 시장(mercato, 언덕 위에 자리 잡은 거대한 시장으로 이탈리아어로 된 이름을 그대로 간직하고 있다) 상인들과 고위 장교, 공무원, 외국에서 파견된 외교관들을 제외한 나머지 아디스아바바 시민들은 한결같이 가난이 덕지덕지 묻어나오는 옷들을 걸치고 낡은 샌들을 신었거나 그나마도 없으면 아예 맨발로 다닌다. 대부분은 누더기를 걸쳤다. 영양 결핍은 물론, 불구이거나 눈이 먼 노인들은 막대기에 의지해서 길을 배회한다. 공공버스가 지나가는 일은 기적에 가깝다. 어쩌다가 털털거리는 버스가 한 대 지나갈라 치면 사람들이 벌떼처럼 모여든다. 이들은 대부분 빗속에서 몇 시간 동안이나 버스를 기다린 사람들이다.

해발 3천 미터가 넘는 높이에 위치한 분화구를 에워싸는 산등성이 꼭대기에도 유칼리 나무들은 자란다. 우기가 되면 에티오피아의 중부 지역 고원지대에는 형언하기 어려울 정도로 아름다운 풍광이 펼쳐진다. 묵직한 구름들이 산등성이 위로 느릿느릿 흘러가는 모습은 원색의 꽃들과 김을 모락모락 피우는 기름진 대지의 짙은 황톳빛과 대조를 이룬다. 대기는 온갖 다양한 냄새들로 채워진다. 천둥이 으르렁거리고 번개가 얼룩말 무늬처럼 대기를 가르기 시작하면서 빗방울이 떨어지면 지나가던 행인들은 웃으면서 비를 피할 수 있는 곳으로 발걸음을 재촉한다. 일반적으로 길가를 따라 늘어선 수많은 매춘을 겸한 선술집이 손쉬운 피난처가

된다.

저녁 7시 무렵이면 해가 진다. 천천히 황혼이 내려앉는다. 세인트 조지 교회 부속 공원에서는 종소리가 울려퍼진다. 걸인들이 떼를 지어 이동하기 시작한다. 이들의 움직임은 갑자기 바람을 만나 일렁이는 파도를 연상시킨다. 자녀들을 앞세운 걸인들은 자리에서 벌떡 일어나 교회의 계단을 따라 올라가 교회 입구로 다가간다. 이들은 발소리를 죽여가면서 높은 천장을 지탱하고 있는 교회 회랑을 따라 걷는다. 이들 수천 명의 걸인들 사이에서 문득 웅성거리는 소리가 들려나온다. 기도문을 외우는 소리다. 가진 것 없고 헐벗은 에티오피아인들이 보여주는 위엄과 조심성, 과묵함 등은 매우 인상적이다. 기도가 끝나면(기도는 시기와 장소에 따라 두세 시간씩 계속된다) 사제들이 중앙 제단 앞에 도열한다.

사제들은 대체로 턱수염을 가느다랗게 기르고, 검은 비단으로 된 긴 사제복에 금실로 수를 놓은 신발을 신고 있다. 강렬한 눈빛을 지닌 젊은 부사제들도 눈에 띈다. 종소리가 다시 한 번 울려퍼진다. 사제들이 콥트식 이중 십자가를 눈높이 정도까지 올려든다. 그런 다음 팔을 몸 가운데 정도에서 쭉 펼치고 십자가를 군중들 쪽으로 향하게 한다. 근엄함이 배어 있는 몸짓이다. 이 동작을 하는 동안 아무도 말을 하지 않는다. 사제들의 시선은 교회 내부의 어둠 속에서 서성거리는 군중들의 머리 너머 어딘가를 향한다. 몇 개의 양초가 만들어내는 희미한 빛이 느껴질 뿐이다. 군중들은 서서히 줄을 지어 선 다음 십자가에 입을 맞춘다. 마지막 사제 앞에 이르면 군중들은 은으로 만든 쟁반 위에 그날 하루 동안 구걸해서 얻은 재물의 상당 부분을 바친다.

이제 교회 안에 서서히 밤이 내려앉는다. 마지막 양초까지 다 타들어간다. 끝까지 남아 있던 제일 나이 많은 걸인들이 질질 끄는 발걸음으로 교회를 나선다. 교회 관리인들이 와서 징 박힌 막대기로 대리석 바닥을 탁탁 치면서 나이 든 걸인들의 발걸음을 재촉한다. 교회의 묵직한 문은 둔탁한 소리를 내며 닫힌다. 밤에는 빗장까지 걸어 잠근다. 밖에는 소나기가 다시 떨어지기 시작한다. 노인들이나 고아들, 가진 것이라고는 아무것도 없는 가족들이 잠을 자기 위해 자리를 잡는다. 진흙 바닥 위로 안개가 내려오면서 한기가 돈다. 씻지 않은 지저분한 몸에 누더기를 걸친 아이들이 벽 쪽으로 몸을 바짝 붙인다. 그러고는 슬며시 잠이 든다. 이들 중에 몇몇은 이 밤에 죽어나갈 것이다.

가뭄을 비롯한 각종 천재지변으로 인한 토양의 부식이나 황폐는 자연 현상이다. 하지만 기아는 아니다! 어째서 기아가 발생하는가? 에티오피아는 전 세계에서 농업 생산성이 가장 낮은 나라 중의 하나다. 나는 여러 주일에 걸쳐서 이 나라의 북쪽에서부터 남쪽까지 두루 섭렵했다. 아디스아바바에서 아와사로 가는 일곱 시간 동안 나는 단 한 대의 경운기도 보지 못했다. 이 고원지대에서는 현대적인 농업기술은 전혀 찾아볼 수 없다. 저지대도 사정은 다르지 않다. 여전히 나무 지지대를 단 쟁기만 눈에 띈다. 이 농부 저 농부가 번갈아가며 임대해서 쓰는 피곤에 지친 듯한 두 마리의 소가 끄는 쟁기가 대여섯 번 정도는 땅을 갈아엎어야 비로소 돌을 골라내고 씨를 뿌릴 만하게 부드러워진다.

비료 또한 드물다. 정부로부터 세계 시장 가격을 주고 구입해야 한다. 하지만 그럴 만한 경제적 여력이 있는 농부는 거의 없다. 토양은 눈으로 보아도 나날이 척박해지고 있다. 가뭄이 한 번씩 덮칠 때마다 그렇지 않아도 얇은 부식토 층이 점점 더 얇아진다.

유럽연합에서 파견한 활력 넘치는 책임자 장-클로드 에스미외의 설명에 따르면, 특별히 참혹했던 1984년의 기아에서 살아남은 생존자 가족들은 아직까지도 재난 이전의 사회적 경제적 지위를 되찾지 못했으며, 이들의 농업 생산성 또한 재난 이전에 훨씬 미치지 못한다고 한다.

티그레이 주에 건설된 몇몇 군사용 도로와 아디스아바바와 아와사 간의 포장도로를 제외하고 도로는 전무한 형편이다. 전국적으로 볼 때, 마을은 가장 가까운 자동차 도로에서 평균 10킬로미터 정도 떨어져 있다. 도로 사정이 이렇다 보니 많은 지역에서 가장 가까운 시장까지 가는 것도 대단한 모험이 아닐 수 없다.

에티오피아는 동부아프리카 지역의 물 저장 창고라고 할 수 있다. 나일 강 외에 12개의 주요 하천이 이 지역에서 발원한다. 2003년, 벨레이 에지구와 농촌 지역 담당 토목기사들은 4천 헥타르의 토지를 관개하는 계획을 수립했다. 하지만 목표의 4분의 1, 즉 1천 헥타르에만 물을 공급하는 데 그쳤다. 왜일까? 돈이 없어서 나머지 공사를 진행하지 못했다. 이유는 그것뿐만이 아니다. 농부들은 수로와 저수지, 운하 등에 대해 경계심을 늦추지 않았다. 체체파리들이 그곳에 서식하고 있기 때문이다. "운하는 죽음을 운반한다"고 아디그라트의 한 농부는 나에게 말했다.

요컨대 에티오피아의 생계 수단인 농업은 매우 불안정하게 목숨을 부지하고 있다. 지난 30년 동안 유럽연합의 아프리카 대표단을 성공적으로 이끌어온 결단력 있고 재능 있는 장-클로드 에스미외가 나한테 제시하는 통계 숫자에 의하면, 2006년의 경우 에티오피아 농장의 53퍼센트는 전혀 생존 가능성이 없었다.

그러나 이 모든 적대적인 환경 속에서도 에티오피아 사회는 꿋꿋이 지탱되고 있다. 살아남겠다는 의지와 결단력, 내가 만난 농부들이 보여준 자긍심은 나를 감동시키기에 충분했다. 이와 같은 인내심이 가능한 비결은 무엇일까?

우선 촘촘하게 엮인 각종 협회들의 망이 이 황폐한 땅을 촉촉하게 적신다. 에티오피아에는 다양한 형태의 각종 단체들이 공존한다. 유명한 커피 예식으로 뭉친 이웃들의 모임, 같은 직업에 종사하는 사람들끼리 경제적으로 상호 부조하는 모임, 특정 성인(기독교의 성인이나 이슬람의 성인)을 섬기는 종교 모임, 비밀 결사대에 가까운 카로 부족 사냥꾼 모임, 우물을 공동으로 관리하는 농부들 모임, 케벨레(kebele, 도시의 구역을 일컫는 단위) 내의 공공서비스(쓰레기 처리 등)의 원활한 운영을 돕는 공공단체 등 다양한 공적, 사적 모임들이 형성되어 있다.

이디르(idir), 이쿠브(iqub), 그리고 데바(deba)라고 하는 세 가지 유형의 모임이 특별히 중요한 역할을 수행한다.

이디르는 장례 모임이다. 에티오피아의 사회이나 집단 상상력 속에는 죽음이 중심적인 위치를 차지하고 있다. 따라서 죽음은 고도로 제례화되어 있다. 장례식은 산 자들의 사회생활에서 매우 중요한 순간이다. 식구를 잃은 가족은 일주일 동안 계속되는 밤샘을 위해 죽은 자의 가깝고 먼 친척, 이웃, 직장 동료들을 모두 초대한다. 똑같은 사람들이 참석하는 똑같은 의식이 40일 후에 한 번, 1년 후에 또 한 번 열린다.

상을 당한 가족은 이렇게 무리지어 모여든 손님들로부터 위안과 힘을 얻는다. 장례 의식에 참석하는 사람들은 조용한 가운데 명상에 힘쓴다. 이들은 슬픔에 잠긴 가족을 둘러싸고 낮은 소리로 이야기한다. 7일 낮 7일 밤 이어지는 이 기간 동안 숨죽인 말소리가 집 안을 채운다. 그런데 장례를 치르려면 비용이 많이 든다. 기독교식 묘비는 매우 단순하고 소박하다. 이슬람식 묘비도 마찬가지다.

따라서 가장 부담이 되는 비용은 문상을 위해 상가를 방문한 손님들에게 7일 동안 계속 식사를 대접하는 데 들어가는 비용이다. 이디르는 말하자면 상을 당했을 때를 준비하는 일종의 신용금고인 셈이다. 남자건 여자건 청소년 시절부터 적립하기 시작해서 퇴직 때까지 부지런히 돈을 부어야 가까운 사람이 죽어서 목돈이 필요할 때 차질 없이 지급받을 수 있다.

2003년엔 거의 정상적으로 비가 왔으므로 경제 활동도 정상 궤도를 되찾았다. 나는 2004년 3월 초, 구에랄타 지역에서 치러진 두 번의 장례 의식에 참석했다. 각각 수천 명의 문상객들이 모여서 여러 명의 죽은 사람들, 즉 죽어서 이미 땅에 묻힌 자들과 작별인사를 나눴다. 죽은 지 10년이 넘는 사람들도 있었고, 12년이 넘는 사람들도 있었다. 아니, 어째서 이렇게 오랜 시간이 흐른 다음 장례 예식을 치르는 것일까? 이유인즉, 몇 년 동안 계속해서 흉년이 들었기 때문에 충분한 액수의 부조금이 모이지 못했다. 다시 말해서, 이디르의 금고가 거의 빈 상태였다는 말이다. 따라서 망자들과의 작별 예식을 치를 수 없었다.

이쿠브는 은행 역할을 하는 모임이다. 에티오피아의 농촌 지역에는 엄밀한 의미의 은행에 해당하는 기관(개발은행이나 농업협동조합, 혹은 농부들을 위한 그와 유사한 기관들)이 없으므로, 농촌 지역과 도시의 케벨레에는 사채업자들이 기승을 부린다.

이쿠브는 말하자면 소액 대출을 담당하는 네트워크라고 할 수 있다. 이쿠브를 통해서 크지 않은 액수의 돈을 대출받아 닭 두서너 마리, 혹은 당나귀 한 마리를 구입할 수도 있고, 종자를 구입하거나 집 짓는 데 필요한 벽돌을 살 수도 있다. 유럽이나 미국 출신 유엔 개발계획(UNDP) 전문가들은 이쿠브의 성과에 대해 놀라움을 금치 못한다. 돈을 빌린 자들은 심각한 빈곤 상태에도 불구하고 꼬박꼬박 빌린 돈을 갚기 때문이다. 대출을 받은 자들의 대부분은 약속한 날 약속한 시간에 빌린 원금과 이자를 갚는다.

철학자 안드레아스 에셴테는 인생의 절반을 망명자의 신분으로 미국에서 보냈다. 활발하고 두뇌 회전이 빠른 그는 에티오피아 정부에 대해 쓴소리를 아끼지 않는다. 그는 현재 아디스아바바 대학 총장으로 재직하고 있다. 수도에 자리 잡은 이 대학(총장실과 법과대학은 하일레 셀라시에 황제가 기거하던 궁전 건물을 차지하고 있다) 외에도 에티오피아에는 7개의 지방 대학이 있다. 총 학생 수는 6만 명에 이른다. 이중에서 여학생은 16퍼센트에 불과하다. 아디스아바바 대학의 학생 수는 12,000명이다.

안드레아스 에셴테는 상당히 기발한 체제를 고안해냈다. 학생들은 대학 측이 제공하는 대출을 통해 스스로 학비(생활비와 집세 포함)를 조달할 수 있다. 대출제도를 이용하는 학생은 누구나 대학을 졸업하고 사회생활을 시작해서 7년에 걸쳐 학창 시절에 대출받은 자금 중에서 최소한 42퍼센트를 상환한다. 이 제도는 아무런 문제없이 완벽하게 운영되고 있다. 대출금을 상환하지 않는 경우는 거의 없다. 이 점이 바로 에티오피아 문화의 강점이다. 에티오피아인들은 자신들이 한 약속을 충실하게 이행한다. 그렇기 때문에 에티오피아는 외채도 성실하게 갚아나가고 있다.

이쿠브는 이디르와 마찬가지로 아주 오래전부터 에티오피아인들의 생활의 일부였다. 이와 같은 소액 대출체제는 지금까지 단 한 번도 동요하지 않고 에티오피아 사회를 지탱해왔다. 적어도 유엔 개발계획 전문가들이 알기로는 그렇다.

데바는 노동조합이나 동업자 조합과 유사한 기능을 지닌 조직이다. 커피 재배자, 가죽 제조업자 등이 데바를 통해 국가의 공무원이나 투기

세력, 상인들에 대항해서 자신들의 이익을 방어한다.

이 모든 단체나 모임 등은 회원 수의 크고 작음이나 설립 목표의 다양성과 상관없이 한 가정의 가장이라면 동등한 권리를 행사할 수 있는 총회에 의해 운영된다. 모임의 규모가 너무 클 때는(가령 아디스아바바나 디레다와, 혹은 하라르나 다른 대도시의 케벨레와 관련한 공공서비스 차원의 단체) 권한을 위임받은 대표들이 정기적으로 모여 결정권을 행사하고, 수입 지출 내역을 인가하며 미래의 사업을 계획한다. 풀뿌리 민주주의와 엄격한 사회적 연대의식 덕분에 이와 같은 모임들은 심리적, 사회적으로 지속성과 효율성을 보장받는다.

제3세계 어느 곳에서나 오랜 전통을 지닌 문화가 존재하며, 오늘날 비록 상업주의적 합리성에 의해 정체성의 혼란을 겪고 있는 것이 사실이지만, 그래도 여전히 의미심장한 지지대 역할을 수행하고 있다. 집단이 공유하는 기억, 확대된 친인척 관계, 독특한 우주관, 복잡한 인간관계에서 발생하는 연대 의무감 등은 남반구 지역 국가들에게 일관성과 자부심을 더해준다. 에티오피아의 경우가 이를 증명한다. 하지만 이와 같은 남다른 활력과 저항력, 용기에도 불구하고 에티오피아는 오늘날 기력이 다해가고 있다.

부채가 서서히 에티오피아의 숨통을 죄어오고 있기 때문이다.

부채에 대한 이자와 원금 상환을 위해 에티오피아 정부는 2006년 한 해 동안 1억 6,700만 달러를 썼다. 이는 한 해 동안 에티오피아가 국가, 주 정부, 시 단위에서 지출한 의료 서비스 액을 모두 합한 것보다 많은 액수다. 국민총생산의 12퍼센트가 이렇듯 채무 상환을 위해 고스란히 빠져나간 셈이다. 이 때문에 고작 국민총생산의 6퍼센트만이 정작 비료 구매, 농토 관개 사업, 농촌 토목 공사, 농산품 상품화 사업 등에 쓰였다.

언제쯤이면 에티오피아 국민들이 얼마간의 행복이라도 맛볼 수 있을까? 어쨌거나 부채가 있는 한 그런 날은 오지 않을 것이 확실하다.

4.
브라질, 혁명은 계속된다

룰라, 가난한 노동자에서
혁명의 지휘관으로!

브라질에서는 민주주의적, 반자본주의적 평화 혁명이 멋지게 진행 중이다. 이 혁명이 어떻게 마무리되느냐에 따라 브라질 인구 1억 8천만 명의 운명이 결정되는 것은 물론, 남미 대륙 전체의 운명이 결정될 것이다. 보다 광범위한 관점에서 본다면 민주주의적, 대중적, 반자본주의적인 운동의 미래가 달려 있다고도 할 수 있다.

라틴아메리카 대륙에 위치한 대부분의 국가들과 마찬가지로 브라질도 거대 다국적 민간 기업들의 과도한 영향력 때문에 신음하는 나라다. 2,400억 달러를 넘어서는 부채는 브라질 국민총생산의 52퍼센트를 차지한다. 브라질 국부(산업 시설, 상업 부문, 광산, 토지, 도로, 댐 등)의 절반 이상을 북반구 신흥 봉건제후들이 장악하고 있다.

현재 브라질에서 진행되는 혁명은 유럽에서는 거의 알려지지 않고 있다. 게다가 결말조차 불확실하다.

브레히트의 작품 〈갈릴레이의 일생〉의 중심 무대가 되는 장면을 상기해보라. 이야기는 1633년 6월 22일 로마에서 시작된다. 이날 갈릴레이는 종교재판정에서 벨라르민 추기경과 대면하고 있었다. 같은 시각 피

4. 브라질, 혁명은 계속된다 **195**

렌체 공화국 대사관저에서 갈릴레이의 제자인 안드레아 사르티와 기술자 페데르초니, 딸 비르지니아는 이 사건에 대해 열띤 토론을 벌이고 있었다. 세 사람은 모두 자신들의 영웅인 갈릴레이에 대해 찬사를 아끼지 않았다. 이들이 생각하기에는 갈릴레이야말로 과학의 광명을 통해 역사의 흐름을 바꾸어놓을 사람이었다. 그때 갑자기 갈릴레이가 방문 앞에 나타난다. 지친 데다 반쯤 눈이 먼 상태였다. 방 안에 있던 세 사람이 환호성을 지르자 그는 말한다. "영웅을 필요로 하는 나라는 불행하다."[1]

브레히트의 말은 지당하다. 하지만 그래도 특출한 몇몇 개인들과 민중들, 혹은 주관적인 의지와 집단적인 의지 사이에 설명하기 어려운 미묘한 변증법이 작용하는 것을 부인할 수는 없다. 특별한 경제 상황에서는 이러한 변증법이 사건의 추이를 바꾸기도 한다.

루이스 이냐시우 룰라 다 실바가 아니었다면(그의 내밀한 개인적 이력, 가족사, 개인적인 고통, 고집스러움 등이 없었다면) 브라질에서 현재 진행 중인 혁명은 지금과 같은 방향으로 전개되지 않았을 것이다. 그래서 이번 장에서는 룰라가 이제까지 들려준 목소리와 앞으로 나아갈 길에 대해서 탐구해보고자 한다.[2]

남반구에 여름이 계속되는 몇 달 동안, 고이아스 고원지대에는 드물게 보이는 소나기구름이 몰려왔다. 하늘이 갑자기 두꺼운 검은 구름으로 뒤덮였다. 잠시 후 어두컴컴해진 하늘에 커다란 구멍이 뚫렸다. 비가 억수처럼 쏟아졌다. 오솔길과 정원의 붉은 황토는 어느새 끈끈한 진흙탕으로 변해 걸어가는 사람들의 발목을 붙들어맸다. 하지만 천둥과 번개는 오래 계속되지 않았다. 어느새 오후의 황금빛 햇살이 성당의 구릿빛 지붕에 따사롭게 내리꽂혔다. 햇살은 대통령 관저가 자리 잡고 있는 플라날투 광장에 듬성듬성 만들어진 물구덩이 위에도 내려앉았다. 미끄러지듯 도로 위를 달리는 근사한 검은 리무진들의 차체가 반사하는 햇빛 때문에 눈이 부셨다.

어느덧 석양이 콘크리트와 유리로 지어진 거대한 건물들의 뒤로 슬며시 자취를 감추었다. 브라질리아의 여름은 저녁 7시만 되면 벌써 밤기운이 느껴지기 시작한다. 브라질 공화국 대통령의 널찍한 집무실로 붉은 저녁 햇살이 차양 사이를 비집고 들어온다. 대통령과의 만남은 벌써 두 시간째 이어지고 있다. 루이스 이냐시우 룰라 다 실바 대통령은 궁핍과 기아로 얼룩진 자신의 어린 시절과 청소년 시절에 대해서 들려준다.

작달막하면서 떡 벌어진 체구에 이따금씩 냉소적으로 변하는 반짝거리는 두 눈을 가진 룰라는 방문객을 뚫어지게 바라보는 습관이 있다. 룰라는 브라질 북부 출신으로, 제멋대로 자란 회색 수염이 검게 그을린 얼굴의 반쯤을 잡아먹고 있다. 목소리에서는 따뜻한 열정이 넘친다. 그는 손가락 하나가 잘려나간 왼손을 들어 방금 한 말을 강조하듯 공중에 커다란 움직임을 만들어 보인다. 그는 우선 결단력이 강하고, 그러면서도 매우 다정한 성격의 소유자로 보인다. 요컨대 대단히 호감이 가는 사람이다.

브라질에서는 2퍼센트의 국민이 경작 가능한 토지의 43퍼센트를 소유하고 있다. 이들이 소유한 땅의 상당 부분은 황무지 상태로 내버려두었거나 매우 간헐적으로 경작되고 있다. 국립농업개혁연구소(INCRA)에 따르면, 경작 가능한 땅 중에서 약 9천만 헥타르 정도는 농지로 사용되고 있지 않다고 한다. 식민지 시대의 유산인 전통방식 라티푼디움, 즉 대규모 농장들이 막대한 자본과 효율적인 기계식 설비를 갖춘 현대식 농지

(혹은 목축지)들과 공존하고 있다. 이처럼 거대한 사유 농장들의 대다수는 미국, 일본 또는 유럽에 본사를 둔 거대 다국적 민간 기업들에 의해서 운영되고 있다.

브라질은 오늘날 세계에서 가장 중요한 곡물 수출 국가인데도 불구하고, 심각한 만성 영양 결핍에 시달리는 국민이 수천만 명에 달한다.

룰라는 1945년 페르남부쿠 주의 가라눈스 지방의 작은 마을인 카에테스에서 태어났다. 브라질 북부 건조한 땅에 거주하는 수백만 가구의 다른 가정과 마찬가지로 룰라의 부모님은 오두막집에 살면서 얼마 안 되는 땅을 일구고 사탕수수 수확기에는 마을의 대농장에 가서 일손을 빌려주며 불안정하게 생계를 유지했다.

아리스티드 이냐시우 다 실바와 그의 부인 유리디체 페레이라 데 멜루(대부분의 사람들은 린두 부인이라고 불렀다)는 여덟 명의 자식을 낳았다. 룰라는 그들 부부의 막내아들이다.

예나 지금이나 페르남부쿠에서는 27가구가 2,500만 헥타르를 관리한다. 이들 가구의 대다수는 예전에 노예무역을 하던 조상들의 직계 후손으로, 이들은 16세기와 17세기에 포르투갈 왕으로부터 땅의 소유주라는 지위를 수여받았다. 페르남부쿠 주에는 8천만 헥타르의 경작지가 있다. 대규모 사탕수수 농장과 라티푼디움 소유주들이 운영하는 작은 규모의 사탕 제조 방앗간들이 제일 비옥한 토지를 차지하고 있다.

녹색의 바다처럼 드넓게 펼쳐진 사탕수수 밭은 헤시피에서 채 50킬로미터도 떨어지지 않은 곳에서부터 시작된다. 사탕수수가 자라나는 기름지고 비옥한 붉은 토양은 일반 주민들에겐 저주나 마찬가지다. 이 토양은 마을들이 모여서 이루어진 소규모 도시 전체를 쇠사슬처럼 에워싼다. 사탕수수 농장이 들어서는 곳에서는 다른 곡물들이 자라지 못한다.

이렇다 보니 페르남부쿠 주에서는 일상적으로 필요한 식품의 85퍼센트 이상을 다른 곳에서 수입해야 한다. 이곳의 유아 사망률은 전 세계를 통틀어 가장 높은 편(아이티와 같은 수준)에 속한다.3 수십만 명의 아이들이 아주 어렸을 때부터 불구를 안고 살아가고 있다. 단백질 결핍으로 아이들의 뇌세포가 정상적으로 성장하지 못하기 때문이다.

대농장 소유주들은 주도인 헤시피의 대궐 같은 집이나 리우데자네이루의 이파네마 해변의 전망 좋은 아파트, 혹은 파리의 호화 주택가인 포크가에서 호화로운 생활을 영위한다.

브라질에는 토지를 소유하지 못한 480만 명의 농업 노동자가 있는 것으로 집계된다. 이들 중의 상당수는 도로를 집 삼아 이주 노동자들처럼 이곳저곳으로 옮겨 다니며 노동력을 제공한다. 이들은 정해진 거처도 없이 떠돈다. 그런가 하면 도시 주변 지대나 농촌 마을에서 사는 사람, 대농장 주변의 오두막집 같은 곳에서 사는 사람들도 있다. 이런 경우엔 그래도 공공기관에서 제공하는 최소한의 사회복지 혜택을 받을 수 있다.

브라질의 중부와 북동부 지역은 특히 보이아 프리우(boia frio)가 성행하는 지역이다. 매일 아침마다 땅이 없는 노동자들은 먼지가 풀풀 이는 마을의 광장에 집결한다. 그러면 라티푼디움의 십장들이 와서 하루 또는 일주일 단위로 일을 시킬 만한 노동자들을 고른다. 선택받은 노동자들은 지역의 개인 소유지에서 지시대로 일을 하게 된다. 새벽에 노동자를 뽑는 인력 시장이 열리는 광장으로 가기 위해 오두막집을 떠나기에 앞서 보이아 프리우의 아내들은 팥과 쌀, 감자 등으로 만든 도시락을 준비한다. 십장에게 선택받은 일용직 노동자는 '황소(boia)'처럼 일을 해야 한다. 뽑히지 못한 사람들은 광장의 세쿼이아 나무 그늘 아래서 기다리고 또 기다린다. 뽑혔거나 뽑히지 못했거나 이 사람들은 '차가워진(frio)'

음식을 먹어야 한다.

룰라의 아버지는 보이아 프리우였다.

룰라가 다섯 살 무렵 그의 아버지는 절망한 나머지 가족을 버리고 떠나갔다. 그는 상파울루 주로 가서 대서양에 면한 큰 항구 도시 산투스에 정착했다. 라디오를 가진 이웃이 항만관리 시설에서 커피 포대를 배에 실을 일꾼을 뽑는다는 소식을 알려주었기 때문이다. 뽑힌 일꾼들은 정기적으로 급여를 받을 수 있다고도 했다.

라티푼디움은 게걸스럽게 닥치는 대로 먹어치우는 야수였다. 1952년 룰라는 검은 곱슬머리에 살이 통통하게 찌고 약간 슬픈 눈빛을 가진 일곱 살짜리 소년이었다. 대농장 소유주가 룰라의 어머니 린두 부인에게 그들이 마니옥과 바나나를 키우던 작은 땅뙈기와 기거하던 오두막을 팔라고 강요했다. 가격은 100레알이었다. 당시에 100레알이면 50유로쯤 된다. 린두 부인은 자신보다 앞서서 똑같은 일을 당한 수십만 명의 북부 지방 여인네들이 지난 2세기 동안 늘 그렇게 해왔듯이, 아이들을 데리고 남편을 찾아 남부 지방으로 향했다.

돈도 없이 기나긴 여행길에 오른 누더기 차림의 사람들을 가리켜 파우 지 아라(pau de ara: 앵무새의 발톱이라는 뜻)라고 부른다. 가진 거라곤 고작 물병 하나와 마니옥으로 만든 납작한 빵 몇 조각이 전부인 이들은 트럭의 짐칸을 얻어 타고 무작정 남쪽으로 내려갔다.

내륙에 위치한 페르남부쿠 주에서 상파울루 인근 해안까지 가는 데에는 13일이 걸렸다. 여행이 계속되는 동안 이들은 별명 그대로 앵무새처럼 트럭에 쌓인 설탕 포대나 열대 나무 등걸에 죽기 살기로 매달렸다. 트럭 운전수들은 운송 요금으로 사탕수수로 만든 증류주인 카샤사 한두 병이나 약간의 레알 정도만 받는다. 밤에 트럭이 멈추면, 승객들은 운전수와 마찬가지로 담요를 뒤집어쓰고 트럭 가까운 땅바닥에서 새우잠을 잔다.

산투스에 도착한 룰라와 그의 큰형 호세 페레이라 다 실바는 아버지를 찾아 나섰다. 형제는 빈민가와 부두를 돌아다니며 하역 인부들을 붙잡고 물었다. 마침내 찾아낸 아버지의 거처에서는 젊은 여자가 갓난아이 두 명을 데리고서 형제를 맞이했다. 아리스티드 이나시우 다 실바는 과거를 정리하고 새살림을 차린 것이었다. 그는 떠나온 아내와 아이들, 다른 친척들과도 일체의 접촉을 끊었다.

프레이 베투는 룰라 전기에서 "룰라는 이 일로 받은 상처를 아무에게도 말하지 않았다"[4]라고 썼다.

1956년 린두 부인과 아이들은 상파울루의 지저분한 동네에 있는 술집 뒤쪽에 위치한 어둠침침한 방 두 개짜리 아파트에 정착했다. 술주정뱅이들과 아파트 입주자들은 몇 개밖에 안 되는 화장실을 공동으로 사용했다.

룰라의 말을 들어보자. "나는 행복한 아이였다. 엄마는 나를 사랑했다. 나한테는 엄마가 전부였다. 엄마는 어떻게 우리 모두를 먹이고 키웠을까? 거기에 대해서 나는 정말 아무것도 모른다!"[5]

린두 부인은 밤이나 낮이나 하루 종일 재봉틀에 매달렸다.

이 시기에 대해서 룰라는 사회적으로 수치심을 느낀 경험 두 가지를 털어놓는다. 첫 번째 기억. "우리 집에는 손님이 오면 앉으라고 할 만한 의자가 하나도 없었다." 두 번째 기억. "열네 살 무렵에 친구가 나한테 최초의 영화표를 선물했다. 하지만 극장에서는 나를 들여보내주지 않았다. 내가 옷을 제대로 차려 입지 않았다는 이유에서였다."[6]

가난은 도처에 널려 있었다. 만성적인 영양 결핍에 시달리던 끝에 누나 둘이 대수롭지 않은 감염으로 목숨을 잃었다.

열두 살이 된 룰라는 한 세탁소에서 최초로 봉급을 받는다. 옷을 빨고 다려서 배달하는 것이 그의 일이었다. 얼마 후엔 도심에 있는 사무실에서 사환으로 일했다. 그가 열네 살 되던 해에 기적이 일어났다. 상파울루 주에 있는 산업 도시 상베르나르두 두 캄푸의 공장에서 일하던 형 호세 프란시스쿠 덕분에 금속공장 견습공으로 취직하게 된 것이다. 그는 아침 7시부터 저녁 7시까지 일했다. 매주 일요일을 제외하고 엿새 동안 일했다.

1964년, 열아홉 살의 나이로 그는 상베르나르두 두 캄푸의 인두스트리아 빌라리스 공장의 선반공이 되었다. 어느 날 그가 동료를 대신해서 알루미늄 절단기를 돌리고 있을 때 기계가 말썽을 일으켰고, 룰라는 그때 왼쪽 새끼손가락을 잃었다.

당시는 군부독재가 한창이던 시절이었다.7 군부는 외국 거대 다국적 기업과 금융 재벌, 현지 라티푼디움 소유주들의 이익을 위해 전적으로 봉사하는 기관이나 다름없었다. 군 장성급들은 봉급생활자들의 요구를 가차 없이 탄압했다. 따라서 서민계급의 생활은 한층 더 고단해지고 가난해졌다.

무질서한 파업이 잇따랐다. 뚜렷한 정치적 지향점을 찾지 못한 지리멸렬한 파업이었다. 민주주의를 표방하는 모든 단체와 노동조합은 비밀경찰에 의해 무자비하게 해체된 후였으므로 오히려 당연한 결과였다. 룰라는 평화적 저항운동과 파업에 적극적으로 참여했다.

이 무렵에 조직 리더로서의 그의 재능은 빛을 발했다. 날카로운 지성과 놀라운 활력을 겸비한 그는 처음엔 인두스트리아 빌라리스의 금속노동자 지부의 지도자로 시작해서 차츰 상베르나르두 두 캄푸의 모든 공장 노동자를 대표하는 지도자로 부상했다. 사회정의에 입각해서 행동하는 룰라는 언제나 투쟁의 제일선에서 싸웠다.

고용주들은 공장 폐쇄라는 초강수로 맞섰다. 수입이 한 푼도 없게 된 룰라는 처참한 가난 속에서 살아야 했다. 궁핍한 이 시기를 사는 동안 룰라에게는 또 한 번의 커다란 시련이 닥쳤는데, 이 사건에 대해서 룰라는 늘 함구한다. 프레이 베투에게는 단 몇 마디로 간단하게 언급한 뒤, 다시는 그 문제에 대해서 입을 열지 않았다.

당시 룰라에게는 젊은 아내가 있었다. 첫 아기를 임신한 지 8개월째 되었을 때, 진통이 시작되었다. 산모는 갑자기 열이 올라 위급한 상황이었다. 룰라의 아내는 고통 속에서 밤새도록 헛소리를 했다. 새벽에 비밀 노동조합 동료의 도움으로 룰라는 아내를 상베르나르두 두 캄푸의 공공 병원으로 데리고 갔다. 당직 의사는 돈을 미리 내라고 요구했다. 룰라도 그의 동료도 수중에 돈이라고는 한 푼도 없었다. 그러자 의사는 입원을 거절했다. 룰라의 아내와 뱃속의 아기는 이렇게 해서 병원 복도에서 숨을 거두었다.

그 당시 상파울루 대주교인 파울루 에바리스투 아른스 추기경은 노동 사제들과 노동조합원들을 효과적으로 보호해주었다. 아른스 추기경은 룰라와 그의 동료들에게 결정적인 영향을 끼치게 될 파스토랄 오페라리아(Pastoral Operaria) 운동을 조직했다. 이 단체는 문맹 퇴치, 노동자들, 특히 북부 지역에서 상파울루 인근 도시로 이주해온 파우 지 아라의 지적·영적 교육을 목표로 한다.

1979년 3월 13일 오후, 상베르나르두 두 캄푸의 빌라 에우클리디스 운동장에는 8만 명이 넘는 파업 금속 노동자들이 집결했다. 독재치하에서 발표된 법령에 따르면, 이들의 파업은 불법이었다. 파업 노동자들은 지도자들의 연설을 경청했다. 지도자들 중에는 약관 24세의 루이스 이냐시우 다 실바도 포함되어 있었다. 운동장에 모인 사람들은 언제 연방 경찰 소속 기동대가 들이닥쳐서 지도자들을 연행해갈지 몰라 시종일관 불안에 떨어야 했다.

그때 머리는 벗어지고 가냘픈 몸에 하얀 사제복을 입은 남자가 연단으로 쓰이는 트럭 곁으로 다가왔다. 상베르나르두의 돔 클라우디우 우메스 주교였다. 그는 온화한 목소리로 말했다(그의 말은 앞에서 뒤로 한 줄 한 줄 전해져서 마침내 거대한 운동장을 가득 메운 사람들 모두에게 전달되었다). "교회는 파업을 지지합니다. 왜냐하면 이 파업은 정당하고 평화적이기 때문입니다. 교회는 여러분들 모두가 여러분들의 자유의사에 따라 선출한 지도자를 중심으로 하나가 되기를 바랍니다. 나는 노동자들이 결정권을 가질 수 있어야 한다고 말하기 위하여 이 자리에 온 것이 아닙니다. 다만 여러분들이 옹호하는 복음서의 말씀이 지닌 가치를 다시 한 번 확인하고 지지하기 위해 이 자리에 왔습니다. 내가 이 자리에 옴으로써 여러분들의 가족들을 파업으로 인한 불이익으로부터 보호해드리고 싶습니다."[8]

군부독재자들은 언제나 기독교의 가치를 신봉한다고 주장해왔으므로, 주교가 참석한 파업을 불법으로 몰아붙이기란 쉬운 일이 아니었다.

1980년 1월, 파스토랄 오페라리아의 비밀 집회에서 룰라는 카를루 알베르투 리바누 크리스투라는 특출한 남자를 알게 되었다. 세례명은 프레이 베투. 벨루오리존치에서 1944년에 출생한 프레이 베투는 라틴아메리카를 대표하는 주요 해방 신학자 중의 한 사람이었다. 호리호리한 체격에 빙빙 도는 안경을 낀 그는 장난기 가득 찬 눈만 보아도 알 수 있듯이 신랄한 유머와 강철 같은 의지를 겸비한 인물이었다. 프레이 베투는 룰라와 동시대 인물로, 두 사람은 처음 만난 날부터 끈끈한 우정으로 이어졌다.

프레이 베투는 그 무렵 수감 생활을 마치고 나오는 길이었다. 그는 룰라 같은 인물을 배출한 민중운동 분야에서는 살아 있는 전설이었다. 이 전설을 이해하기 위해서는 20세기 말엽 브라질의 역사를 잠깐 훑어볼 필요가 있다.

군부독재 시절, 리우데자네이루에서는 공군에 배속된 비밀 고문기술자들이 도심에 위치한 공군기지 창고에서 온갖 고문을 자행했다. 한편 해군에 속한 자들은 프라사 퀸체에서 불과 수백 미터 떨어진 곳에 세워진 거대한 8층짜리 백색 건물인 해군본부 지하실이나 칸디두 멘디스 대학(나는 이곳에서 강의를 한 적도 있다)의 강의실에서 고문을 일삼았다.

매일 밤 군대에서 파견한 게릴라 전투 요원들이 수상한 자들의 이름이 적힌 명단을 들고 사복 차림으로 플라멩고, 보타포구, 코파카바나 지역은 물론 도시 북부 판잣집들이 끝없이 들어선 빈민가(바로 이곳이 몇 개의 기둥에 의지하고 있는 수상 가옥 밀집 지역이며, 노동자들의 거주지다) 등을 돌아다녔다.

한편 아마존 강 하구에서 우루과이와의 국경에 이르는 지역에서는 군부독재에 저항하는 자들이 적극적으로 활동을 벌였다. 대부분이 대학생, 사제, 교수, 노동조합원들로 구성된 저항 세력은 남자건 여자건 주로 두 개의 기관에 소속되어 활동했다. 길들여지지 않는 야성적인 용기를 지닌 혼혈아 카를루스 마리겔라[9]가 지휘하는 국가해방투쟁과 반구아르디아 혁명 팔마레스[10]였다. 이 두 조직은 특히 상파울루나 벨루오리존치,

4. 브라질, 혁명은 계속된다 **205**

포르투알레그레, 리우데자네이루 등 수많은 주민들이 파도처럼 떼를 지어 몰려다니는 남부 지역 도시에서 게릴라전을 주도했다. 게릴라전에 참가했다가 목숨을 잃은 자들은 부지기수다.

1969년에 이미 비밀경찰은 국가해방투쟁의 상파울루 조직망의 사정을 꿰뚫어보고 있었다. 이 조직에 속한 청년 한 명이 체포되어 고문을 견디다 못해 마리겔라가 정한 약속 장소와 시간을 털어놓았기 때문이다. 11월 4일 저녁, 도시 외곽 지역에 연방정부의 비밀경찰 80명이 기관총을 움켜쥐고 매복에 들어갔다. 카를루스 마리겔라와 그를 돕는 두 명의 보좌관은 길 한가운데서 살해되었다.

마리겔라의 투쟁을 지지하는 조직 중에는 네 명의 도미니크회 사제들도 포함되어 있었다. 티투, 로렌두, 이부, 베투였다. 마리겔라가 살해된 다음 날, 상파울루 페르디시 지역에 위치한 도미니크회 사제들의 거처도 비밀경찰의 기습을 당했다. 네 명의 사제들은 체포되어 끔찍한 고문을 받은 다음 여러 해 동안 감옥에 갇혔다.

그중에서도 티투에게는 특별히 고통스러운 나날이 기다리고 있었다. 이들 네 명의 사제들이 체포된 다음 날, 게릴라 요원들은 스위스 대사를 납치했다. 그들은 스위스 대사를 풀어주는 대신 몇몇 정치범을 석방할 것을 요구했는데, 그중에는 티투도 포함되어 있었다. 티투를 비롯하여 석방자 명단에 들어 있던 정치범들은 쿠바로 이송되었다. 그곳에서 티투는 파리에 있는 도미니크회로 떠났다. 그는 파리에 머물면서 심리 치료를 받았으나, 상파울루 티라덴치스 감옥에서 겪은 참상을 잊을 수 없었다. 늘 악몽에 시달리던 그는 파리를 떠나 리옹으로 갔다. 하지만 악몽은 어디를 가나 그를 따라다녔고, 견디다 못한 그는 결국 자살을 택하고 말았다.[11]

프레이 베투는 현재 브라질리아 플라날투 대통령 관저에 들어가 대통령 집무실 옆방에서 일한다.

이것은 굉장한 역설이다. 영토가 라틴아메리카 대륙의 반 이상을 차지하며, 세계 11위의 경제 대국인 나라의 대통령이 정치적으로 아무런 소속이 없다는 사실이 역설이 아니고 무엇이겠는가?

내가 그렇게 묻자 룰라는 껄껄대며 웃었다. "내 정치적 고향이 어디냐고요? 글쎄요, 난 그런 건 모르는데요. 나는 그저 기도하기를 좋아합니다. 아시시의 프란체스코 성자가 쓴 글을 읽기도 좋아하죠. 식사를 하기 전에 나는 십자 성호를 긋습니다. 나는 너무나 자주 배가 고팠지요. 아시겠어요? 5월 1일이면 나는 무슨 일이 있어도 상베르나르두 두 캄푸의 마트리스 성당에서 열리는 미사에 참석하죠. 나는 노동절 미사는 절대로 거르지 않습니다. 신부님이 성배와 성체를 올려 드는 광경을 바라보는 것이 좋고, 신부님의 말씀을 듣는 것도 좋죠. '이 술과 빵은 인간들의 고통과 노동의 열매입니다.' 정치 이론이라면 그건 마르쿠 아우렐리우에게나 물어보시죠!"

룰라는 국제관계 사안들에 대해서도 눈짓으로 우리 반대편에 앉아 있는 자신의 보좌관을 가리켰다. 그러더니 냉정하게도 "그런 이론은 똑똑하고 지적인 이 친구들이 나보다 훨씬 잘 압니다!"라고 덧붙였다. 권위 있는 마르크스주의자이며, 파리 뱅센 대학 교수로 일한 적이 있는 마르쿠 아우렐리우는 잠자코 아무 말도 하지 않았다.

그는 어째서 1980년 초에 노동당을 창립했는가? 룰라의 대답은 뜻밖이었다. "우리나라 역사상 노동자들이 노동자들에게 표를 준 적이 없습니다. 농부나 노동자들의 머릿속에 들어 있는 굉장한 편견들이 모든 자율적인 공동의 행동을 마비시키죠." 2002년에 출판된 그의 저서에서 룰라는 이렇게 말한다. "계급에 대한 편견은 심지어 노동자들 자신의 마음과 정신으로도 파고들어, 우리 스스로에게 역사의 주체로서 행동할 수 있는 역량이 있는지 의심하게 만든다."[12]

피지배계급에 속한 노동자는 브라질 인구의 80퍼센트를 차지한다. 하지만 수 세기 동안 이들은 지배계급이 자신들에 대해 만들어낸 편견을 자신들의 것으로 내재화했다. 요컨대 자신들은 스스로를 통치할 수 없다고 진지하게 믿어버렸던 것이다.

이제 그런 시대는 지나갔다. 2002년 10월 27일, 룰라 이냐시우 다 실바는 5,200만 표를 얻어 당당히 브라질 연방공화국의 대통령이 되었다. 이제까지 치러진 브라질 대통령 선거에서 이처럼 많은 표를 얻은 대통령은 없었다.[13]

사실 브라질 노동당은 엄밀한 의미에서 정당이라기보다 연합전선에 가깝다. 사회운동가, 지성인, 노동조합, 온갖 종류의 시민단체(여성단체, 지방단체, 종교단체 등) 등이 이를 구성하고 있다. 매우 뛰어난 전략가 덕분에 내부에서는 민주적인 토론이 보장된다. 그 전략가란 바로 게릴라전 사령관이었던 호세 디르세우를 가리킨다. 2004년, 호세 디르세우는 미니스트로 다 카사 시빌, 즉 브라질 총리 자리에 올랐다. 전설적인 저항군이었던 그는 비밀경찰에게 체포되었다가 주 브라질 미국 대사를 납치한 게릴라들과의 협상을 통해 맞교환되었다. 쿠바에서 성형수술을 받은 그는 새로운 얼굴과 새로운 신분증을 가지고 브라질로 돌아왔으며, 상파울루 주 내부에서 무장 저항 활동을 계속했다.

부패한 독재정권과 그 뒤를 이어받은 신자유주의 정권에 대한 저항

운동을 위해 태어난 각종 시민단체들은 너나없이 노동당에서 제 목소리를 내고 있다. CUT(노동자단일중심), MST(무농지 농업노동자 모임), ANAMPOS(민중운동연합) 등이 대표적이며, 이 외에도 노동당에 호의적인 수많은 단체들의 회원을 규합하면 수천만 명에 이른다. CUT 하나만 하더라도 2천만 명의 노동자와 종업원들을 회원으로 거느리고 있다.

북부 지역 출신다운 현실주의가 룰라의 생각을 지배한다. 그는 다음과 같이 말한다. "우리는 정부를 구성하고 있을 뿐 권력을 장악한 것이 아니다. 한 나라의 사회구조를 바꾸기 위해서는 대통령 한 사람이나 의회만으로는 충분하지 않다. 민중들이 나서야 한다." 이 말은 브라질 내부를 지배하는 과두 세력과 이익 창출에 혈안이 된 흡혈귀 같은 외국 자본을 물리치고 승리를 거두기 위해서는 민중이 중심이 된 민주적인 사회단체들의 단결과 결단력이 절대적으로 필요함을 함축적으로 표현하고 있다.

루이스 이냐시우 룰라 다 실바가 죽음을 모면한 일화를 소개한다.

1980년 4월 18일, 룰라는 아이통 소아리스와 함께 상베르나르두 두 캄푸의 이순시아 병원으로 갔다. 노동조합 사무실을 습격한 경찰과의 대결에서 부상당한 동료를 만나기 위해서였다.

룰라는 자신이 경찰의 감시를 받고 있기 때문에 언제라도 체포될 수 있음을 잘 알고 있었다. 새벽 2시 30분쯤, 룰라를 집에 데려다줄 때 아이통 소아리스는 그에게 자신이 몰고 다니는 낡은 알파 로메오 자동차의 트렁크 속에 숨으라고 권유했다. 그러면 차를 몰고 상파울루 내륙 지방에 있는 은신처로 데려다주겠다는 것이었다.

하지만 룰라는 그의 권유를 거절하고 자기 집으로 돌아갔다. 그날 밤 두 번째 부인 마리사와 어린 두 아들과 함께 사는 작은 2층집에서는 프레이 베투와 노동조합원 제랄두 시게이라가 거실 바닥에 쓰러져 자고 있었다.

프레이 베투는 그날 일을 이렇게 말했다.

"난 경찰이 타고 다니는 자동차들이 내는 특유의 소리를 들었다. 자동차들이 집 앞에서 급브레이크를 밟는 소리였다. (……) 경찰들은 룰라의 이름을 불렀다. 나는 얼른 계단을 뛰어올라가 2층 그의 침실 문을 두드렸다. '룰라, 놈들이 왔어!' 밖에서는 경찰들이 계속해서 '루이스 이냐시우 씨! 루이스 이냐시우 씨! 경찰입니다'라고 외쳤다.

자다가 깬 룰라는 침실 문을 열더니 나한테 저자들이 떠들어대는 건 신경 쓸 것 없다고 말했다. 남편과는 대조적으로 마리사 부인은 그에게 얼른 일어나서 옷을 입으라고 재촉했다. 나는 아래층으로 내려갔다. 아래층 창문으로 보니 사복 차림에 기관총을 든 여섯 명의 남자가 눈에 들어왔다. 그자들은 문을 막고 서 있었다. 나는 다시 2층으로 올라가서 룰라에게 '내려와서 저자들에게 경찰 신분증을 보여달라고 하게'라고 말했다.

룰라는 아래층으로 내려와 문을 열었다.

경찰들은 신분증을 제시했다.

룰라는 아내와 친구들에게 작별인사를 했다. 집 밖으로 나서면서 그는 '이보게들, 냉정해야 하네. 내 가족들을 부탁하네. 중요한 건 이 투쟁을 끝까지 밀고나가는 거라네.' 그 말을 마친 다음 그는 문을 나섰다."[14]

같은 날 밤, 상파울루 산업지대 전역에서 남자 여자 구분할 것 없이 수백 명의 노동조합원들이 체포되었다. 이 과정에서 경찰은 중대한 실책을 범했다. 베투와 제랄두를 체포하지 않은 것이다. 경찰은 또한 전화선도 끊지 않았다. 덕분에 두 사람은 룰라를 태운 자동차가 출발하자마자 아른스 추기경과 우메스 주교에게 이 소식을 전했고, 연락을 받은 두 성직자는 외국 언론에 이를 알렸다. 국제 앰네스티는 룰라를 이 달의 수감자로 결정했다. 4월에 이런 일이 있고 난 다음, 5월에 접어들면서 브라질 독재정권은 백기를 들었고, 룰라는 석방되었다.[15]

집으로 돌아온 룰라는 제일 먼저 거실에 매달려 있던 두 개의 새장을 열고 그 안에 있던 새들을 놓아주었다. 그는 흡족한 표정을 지으며 카나리아들이 창밖으로 날아가는 광경을 지켜보았다.[16]

2003년 2월 4일, 플라날투 대통령 관저의 어마어마한 집무실에서 그와 마주 앉았을 때 나는 그때의 이야기를 끄집어냈다. "그자들은 한밤중에 나를 찾으러 왔습니다." '그자들'이란 군사독재 치하에서 가장 악명 높은 비밀경찰 중의 한 사람이었던 로메우 투마가 보낸 경찰들을 가리킨다. "난 얼마나 마음이 놓였는지 몰라요." 그는 웃으며 덧붙였다. 나는 그 말을 이해할 수 없었다. 고문과 극단적인 굴욕은 모든 정치범들을 기다리는 공통적인 운명이 아닌가? "아니, 정말입니다. 난 마음이 놓였어요. 그때까지 나는 내가 체포될 거라고는 꿈에도 생각하지 않았습니다. 수많은 내 동료들처럼 비밀경찰에 의해서 살해당할 거라고 믿고 있었거든요."

민주 혁명의 핵심 사업, 기아 제로 프로그램

2003년 1월 1일 룰라가 플라날투 대통령궁에 입성할 무렵, 브라질 국민들은 거의 재앙에 가까운 열악한 사회적 경제적 상황 속에서 고통스러워하고 있었다. 최저 생계비를 가까스로 넘긴 사람들이 5,300만 명 정도에 지나지 않았다. 8천만 명은 세계보건기구에서 정한 1일 최소 필요 열량인 1,900칼로리도 섭취할 수 없는 형편이었다. 1억 1,900만 명은 한 달에 100달러에 못 미치는 수입으로 생계를 이어갔다.

남아프리카공화국과 더불어 브라질은 지구상에서 가장 불평등한 나라였다.[17]

빈민가에는 유난히 살인적인 토지 소유 구조의 희생자가 된 탈농촌 이주자들이 꾸역꾸역 모여들었다. 이렇게 마구잡이로 형성된 빈민가는 대도시와 대도시 사이의 중간 지대에 자리 잡았고, 이내 대도시를 에워쌌다.[18] 이곳 주민들은 기아로 유린당한다. 전체 인구의 42퍼센트가 살고 있는 소규모 마을이나 농촌 지역에서는 콰시오커, 비타민 A의 결핍으로 인한 실명, 빈혈, 오염된 식수원으로 인해 발생하는 치명적인 이질 등으로 해마다 수십만 명의 희생자가 발생하며, 희생자들의 상당수가 어린이들이다.

브라질 전체 인구의 6.5퍼센트는 양철이나 판자로 된 비위생적인 집에서 산다. 40퍼센트는 상수도 시설과 적절한 하수도 시설이 없는 곳에서 산다.[19]

브라질은 세계에서 가장 중요한 농산물 수출국이다. 하지만 이러한 수출은 전적으로 농가공 식품 트러스트에 의해 통제되고 있으며, 이 트러스트는 대부분 외국 그룹에 의해 좌지우지되고 있다. 서류상으로 보면 브라질은 식량 면에서 자급자족이 가능한 나라이지만, 실제로는 수백만 명의 남녀노소가 만성적인 영양실조와 그로 인한 각종 질병에 시달리고 있다.

이 숫자는 정확하게 얼마나 될까? 브라질 연방정부는 심각한 만성 영양실조 환자들이 2,200만 명 정도 되는 것으로 집계한다. 한편 2002년 노동당의 요청에 따른 연구진의 조사 결과, 기아의 위험에 노출된 사람은 4,400만 명가량 되는 것으로 드러났다. 그런가 하면 리우데자네이루 주의 카시아스의 주교이며 식량안전위원회 의장인 마우루 모렐리 신부는 심각한 만성 영양실조 환자는 무려 5,300만 명에 이르는 것으로 보고 있다. 이 숫자는 파스토랄 드 라 크리안사와 브라질 주교 회의에 의해서 다시 한 번 언급되었다.

영양실조 외에 영양 결핍 현상도 이주 노동자와 그들의 가족, 작은 토지 소유자, 그리고 중부 지역과 남부 지역 대도시 주변에 포진하고 있는 빈민가의 이름 없는 주민들 대다수를 위협하고 있다. 2007년 유엔아동기금이 발표한 통계에 따르면, 10세 미만의 브라질 어린이들 중에서 9.5퍼센트가 나이에 비해 비정상적으로 키가 작은 것으로 나타났다. 이 어린이들은 성장발육 부진으로 고통받고 있다고 한다. 비타민 A, 철분, 요오드 등의 결핍은 어린이들이 학교에서 자주 기절을 한다거나, 같은 나이 또래 정상아들에 비해서 집중할 수 있는 시간이 현저하게 짧다거나 하는 식의 치명적인 결과를 초래한다. 이런 아이들의 경우, 일부 상황에서는 학습 능력이 거의 제로에 가깝다. 한편 성인들은 너무나 기력이 떨어지기 때문에 농사일을 하거나 정해진 급여를 받으며(아주 적은 액수라도 마찬가지다) 규칙적이고 지속적으로 주어진 일을 하기가 불가능하다.

리우데자네이루의 중앙역 뒤편으로는 중부와 남부 지역의 다른 도시들에서도 그렇듯이 얼마 전에 베티누라고 하는 대중식당이 문을 열었다. 1982년에 브라질 최초로 기아 퇴치 캠페인을 시작한 에르베르투 데 수자(일명 베티누)의 이름을 딴 이 식당은 브라질 정부가 자금을 대고 민간에 위탁해서 운영한다.

2층짜리 식당 건물의 각 층마다 커다란 방이 하나씩 마련되어 있으며, 보기 좋은 색으로 말끔하게 칠해진 방 내부엔 가구들이 적절하게 배치되어 있다. 파란색 제복을 입고 손님을 맞이하는 안내원들은 친절하고 상냥하다. 선교사 몇몇이 건물 입구, 계산대 근처를 배회한다. 흰색 셔츠를 입은 이들은 부근에서 서성거리는 사람들에게 반가운 미소를 띠어 보이지만, 이들의 미소에 관심을 보이는 사람은 아무도 없는 것 같다.

이 식당을 찾은 사람은 하루에 1레알(미국 돈 50센트)만 내면 세 가지 요리로 구성된 제대로 된 식사를 할 수 있다. 식당은 일주일에 닷새 동안 문을 연다. 이곳을 찾는 사람들은 하루에 한 끼만 사먹을 수 있으며, 모든 식사는 식당 안에서 먹어야 한다.

새벽 이른 시간부터 인도를 따라 길게 늘어선 손님들 속에서 나는 거의 제대로 걷지도 못하는 중년 여인을 보았다. 여자의 얼굴은 거의 회색빛이었고, 머리카락이라고는 거의 없었다. 콰시오커 병이나 기생충 때문에 배가 볼록하게 튀어나온 아이들도 몇몇 눈에 띄었다. 거의 모든 사람들의 치아는 위생 상태가 엉망이었다. 키가 150센티미터 될까 말까 할 정도로 작고 어두운 낯빛을 한 각양각색 피부의 남자들이 적지 않다.

리우에 산재한 수많은 빈민가의 사정은 한마디로 끔찍하다. 헤시피의 빈민가라고 해서 더 나을 것도 없다. 헤시피 시 소속 사회복지 담당과에 등록된 부모로부터 버림받고 거리를 배회하며 사는 아이들의 수는 1만 명 정도 된다. 시에서는 이 아이들에게 이따금씩 의복을 지급하고, 일주일에 세 번씩 따뜻한 수프를 제공한다. 2003년부터는 노동당에서 선출된 사람이 시장 직을 맡고 있는데, 왕년의 교사였던 현 시장은 능력 있고, 정의감으로 분노할 줄 알며, 마음이 따뜻하지만 가진 것이라고는 없는 가난한 사람이다.

그의 집무실 창문 너머로 바다를 향해 유유자적하게 흘러가는 카피리 강이 보인다. 강변을 따라 빈민촌이 들어서 있다. "우리 시 인구의 절반이 극빈자들입니다. 정규적인 일거리도, 충분한 먹을거리도, 깔끔한 집도 없는 사람들이죠. 실업과 기아는 가정을 파괴합니다. 수많은 아이들이 폭력과 성추행에 시달리고 있습니다. 그런 아이들은 집에서 도망쳐 나와 거리를 배회하다 밤이면 성당 근처에서 잠을 잡니다. 여기 헤시피에만도 그런 아이들이 남자 여자 합해서 5만 명쯤 될 겁니다. 아주 어린 아이들 중에는 세 살도 안 된 아이들도 있어요. 큰 아이들이 꼬마들을 돌보아주기는 하지만, 늘 그런 건 아니죠." 시장이 한숨을 지으며 말했다.

수천만 명에 이르는 브라질 사람들이 안정적인 일감을 갖지 못하고 있다. 그들은 낮이면 낮마다 밤이면 밤마다 그때그때 일감을 구해 하루살이 삶을 이어나간다. 햇볕이 좋은 날이면 해변에서 아이스크림을 팔고, 공원이나 길거리에 버려진 빈 맥주 깡통들을 모아서 되팔고 폐지를 줍거나 근사한 식당에서 호사스러운 자동차들을 지키거나 낱개로 담배를 파는 식이다. 이보다 훨씬 위험한 일을 할 때도 있다. 코카인이나 헤로인 등 마약 거래 큰손들의 잔심부름을 해주는 따위가 여기에 속한다.

정기적으로 급여를 받는 봉급생활자들 중에도 배고픔에 시달리는 사람들이 적지 않다. 브라질의 지배계급은 지나치게 심할 정도로 노동자들을 착취하는 경향이 있다. 이들 노동자들은 어떠한 굴욕도 유순하게 감내해야 한다. 그렇게 사는 사람들이 수백만 명이다. 이와 같은 상황에 누구 하나가 반기를 들면 그 즉시로 열 명의 순종적인 지원자들이 그 자리를 차지하기 위해 충성 경쟁을 벌이는 형국이다.

상파울루 시의 혈기왕성한 시장인 마르타 수플리시[20]는 빈민가에 사는 상파울루 주민의 수가 400만 명쯤 된다고 말했다. 이는 시 전체 인구의 4분의 1에 해당한다. 경찰이 빈민가에 들어가는 경우는 매우 드물다. 어쩌다 빈민가에 공공기관이 들어선다 하더라도 그것은 대단히 예외적일 뿐이다. 따라서 무법천지나 다름없는 빈민가의 위생 상태는 한마디로 끔찍하기 그지없다. 나는 한 가족 열두 명이 단칸방에서 사는 경우도 목격했다. 이렇게 좁은 공간에서 여러 명이 생활하다 보면, 어린이에 대한 성추행, 가정 폭력, 위생 상태 악화 등은 오히려 당연하지 않을까.

농촌 지역 거주 인구의 80퍼센트 이상은 세계보건기구가 정한 기준에 합당한 식수원의 혜택을 받지 못하거나 간헐적으로만 받는다. 도시 지역으로 오면 이 비율은 10퍼센트로 내려간다.

브라질에서 영양실조와 영양 결핍 현상은 지역에 따라 매우 다양한 양상으로 나타난다. 마라냥과 바이아 주는 브라질에서 가장 빈곤한 주다. 이 지역에서 2003년에 집계된 10세 미만 장애아들 가운데 17.9퍼센트는 만성적인 영양실조 때문에 장애자가 되었다. 같은 기간 남부 지역에서는 이 비율이 5.1퍼센트였다.

극빈과 기아는 피부색과도 관련이 있다.

최근에 실시된 인구조사에서 브라질 인구의 45퍼센트가 스스로를 '아프로-브라질인' 또는 '흑인'이라고 정의했다. 그런데 절대 빈곤층(하루 1인당 1달러 미만으로 생활하는 성인)에 속하는 흑인의 수는 백인의 수보다 2배나 많다.

문맹자들도 상황은 비슷하다. 흑인 문맹자의 수는 백인 문맹자의 수보다 2.5배나 많다. 급여 통계에서도 인종과 관련하여 현저한 차이가 드러난다. 2003년 정기적으로 급여를 지급받는 흑인들의 급여 평균은 같은 경우 백인들의 급여 평균의 42퍼센트에 지나지 않았다.

또 다른 차별의 대상은 여성이다. 특히 흑인 여성들에 대한 차별이 두드러진다. 피부색의 차이를 고려하지 않을 때 여성들의 평균 수입은 일반적으로 남성들의 평균 수입보다 37퍼센트 낮다(2003년 통계). 그런데 흑인 여성들의 평균 수입은 여성 전체 평균의 60퍼센트에 지나지 않는다.

브라질에서 현재 통용되고 있는 라티푼디움 구조는 브라질에서 350년 동안 지속되어온 루시타니아 부왕국 시대와 노예제도의 직접적인 산물이라고 할 수 있다. 포르투갈 왕이 피달구(fidalgo), 즉 자신의 가신, 무관, 주교들에게 브라질 영토를 선물로 하사하는 관습이 오래도록 세습되었던 것이다.

16세기 내내 그리고 17세기의 상당 기간 동안 오로지 브라질의 해안 지역만 지도상에 표시되었다. 해안 지대 너머로는 말 그대로 광활한 신천지(terra incognita)가 펼쳐졌다. 왕은 부하들에게 해안 지역의 일정 부분을 선물로 떼어주곤 했다. 부하들 스스로가 해안이 아닌 내륙 지역으로 들어가 정복하고 평화를 정착시킨 곳은 그들이 차지해도 좋았다. 이와 같은 방식을 통해 정복된 땅은 카피타네리아(capitaneria), 즉 왕의 수렵지라고 불렀다.

호수에 드 카스트로는 그의 저서 『기아의 지정학』에서 다음과 같이 말한다. "브라질 인구의 절반은 배가 고파서 잠을 이루지 못한다. 나머지 절반도 배고픈 절반이 두려워 잠을 이루지 못한다."[21]

룰라가 빈곤을 퇴치하고 힘 있는 자들의 교만함을 약화시키기 위해 내세운 전략이 바로 프로그라마 포메 제로(Programa Fome Zero), 즉 기아 제로 프로그램이다. 이 사업은 노동당이 실시하는 모든 정책의 중심을 이루고 있다. 이 사업이야말로 반자본주의적이며 민중 주도적이고 민주적인 혁명의 본질이라고 할 수 있다.

여기서 포메(fome)라는 말은 기아의 가장 넓은 범주를 의미한다. 다시 말해서 인간을 위협할 수 있는 모든 형태의 기아, 즉 먹을 것이 없어서 겪는 기아는 물론 지식, 건강, 직업, 가정, 자유, 존엄성의 결핍까지 내포한다. 궁극적으로는 억압을 초래하는 모든 구조를 하나씩 하나씩 철폐하는 것을 목표로 하는 기아 제로 프로그램은 우선 인간의 몸과 마음을 물질적인 조건으로부터 해방시킬 것을 주장한다. 해방된 인간은 자유로운 상태에서 자신의 자유를 어떤 식으로 사용할 것인지를 결정한다. 개인적인(나아가서는 공동체적인) 책임의식이 이 사업의 중심에 자리 잡고 있는 것이다. 이제까지 희생자로 여겨져왔던 사람들이 능동적인 주체로 탈바꿈한다. 가난한 자들이 스스로의 해방을 추구하는 주역이 되는 것이다.

이 사업은 즉각적으로 실시할 수 있는 41가지 정책을 포함하고 있다. 이를 위해서 정부의 20개 부처가 이 사업에 참여한다. 41가지 정책은 대체로 세 개의 범주로 분류할 수 있다.

- 기아와의 투쟁을 위한 기본적인 구조 관련 정책
- 기아와의 투쟁을 위한 특별한 정책
- 기아와의 투쟁을 위한 지역적인 정책

기본적인 구조 관련 정책은 가장 가난한 가정들이 처한 현실적인 취약성을 줄여줌으로써 이들이 스스로의 힘으로 적절한 양의 식량을 조달할 수 있도록 하는 데 역점을 두고 있다. 따라서 최저임금 인상, 일자리 공급 확대, 한 계절에만 국한된 일거리 축소, 연대의식에 토대를 둔 소액대출 기관 창설, 농업 개혁 가속화, 사회보험 혜택 대폭 확대, 가난한 가정에 학비 지원, 가족농업 지원 등이 포함된다.

특별한 정책이란 가장 위급한 처지에 있는 사람들에게 즉각적으로 식량을 지원하는 정책을 가리킨다. 이러한 정책은 어떤 방법으로도 식량을 구할 수 없는 딱한 처지에 있는 사람들을 위한 단기적인 지원 정책으로, 식량 배급 자격증이나 쿠폰 발행, 각 가정에 음식바구니 배달, 식량 저장 은행 창설, 식품 품질 안전 강화, 노동자 배식 개혁, 임산부와 유아의 영양실조 퇴치, 영양 교육 실시, 학교 급식 실시 등을 포함한다.

마지막으로 지역적인 정책은 기아 제로 프로그램을 각 지역의 독특한 생활양식에 맞도록 유연하게 적용하기 위한 정책을 지칭한다. 농촌이나 소도시, 혹은 대도시는 제각기 다른 삶의 방식을 요구하기 때문이다. 이 정책은 가령 농촌 지역에서는 가족농업에 대한 지원, 식량 자급률을 높이기 위해 농업 생산성 향상 지원 등을 추구한다. 한편 소도시에서는 지역 시장 개설, 지역 내 생산자와 소비자 사이의 교류 활성화 등을 집중적으로 추진한다. 대도시의 경우, 소규모 식당, 푸드뱅크 등의 설립을 지원하고, 식품의 교류가 이루어지는 장소를 도시 외곽으로 옮기는 사업 등을 추진한다.

기아 제로 사업은 2003년 2월 북부 국경 지대와 인접한 마라냥 주의 피아우이와 바이아, 파라, 페르남부쿠에서 처음으로 시작되었다. 그런데 2004년 2/4분기가 시작될 때까지 기아 제로 사업의 일환으로 실시되는 정책 중에서 일부 정책의 혜택이나마 받은 가구는 겨우 14만 가구뿐이었다. 따라서 현재까지 이 사업은 실패라고 말할 수밖에 없다. 왜 그럴까?

기아 제로 사업이 현실이 되기 위해서는 수억 달러의 공공자금이 투입되어야 한다. 하지만 브라질리아의 국고는 텅 비었다. 공공자금이 모조리 부채에 대한 이자와 원금 상환을 위해 쓰였기 때문이다.

외채와의 전쟁

내란이 빚어낸 집단학살에 사용된 무기를 수입하느라 들인 비용을 갚아야 하는 르완다와는 경우가 다르지만, 브라질도 군사 독재정권과 이와 결탁한 허수아비 대통령들이 수출입은행이나 국제통화기금, 유럽이나 일본·북미 지역 민간 은행들로부터 끌어다 쓴 천문학적인 액수의 부채를 갚아야 하는 처지다. 독재자들은 국민의 자유를 박탈하고 민주주의를 부르짖는 사람들을 고문했을 뿐만 아니라, 오로지 북미 지역의 후견인들의 이익만을 챙기느라 자국의 부를 제멋대로 사취했다. 군사 독재정권 이후에 들어선 대통령들은 부패를 조장했으며(대부분 부패의 과실은 같은 패거리들에게로 돌아갔다),[22] 수익성이 높은 공공기업을 외국 자본에게 유리하도록 민영화해버렸다.

그 결과 오늘날 이 끔찍한 부채를 갚아야 할 의무는 룰라 대통령에게로 넘어왔다.

마르쿠스 아루다는 말하자면 브라질의 에릭 투생이라고 할 만한 사람이다. 그는 벌써 수십 년째 자신이 가진 학자로서의 모든 에너지와 학식, 지성23을 외채와의 전쟁에 쏟아붓고 있다. 제네바에서 여러 해 동안 망명 생활을(스위스의 테생에 그의 가족들이 있다) 한 마르쿠스 아루다는 조국 브라질의 부채 정책에 대한 신랄한 비판가일 뿐 아니라, 브라질 자본을 외국으로 유출하게 만든 장본인인 유럽과 미국 은행들의 전략에 대해서도 대단히 비판적이다.

2002년(페르난두 엔히크 카르도주 대통령의 임기 마지막 해), 부채에 대한 이자만도 브라질 국내총생산의 9.5퍼센트에 이르렀다. 이 액수는 연방정부와 연방을 이루는 회원국 주 정부 모두가 학교와 건강 부문에서 지출한 총 비용의 5배보다도 많은 액수다.24

아루다는 1999년의 경우도 계산했다. 연방정부의 예산 가운데에서 부채에 대한 이자와 원금 상환을 위한 돈은 공중보건 부문 예산액보다 5배, 교육 예산보다 9배, 국립농업개혁위원회(INCRA) 예산의 69배에 달했다.25

2003년 1월 1일 룰라가 대통령에 취임한 날을 기준으로 브라질의 외채(공공 부문 부채와 민간 부문 부채를 더한 액수)는 2,350억 달러를 웃돈다. 이 액수는 외채를 안고 있는 제3세계 모든 국가 중에서 두 번째로 많은 액수다. 이 액수는 또한 브라질이 최근 4년 동안 수출을 통해 벌어들인 총액과 맞먹는다. 따라서 기아 제로 프로그램은 브라질 현 정부가 (필요하다면 일방적으로라도) 부채 지불 유예를 얻어내지 못하는 한 언제까지나 허울 좋은 탁상공론에 그치고 말 것이다.

그런데 도대체 어쩌다가 상황이 이 지경에 이르렀는가?

1964년 4월, 쿠데타가 일어났을 무렵에 브라질의 외채는 25억 달러였다. 그로부터 21년 후 군부독재가 종지부를 찍었을 때 외채는 1천억 달러를 넘어섰다. 왜 이런 일이 생겼는가?

1964년부터 1985년까지 지속되어온 군부독재 기간 동안 정권을 잡은 군정체제가 추구한 전략은 '국가의 치안'과 '통합 발전' 두 가지로 요약할 수 있다. 거의 남미대륙 전체에 걸쳐 대대적인 감시와 억압, 민주주의자 색출체제가 자리 잡았다. 이를 위해서는 어마어마한 재원이 필요했다. '국가의 치안'을 위해서라면 그 어떤 비용도 지나칠 것이 없었다. 초기에는 수출입은행,[26] 거대 민간 은행들, 그 뒤를 이어 국제통화기금 등이 여러 차례에 걸쳐 수십억 달러씩 지원함으로써 독재체제의 유지와 강화에 필요한 자금을 댔다.

대대적인 국토 확장, 국토 재무장, 독재의 주역인 육·해·공 3군의 재정비와 현대화 작업 등을 위해 공적 자금은 물론 북미 민간자본들이 수백억 달러씩 투입되었다. 이 돈들은 수출입은행과 민간 은행, 국제통화기금 등을 통해 브라질로 유입되었다.

한편 '통합 발전' 전략은 도로망 건설과 신도시 건설 등을 통해 브라질의 인구 저밀 지역을 개방하는 것을 목표로 했다. 이를 위해서 첫 번째로 선정된 지역은 지구상에서 가장 거대한 열대삼림 지대인 아마존 강 유역이었다. 아마존 강 유역은 무려 600만 제곱킬로미터에 이르는 방대한 지역이다.

군부독재가 계속된 21년 동안 100만 제곱킬로미터 이상의 삼림이 파괴되거나 불태워졌다. 이렇게 해서 얻은 땅의 90퍼센트 이상은 거대 다국적 농가공 식품업체나 목축업체들에게 분배되었다. 삼림을 불태워 일군 땅 위에 북미 농가공 식품업체나 거대 다국적 목축업체들은 방대한 고무나무나 캐슈, 밀 농장들, 혹은 조방 농법에 따라 소를 기르는 데 필요한 초지 등을 건설했다.

수십만 명의 보이아 프리우들과 무농지 농업 노동자들이 북부나 북동부의 황폐한 지역으로부터 파라, 아크리, 론도니아 등의 아마존 인근 지역으로 실려왔다. 이들은 거의 반 노예상태에서 노동력을 제공했다.

도로와 신도시 건설, 삼림 벌채, 노동자들과 식솔들의 이송과 정착, 기반 시설 건설, 거대한 댐과 수력발전소 건설 등에 필요한 경비는 물론 외국 은행으로부터 빌린 돈으로 해결했다. 그러나 부채는 브라질 정부가 자국에 정착한 다국적 기업들에게 브라질 내에서 얻은 이익과 로열티의 본사 송금이나 그 외 재정 부문에 대해 지나치게 좋은 조건을 수락한 탓에 한층 더 기하급수적으로 늘어났다.

1979년 말 미국은 급작스럽게 금리 인상을 단행했다. 그러자 브라질에 위기가 닥쳤다. 부채에 대한 이자와 원금 상환을 위해 군부는 다시금 미국의 민간 은행들, 특히 시티은행으로부터 외채를 끌어들였다.

하지만 이것만으로는 역부족이었다. 1979년과 1985년 사이에 군 장성들이 부채에 대한 이자와 원금 상환 명목으로 송금한 총액은 이들이 새로이 얻은 외채보다 210억 달러나 많았다.

1985년 군인 출신이 아닌 민간인 대통령 호세 사르네이가 정보부 수뇌 출신 마지막 군부독재자 피게이레두로부터 정권을 이양받았다. 그는 보통선거에 의해서 선출된 것이 아니라 ARENA(군인들이 설립한 정당)에 의해서 지명된 대통령이었다. 호세 사르네이 대통령은 부채 상환의 잠정적인 연기를 명하는 법령을 발표했다.

그 뒤를 이은 대통령들은 다시금 지옥 같은 부채의 기제에 휩싸였다. 부채를 갚기 위해 다시 부채를 얻어야 하는 악순환의 연속이었다. 부채를 한 번 얻을 때마다 상환 조건이 나빠졌으므로, 브라질로서는 바닥을 알 수 없는 수렁 속으로 계속 빠져들어가는 형국이었다.

브라질이 상환한 270억 달러라는 액수는 브라질리아 국고에서 나온 돈이다.

페르난두 엔히크 카르도주 대통령은 두 번째 임기 동안 고금리 정책을 고집했다. 그의 이러한 태도는 얼마든지 이해 가능하고, 또한 정당하다고까지 할 수 있었다. 그는 어떻게 해서든지 최대한 많은 자본을 브라질 국내로 끌어들여야 했던 것이다. 하지만 그가 내세운 금리는 지구상에서 가장 높은 금리였다. 때로는 현기증이 날 정도로 높았다. 이 고금리 정책은 브라질 국내 경제에 치명적인 결과를 초래했다.

지나치게 높은 금리 때문에 브라질의 중소업체 대표나 자영업자, 상인들 가운데 기업 확장이나 일자리 창출을 위해 감히 은행 대출을 얻을 수 있는 사람들은 아무도 없다. 이미 대출을 얻은 기업들(또는 부동산)조차도 기업 활동을 축소하여 재무구조를 건전하게 만들어야 했고, 따라서 사무직원이나 노동자 수를 줄여야 했다.

고금리 정책은 또 다른 왜곡된 결과를 낳았다. 투기를 부추긴 것이다. 국내외 투기자들은 세계 금융시장에서 10퍼센트에서 12퍼센트의 금리로 개인적인 대출을 받아, 천문학적인 금리를 보장하는 브라질의 국채를 사들였다. 지불 불능 사태에 대비해서 반드시 들어야 하는 보험을 계산에 넣더라도, 이는 막대한 이익을 남길 수 있는 땅 짚고 헤엄치기 식 돈벌이였다.

오늘날 브라질의 외채는 뱃속에는 기생충이 들끓고, 학교에도 다니지 못하며, 돌아갈 가정도 없어 절망 속에서 거리를 배회하는 비쩍 마른 어린이들을 대량으로 생산했다. "난 본드를 피워요. 나한텐 미래의 삶이라는 게 없거든요." 헤시피의 카르무 수도원의 계단에 앉아 있던 어린 여자아이는 나한테 그렇게 말했다.

브라질 경제가 재앙에 가까운 상황으로 치닫자, 국제통화기금은 2002년 초, 같은 시기 아르헨티나에는 거부한 '탈위기용(bail out)' 정책을 시행하기로 결정했다. 무려 300억 달러에 달하는 '탈위기용' 부채는 국제통화기금 역사상 하나의 국가에 꿔준 돈으로는 가장 큰 액수였다. 국제통화기금이 이와 같은 결정을 내린 데에는 두 가지 이유가 있다.

브라질 경제 상황이 급속도로 악화되자 월스트리트 은행가에서는 빌려준 돈에 대해 걱정하기 시작했다. 세계화 지상주의자들은 농가공 식품업, 제조업, 외채에 대한 이자와 원금 상환, 브라질 국내 자본시장 등에 투자한 돈을 잃을 염려는 없는지 고민한 것이다. 따라서 그들은 국제통화기금에 압력을 가하기 시작했다.

기분 좋은 햇볕이 내리쬐고, 참나무 가지 사이에 걸터앉은 새들이 지저귀는 제네바의 바르톤 빌라의 정원에서 오후를 보냈던 일이 떠오른다. 고등국제학 대학 카페테리아 위층에 자리한 커다란 회의실에서 방금 대단히 기술적인 문제를 다루는 세미나를 끝마친 후였다. 이 세미나에서 국제통화기금의 부총재인 앤 크루거가 향후 국제통화기금이 제때에 부채를 갚지 못한 나라(failed states)에 어떤 조치를 취해야 하는지에 대한 자신의 견해를 밝혔다. 회의실을 가득 메운 남녀 대학생, 교수, 금융회사 소속 전문 분석가들, 민간 은행 관계자, 스위스 중앙은행, 유엔 고위 관리들이 국제통화기금 부총재의 발제를 경청했다.

앤 크루거는 뚱뚱하고 멋이라고는 전혀 부릴 줄 모르는 여성이지만, 동시에 신선하고 학식이 풍부하며 직접적인 언어를 구사하는 여성으로도 유명하다. 솔직히 앤 크루거는 완전히 반감을 풍기는 사람이라고만은 할 수 없다. 한때 스탠퍼드 대학의 교수였으며, 레이건 대통령 재직 기간에 세계은행의 수석 경제연구원으로 일한 바 있다. 그녀는 현재 국제통화기금을 쥐락펴락하는 위치에 올랐다. 보통 사람들의 일상에 대한 그녀의 무지함은 심각하다. 반면 국제금융 기제에 대한 그녀의 박식함은 타의 추종을 불허한다.

레이건 행정부 시대가 낳은 또 다른 거물인 진 커크패트릭, 라이스 콘돌리자와 더불어 앤 크루거는 오늘날 미국 공화당의 우익 중에서 가장 강력한 힘을 지닌 실세로 통한다. 조지 W. 부시 대통령은 그녀와 정기적으로 만나 자문을 구한다.

발표를 마친 앤 크루거는 공원에서 산책을 즐겼다. 회색 정장 차림에 납작한 구두, 검은색 안경을 낀 그녀는 염색한 머리카락을 흐트러뜨리는 바람을 맞으며 공원 안을 성큼성큼 거닐었다. 은행가들과 유엔 소속 고위 관리 몇몇이 그녀와 동행했다. 나는 세 번째 줄에 끼어 걸었다. 하지만 오가는 대화를 듣는 데에는 아무런 지장이 없었다.

제네바 은행가 한 명이 방금 들은 발표가 도저히 납득이 가지 않는다는 듯한 표정으로 물었다. 어떻게 국제통화기금이 거의 도산 상태에 이른 국가에 무려 300억 달러라는 큰돈을 선뜻 내어줄 수 있느냐는 것이다. 앤 크루거의 대답은 간단했다. "월스트리트의 압력이 거세다"는 것이었다.[27]

국제통화기금이 브라질에 거액을 지원하기로 결정한 두 번째 이유는 이보다 훨씬 교묘하다.

브라질은 전통적으로 공공 부문이 매우 강력한 국가로, 공공 부문은 일반적으로 높은 수익성을 자랑한다. 소위 전략적이라고 일컫는 산업 부문(석유, 전기, 광산, 통신 등)은 모두 국가가 소유하고 있다. 제툴리우 바르가스가 정착시킨 동업자적 독재의 유산을 군사독재 정권이 그대로 물려받은 결과였다. 하지만 신자유주의적 가치를 신봉하는 카르도주 대통령은 특히 두 번째 임기 동안 상당수 국영기업을 민영화함으로써 이 같은 정책과 단절을 꾀했다.

그런데 민영화가 급속도로 진행되는 기간에 수십억 달러라는 거액이 상원의원, 장관(혹은 이보다 낮은 계급의 하수인들)들의 주머니 속으로 쥐도 새도 모르게 사라져버리는 일이 빈번하게 일어났다. 그 결과 2001년부터 민영화 사업에 대한 국민들의 반감은 점점 더 커져갔다. 가령 페트로브라스의 중견 간부, 사무직원, 노동자들은 여러 차례의 소송 제기와 파업, 기업 경매 등과 같은 행동을 통해서 반감을 적극적으로 드러냈다.

거대 다국적 기업들의 경영진을 비롯한 기업 사냥꾼들은 이러한 상황을 몹시 못마땅하게 여겼다. 이들은 혹시라도 군침 돌게 하는 조각들이 자신들의 손아귀에서 빠져나가는 일이 생길까 봐 노심초사했다. 민심을 고려한 카르도주 대통령이 이제까지 잘 돌아가던 민영화의 바퀴를 멈춰 세우려는 것이 아닌가? 그렇다면 그에게 본때를 보여주어야 할 때가 왔다. "만일 민영화를 계속하지 않는다면, 아르헨티나에서 써먹은 방법을 쓰지 않을 수 없다"[28]는 것이 이들의 입장이었다.

'탈위기용 부채'는 결국 민영화 추진 의무와 맞물려 있었던 것이다.

대통령 선거는 2002년 10월로 예정되어 있었다.

브라질은 현대화된 국가로, 브라질 국내에는 믿을 만한 여론조사 기관이 다수 존재한다. 2002년 겨울이 끝나갈 무렵 여론조사 기관들이 발표한 민심의 향방에서는 눈에 띄는 변화가 감지되었다. 카르도주 대통령의 지지를 받는 신자유주의 계열 입후보자이며 보건장관을 지낸 호세 세라의 지지율이 급격하게 떨어지기 시작했던 것이다. 고급 제조업계나 금융업계, 서민층은 물론 중산층의 절대 다수 등 사회 전반에 걸쳐 루이스 이냐시우 다 실바의 지명도가 점점 올라가고, 지지율 역시 급부상했다.

8월부터 그의 상승세는 눈에 띄게 가속화되었다.

워싱턴에서는 경보가 울려대기 시작했다. 취리히와 런던, 프랑크푸르트, 파리, 뉴욕 등지에서도 당황하는 기색이 역력했다!

거기엔 그럴 만한 이유가 있었다. 20년 이상 브라질 노동당과 당수의 입장에는 변함이 없었다. 부채를 탕감해야 한다는 것이 그들의 일관된 주장이었다. 가능하다면 국제적인 협상을 통해서 동의를 이끌어내겠지만, 그것이 여의치 않다면 일방적인 통보도 불사하겠다는 입장을 고수했던 것이다.

1979년 처음으로 작성된 노동당의 정치 강령엔 부채로 인한 부작용과 부채 상환을 거부해야 할 필요성(당연한 말이지만, 이 두 가지는 밀접하게 연결되어 있다)이 엄밀한 분석과 반박하기 어려운 논리로 일목요연하게 정리되어 있다. 노동당의 입장에서는 부채 탕감 없이는 빈곤으로부터의 탈출이란 절대로 불가능하다.

칠레의 살바도르 아옌데와 마찬가지로, 룰라도 여러 차례의 대통령 선거에 줄기차게 도전장을 내밀었다. 1989년 그는 근소한 차이로 페르난두 콜로르 드 멜루에게 패했다. 그로부터 4년 후, 이번엔 페르난두 엔히크 카르도주와 처음으로 맞붙었다. 참담한 패배였다. 카르도주는 1차 투표에서 당선을 확정지었다. 하지만 4년 후엔 상황이 바뀌었다. 카르도주는 재당선을 위해 대대적인 선거운동을 벌였고, 그런 그에게 룰라는 결코 쉽지 않은 장애물이었다. 그래도 카르도주는 2차 투표에서 다시 한번 승리를 거두었다.

2002년 호세 세라와의 대결에서 룰라는 드디어 전 세계에 알려진

압도적인 표차로 당선되었다.

　룰라는 대통령 선거 때마다 노동당의 강령에 명시된 부채 탕감과 채무자 연합의 창설을 핵심 정책으로 내세웠다. 그의 이러한 생각은 국제사회주의연맹을 통해서 싹텄다. 1976년부터 국제사회주의연맹의 총재로 일해온 빌리 브란트는 1992년 사망할 때까지 이와 같은 주장의 핵심적인 전도사 역할을 자청했다. 채무국들의 공동연합 전선을 결성하는 일이야말로 가장 시급한 과제였다. 개개의 채무국은 (비록 브라질처럼 강력한 국가라도 예외는 아니다) 국제통화기금이나 민간 채권단에 대항해서 아무런 힘도 쓸 수 없다. 반드시 집단의 힘으로 협상을 이끌어나가야 했다. 악순환을 거듭하는 부채의 고리를 끊기 위해서는 노예들끼리 힘을 합칠 필요가 있었다. 집단행동을 통해서만이 점점 죄어오는 구속에서 벗어날 수 있었다.

　브라질 노동당은 2003년 10월 상파울루에서 열린 총회 때 국제사회주의연맹의 공식적인 회원이 되었다. 하지만 연맹과 브라질 노동당이 끈끈한 유대관계를 유지해온 것은 20년 전부터였다. 브라질의 뛰어나고 독창적인 두 명의 지도자들이 끈기 있게 물밑 작업을 벌인 덕분이었다. 두 사람은 바로 노동당 출신 상파울루 상원의원인 에두아르두 수플리시와 프랑스-아르헨티나 출신의 트로츠키 계열 지도자로 노동당의 국제관계 전략 자문으로 일하는 루이스 파브르였다.

　대통령 선거에서 승리하기 훨씬 전에 가진 에릭 투생과의 대담에서 룰라는 이렇게 말했다. "우리는 제3세계의 그 어느 국가도 부채를 온전히 상환할 능력이 없다고 생각한다. 우리는 외채 상환을 계속하는 제3세계 국가는 국민들을 절망의 심연으로 끌어들인다고 믿는다. 제3세계 국가들의 발전 전략과 부채 상환은 결코 양립할 수 없다. 따라서 우리는 즉각적으로 부채 상환을 중지해야 한다고 주장한다."

왜 그래야만 하는가?

룰라의 답변을 들어보자. "부채 상환을 거부함으로써 절약하게 되는 돈을 가지고 우리는 기술 개발을 위한 연구발전 기금, 교육이나 공중건강, 농업개혁 등 요컨대 제3세계 국가들의 진보를 위해 필요한 발전 기금으로 사용할 수 있다. 이 기금은 각국이 개별적으로 독립적인 기관을 설치하여 독자적으로 관리 감독해야 한다. 이 기관은 의회와 노동조합, 정당 등을 참여시켜 구성해야 한다. 이들이 참여하여 기금운영위원회를 이끌어나가면 된다."

반대자들과는 어떻게 맞설 수 있는가? 협상에는 어떤 방식으로 대응해야 하는가?

"채권국에 대항하기 위해서는 채무국끼리 연합전선을 형성해야 한다. 각각의 국가가 자신들이 당면한 문제는 다른 제3세계 국가들이 당면한 문제와 다르지 않다는 사실을 깨달아야 한다. 어떤 나라도 혼자만의 힘으로 부채 문제를 해결할 수는 없다. 외채 문제에 관한 토의가 은행과 정부 사이에서 이루어지는 것이 아니라 정부와 정부 사이에서 이루어져야 한다는 점도 반드시 고려해야 할 중요한 점이다. 외채 문제를 국내 정치 문제로 전환시킬 필요도 있다. 부채 문제를 그 자체로서만 논의할 것이 아니라 세계 경제에 새로운 질서를 정착시켜야 할 필요성의 문제로 연결 지어야 한다. 우리가 지닌 천연자원은 헐값에 팔아넘기고 그것을 가지고 만든 제품을 엄청난 값을 지불하면서 사들이는 일이 더 이상 계속되어서는 안 된다"고 룰라는 대답한다.

룰라는 "이러한 일련의 정책들은 정치적인 행동을 통해서만 실현될 수 있다. 정치적인 행동이란 각종 사회운동들의 압력을 가리킨다. 부채 문제를 국민 모두가 그 중요성을 확실하게 인식하는 의제로 만들어야 한다"[29]고 덧붙인다.

2002년 8월까지 룰라는 이러한 입장을 한 치도 양보하지 않았다.

부채를 손아귀에 장악한 신흥 봉건제후들은 협박이라는 무기를 가장 선호한다. 그리고 그들은 실제로 그 방면에서 매우 유능하다. 브라질 노동당은 2002년 7월에 이미 그 사실을 뼈저리게 체험했다. 《월스트리트 저널》이 세계 채권자들에게 사회주의자 룰라의 대통령 당선이 예견된다는 기사를 봇물 터뜨리듯 쏟아내기 시작했다.

대통령 선거라는 단 하루의 일정 때문에 수십억 달러를 날릴 것인가? 이 문제는 정상적으로 형성된 은행가라면 누구나 가장 끔찍하게 여기는 시나리오임에 틀림없다. 브레턴우즈 전문가들과 미국 금융계의 최고 두뇌, 전 세계 주요 증권거래소에서 활약하는 대형 증권회사의 분석가들은 너나없이 브라질 '결손'이 빚어낼 묵시록적인 미래에 대해서 목소리를 높였다.

'결손(영어로는 default)'이란 채무자가 일방적으로 지불 정지를 결정하는 것을 가리키는 기술적인 용어다. 각국의 국내법에서는 특정 조건이 갖추어질 경우 스스로 파산을 선언한 채무자를 고소하는 법이 존재한다. 하지만 국제적인 차원에서는 이에 상당하는 법률 따위 없다.

위협은 8월이 깊어갈수록 점점 더 수위가 높아졌다. 전 세계 금융시장에서는 브라질의 레알화가 연일 공격을 받았으며, 이는 적지 않은 가치 하락으로 이어졌다.

이들의 협박이란 애매할 것도 전혀 없이 유리처럼 투명했다. 브라질 국민들이 룰라를 대통령으로 뽑는 어리석은 선택을 한다면 레알화는 붕괴되고, 브라질이라는 나라는 국제사회에서 완전히 고립될 것이다. 외국 투자자들은 브라질을 떠날 것이고, 그렇게 되면 이제까지 상상도 할 수 없었던 경제의 암흑이 나라 전체를 뒤덮을 것이라는 게 이들이 보내는 확실하고도 단호한 경고의 메시지였다.

중산층에게 가해진 위협은 특별했다. '전문가들'은 그와 같은 사태가 현실이 되어 나타나면, 가장 먼저 피해를 보는 것은 바로 중산층임을 주지시켰다. 경제가 파산하면 이제까지 중산층이었던 사람들은 눈 깜짝할 사이에 빈민촌의 하층 프롤레타리아로 전락할 것이라고 위협했다. 브라질에서 가장 크고 가장 영향력 있는 TV인 레드 글로부는 다른 매체들과 공동으로 워싱턴이 보내는 묵시록적인 예측을 연일 전파에 실어 보냈다. 여론 형성 능력을 인정받는 강력한 일간지들과 우파 성향의 라디오들도 룰라의 발목을 잡았다. 《오 글로보》《가제타 메르칸틸》《에스타두 드 상파울루》 등의 매체들이 앞장섰다.

룰라에게 모든 희망을 걸고 있던 노동당을 필두로 한 민중 세력들은 가만히 좌시할 수만은 없었다. 8월 말, 노동당 지도부는 국제통화기금 측에 노동당의 입후보자는 만일 대통령에 당선될 경우 페르난두 엔히크 카르도주 전임 대통령이 체결한 모든 금융 채무를 성실하게 이행할 것임을 다짐하는 편지를 보냈다.[30]

룰라는 2002년 10월 27일에 치러진 2차 투표에서 대통령에 선출되었다.

당선이 확정된 즉시 그는 브라질 중앙은행의 독립에 대해 긍정적으로 생각하며, 중앙은행의 총재로는 브라질에서 가장 신중한 은행가로 알려진 엔히크 드 캄푸스 메이렐레스를 임명하겠다는 의도를 가지고 있음을 널리 알렸다. 그는 브라질 사람들이 만장일치로 가장 싫어하는 사람이었으며, 현재도 그렇다.

　세대를 거듭하면서 브라질의 피폐 전략을 치밀하게 실행에 옮긴 전 세계 민간 은행들 중에서 특히 세계에서 가장 큰 은행인 시티은행이 속한 시티그룹과 플리트 보스턴 은행은 결정적인 역할을 했다. 그런데 메이렐레스는 브라질 외채에 있어서 시티은행에 이어 두 번째로 큰 채권은행인 플리트 보스턴 은행의 총재를 역임한 적이 있다. 룰라가 그 같은 인물을 중앙은행 총재로 임명하려고 한 것은 물론 전략적인 이유에서였다. 월스트리트에서 번져오는 불길을 신속하게 진압해야 했던 것이다.

　브라질에서 재정경제장관은 정부의 요직 중에서도 요직이다. 재정경제장관은 업무 영역이 광범위할 뿐 아니라 각료사회 전체에 대해 굉장한 영향력을 행사한다. 카르도주 대통령은 세계적인 명성을 지닌 경제학자이며 전 국제통화기금의 총재였던 페드루 말란을 이 자리에 임명했다. 반면 룰라는 트로츠키 성향의 의사 안토니우 팔루치를 임명했고, 뛰어난 지식인 루이스 파브르가 재정경제부의 실질적인 두뇌 역할을 맡았다. 브라질 행정부의 또 하나의 요직인 통신부 장관 자리는 제4차 인터내셔널 대회 지도자 중의 한 사람이었던 구시켄에게 돌아갔다.

　나에게 항상 혐오감을 불러일으키는 표현이 있다면 그것은 바로 '시장의 신뢰'라는 표현이다. 국가 또는 국민은 세계화된 자본의 공격으로 초토화되지 않기 위해서, 자본 앞에서 굴복하지 않기 위해서, 경제를 대하는 자신의 태도를 통해 시장의 신뢰를 얻어야 한다. 그런데 이 신뢰란 어떻게 해야 얻어지는 걸까? 몸과 마음과 정신 모두를 바쳐 세계화 지상주의자들의 지시에 따르기만 하면 된다. 그렇게만 한다면, 아니 오로지 그렇게 할 경우에만 수치의 제국을 움직이는 제후들은 프롤레타리아들을 도와주는 은혜를 베푼다.

라틴아메리카에서는 살바도르 아옌데의 그림자가 집단 상상력을 좌우한다. 그의 유령은 브라질리아의 플라날투 대통령 궁에서도 배회한다.

구리 광산 국유화(특히 지구상에서 가장 큰 노천광산인 추키카마타 광산), 인민연합이 제시한 110가지 사회개혁 프로그램 추진, 거대 다국적 기업을 대상으로 하는 법인세 신설 등의 정책을 통해 살바도르 아옌데 대통령은 1970년대 말부터 이미 세계화 지상주의자들의 분노를 한 몸에 받았다.[31]

워싱턴에서는 비밀리에 40위원회가 결성되었다. 당시 가장 큰 규모의 다국적 기업인 인터내셔널 텔레폰 앤드 텔레그라프(ITT)의 회장 그린이 주도한 이 위원회에는 칠레에서 활동 중인 40개의 가장 중요한 회사들이 참여했다. 아나콘다와 케네코트 같은 광산 연합 외에 전 세계에서 가장 힘 있는 기업 연합들의 상당수가 참여한 셈이었다.

1970년 말부터 닉슨과 키신저, 미국 중앙정보국(CIA)의 지원을 받기 시작한 이 위원회는 칠레의 인민연합 정부가 추진하는 경제정책과 금융개혁 체제에 번번이 반기를 들었다.

1973년 9월 11일, 칠레의 수도 산티아고 도심에 자리 잡은 모네다 대통령 궁은 펜타곤의 조종을 받는 전투기와 무장 장갑차들의 공격을 받았다. 오후 2시 30분, 살바도르 아옌데 대통령은 대통령 궁 2층에 자리한 그의 집무실에서 머리에 총을 한 방 맞은 채로 숨졌다. 그 후 들어선 독재정권은 피비린내 나는 억압 정책을 펴나갔다. 칠레에 길고 긴 어둠의 나날이 찾아온 것이었다.

살바도르 아옌데 대통령과 그가 이끈 인민연합은 '시장의 신뢰'를 얻지 못했다.

2002년에 국제통화기금과 브라질의 카르도주 대통령 간에 체결된 협약은 브라질이 최소한 예산의 3.75퍼센트에 해당하는 슈퍼래비트(superavit)를 비축하는 것을 내용으로 하고 있다. 그런데 이 슈퍼래비트란 무엇인가? 간단히 말해서 국가의 예정된 지출 초과분을 의미한다.

따라서 이렇듯 슈퍼래비트, 즉 예산 초과분을 확보한다고 하는 것은 채무국이 해당 회계연도와 관련된 부채 상환 약정을 반드시 준수할 것이라는 확약으로 이해하면 된다.

그런데 팔루치는 장관에 임명된 첫 해부터 카르도주와 말란이 약속한 바를 충실히 이행하는 것은 물론, 이제까지 최소 3.75퍼센트였던 슈퍼래비트를 2003년에는 4.25퍼센트로 올리겠다고 자진해서 발표했다.

바닥에 떨어진 '시장의 신뢰'를 회복하려면 이 정도는 되어야 하지 않겠는가!

브라질에서 시작된 평화롭고 조용한 혁명은 어디로 가는가? 이 질문에 대해서는 부채 탕감을 위한 투쟁이 답을 줄 것이다. 전투는 이제 시작이다.

브라질이 진정 이 방향으로 가고자 할 때, 제일 먼저 해야 할 일은 철저한 감사 체제를 구축하는 일일 것이다. 그다지 복잡한 일이 아니다. 채무국의 의회가 부채의 기원을 조사하고 부채의 구성을 분석하여 어느 부분은 적법하고 투명하게 체결되었으며, 어느 부분은 과잉으로 체결되었고, 어느 서류는 위조되었는지 등을 조사할 권리를 요구한다. 부채를 계속 키워나갈 경우 부채 계약을 체결하는 부패한 국가 지도층과 돈을 꿔주기로 합의하는 외국인 채권자들 모두에게 유리하다. 부패한 국가 지도층은 계약 체결된 부채의 액수에 비례해서 수수료를 챙길 수 있고, 채권자인 은행가는 높은 금리를 받을 수 있기 때문이다.

군부독재 시절에 일어난 일을 예로 들어보겠다.

브라질리아 행정부에 녹색과 회색이 섞인 군복을 입은 자들을 들여앉힌 것은 미국 중앙정보국과 국방부였다. 하지만 미국의 재무부와 월스트리트의 은행가들은 이들 군 장성들의 지적 능력을 도저히 신뢰할 수 없었다. 따라서 이들은 델핌 네투라는 인물을 기용하라고 압력을 행사하기 시작했다.

다방면에 걸친 능력을 겸비한 델핌 네투는 이렇게 해서 브라질 역사상 가장 젊은(그리고 아마도 가장 강력한 권한을 지닌) 재정경제부 장관이 되었다. 그는 대부분 미국에서 교육 받은 재능 있는 경제학자들을 거느리고 다녔다. 냉소적이며 야심 많고 탐욕스러웠던 이들은 브라질의 경제를 정기적으로 난도질했다.

아기처럼 통통하게 살이 오른 얼굴에 지독한 근시 안경을 끼고 서른을 갓 넘긴 나이에 재정경제부 장관 자리에 오른 델핌 네투는 군인들이 판을 치는 무대에서 완전히 유별난 존재였다. 뚱뚱하고 흥청망청 놀기 좋아하는 그는 밤이면 코파카바나나 레블론의 카바레에서 열정적으로 놀고 아침이면 정신이 드는 생활을 즐겼다. 대단히 우수한 지능의 소유자였던 그는 마치 카멜레온처럼 독재자가 바뀔 때마다 거기에 맞춰서 말을 바꿀 줄 알았다. 물론 그가 상대해야 하는 세계화 지상주의자들에 대해서도 똑같은 처세술을 구사했다. 그는 개인적인 정치적 욕심 따위는 절대로 겉으로 드러내는 법이 없었으며, 그저 게임을 즐기는 본능에 따라 행동했다. 게임을 즐기는 성격이었던 만큼 그는 군인들의 이념을 혐오했다.

그는 '국가의 치안'이라는 명분 따위는 한마디로 '웃기는 일'로 치부했다. 하지만 그와 동시에 아마존 정글 횡단도로 건설, 수력발전을 위한 이구아수 댐 확장 공사, 카라자스 광산 채굴, 산투스 항만 건설, 통합 통신망 건설, 구아나바라 해안의 석유 탐사 작업 등 자신이 염두에 두고 있는 원대한 계획들을 군 장성들 앞에서 브리핑을 할 때면 어김없이 '국가의 치안'을 언급하는 재치를 발휘했다.

군 장성들은 그가 제시하는 계획을 쌍수 들고 환영하며 서명했다. 세계은행은 이와 같은 계획의 '실현 가능성'을 인정했으며, 외국 투자자들은 앞 다투어 이 같은 거창한 사업 실현에 필요한 수십억 달러를 선뜻 내주었다.

네투와 그가 거느린 팀이 사업 계획서를 작성하면서 실제 경비보다 훨씬 부풀려서 경비를 책정했음은 두말할 필요도 없다.

많은 장성들과 그들의 친척 혹은 동조자들은 취리히나 런던, 제네바에 은행 계좌들을 열어두고 있었다(지금도 사정은 달라지지 않았다). 좀더 머리를 쓰는 사람들은 카리브 해나 저지 섬, 리히텐슈타인 등 조세 천국으로 유명한 곳에 유령 회사를 차렸다(지금도 사정은 달라지지 않았다).

22년 동안 외국 채권자들은 이 계좌에 직접 천문학적인 액수의 돈, 다시 말해서 영수증을 부풀린 결과 얻은 차액 또는 불법적인 커미션을 넣어주었다.

유럽과 아프리카, 인디언, 이렇게 세 가지 문화가 은밀하게 혼합되어 형성된 브라질은 태생 때부터 수많은 새로운 견해와 사회적 제도를 실험하는 신천지로서의 역할을 수행해왔다. 엄밀하게 말하면 감사라는 제도를 처음으로 만들어낸 나라도 브라질이다. 1932년, 의회에서 세계 최초라고 할 만한 감사를 처음으로 실시했다. 브라질 의회는 수많은 파행을 밝혀냈다. 위조된 문서를 토대로 거액의 부채를 얻어 임의적으로 분배했다거나, 계약 체결 시에 교묘하게 편법을 사용하는 등의 불법적 관행이 백일하에 드러난 것이었다. 당시의 브라질 정부는 사기 행위가 드러난 부채에 대해서는 부분적으로 상환을 거부했다. 그리고 그 같은 결정은 별문제 없이 받아들여졌다. 채권자인 은행들이 '자유의지에 따라' 불법적으로 형성된 채무 관계에 대한 변제를 포기했기 때문이다.

감사 문제는 1980년대 중반 의회에서 다시 한 번 격렬한 논란을 불러일으켰다. 토론은 국회의원들뿐 아니라 일반 국민들 사이에서도 강도 높게 전개되었다. 1988년에 제정된 헌법 48조는 의회가 외채에 대해서 감사를 실시할 권한을 지니고 있다고 명시하고 있다.

그런데 감사야말로 브라질 노동당이 오래전부터 일관성 있게 주장해온 중요한 요구 사항 중의 하나다. 2000년, 당시 노동당 원내 대표였던 호세 디르세우는 법령 n° 645 - A를 제정했다. 그가 법령 제정을 추진하게 된 배경 설명을 들어보자. "외국 채무, 국내 채무, 공공 채무, 민간 채무 등 여러 가지 종류의 부채는 비록 종류가 다양하고, 다양한 만큼 부채를 얻게 된 동기나 상환 방식 등에서 차이가 난다고는 하지만, 사회 전반에 무거운 짐이 된다는 점에서는 공통적이다. 부채로 인해서 야기될 수 있는 결과 또한 매우 다양한 양상으로 전개된다. 첫째, 한 나라가 대외적으로 허약해지며, 경제의 대외 의존도가 높아진다. 둘째, 외화로 갚아야 할 돈의 액수가 점점 증가하며(오늘보다 내일 갚아야 할 돈이 많아진다), 따라서 한 국가의 젊은 세대들의 발전을 저해한다. [……] 넷째, 주권을 상실하게 되며 국제금융 시장의 전략과 세계열강의 위력에 복종해야 한다. 다섯째, 부채를 들여와 경제가 성장하는 시기에는 아무런 혜택도 받지 못하다가 상환을 해야 하는 무거운 의무만 짊어진 무방비 상태의 소시민들에게 희생을 강요한다. [……] 이번에 제정하려는 법안은 국민들의 생활과 직접적, 간접적으로 밀접한 상관관계를 맺고 있는 문제에 대해서는 국민의 의견을 묻는 민주적인 기제를 마련하는 것을 목적으로 한다."

브라질의 시민사회는 세계에서 가장 원기왕성하며 창의력 넘치는 사회 중의 하나다. 가령 무농지 농업 노동자 모임에서부터 참여예산운동, 아프리카 출신 브라질인 해방운동, 여성 해방운동 등 혁신적인 각종 사회단체들이 점점 더 몸집을 키워나가는 동시에 영향력도 강화하고 있다. 2000년, 쥐빌레-쉬드는 노동자 중앙연맹, 무농지 농업 노동자 모임, 노동당, 기독교 계통 공동체의 지원을 받아 부채에 대한 대대적인 여론조사를 실시했다. 600만 명이 넘는 브라질 국민들이 투표에 참여했다. 투표에 참여한 이들의 91퍼센트는 감사를 실시해야 한다고 답변했다.

기술적으로 본다면, 이와 같은 감사는 그다지 어려운 일이 아니다. 국제적인 기업들뿐 아니라 브라질 국내에만도 이를 전문으로 하는 기업들이 해마다 거대 다국적 기업들을 대상으로 수십만 건의 계약서를 이 잡듯이 훑어보며, 수백만 건의 자금 조달과 용처, 이동 경로 등을 분석한다.

물론 이와 같은 감사를 실시하는 데에는 적지 않은 비용이 든다. 하지만 브라질 외채의 경우, 많은 비용이 들더라도 감사를 함으로써 얻게 되는 이득이 훨씬 클 것이다.

현재로선 룰라 대통령은 감사를 실시할 엄두를 내지 못하고 있다. 세계의 반자본주의자들은 의문을 제기하기 시작했다. 이중의 전략을 구사하려던 룰라는 방향을 잃고 비틀거리는 것이 아닐까?

슈퍼래비트 4.25퍼센트는 플라날투 궁으로부터 살바도르 아옌데의 유령을 보기 좋게 쫓아냈다.

세계주의자들은 현재 브라질을 조용히 관망 중이다. 적어도 지금까지는 그렇다. 하지만 기아 제로 사업은 아직 시작도 못하고 있다. 그러는 동안 브라질 어린이 수천 명은 계속해서 영양실조와 영양 결핍, 기아로 죽어간다.

그럴 수밖에 없다! 돈이 없으니 아무것도 할 수가 없다! 부채를 대폭 삭감하지 않는 한 기아 제로 사업은 실현될 가능성이 없다고, 나는 앞에서도 이미 말했다.

에릭 투생과 마르쿠스 아루다는 팔루치의 전략과 그에 대한 룰라의 참을성에 대해 결정적인 비판을 날렸다.

노동당 내부에서도 불만이 커지고 있다. 공개적으로 팔루치의 정책을 비판했다는 이유로 상원의원들과 연방 국회의원들이 당에서 쫓겨나는 사태도 벌어졌다.

2004년 3월 2일, 나는 베른의 앰배서더 호텔에서 굉장히 당혹스러운 경험을 했다. 기독교 계통 구호단체인 팽 푸르 르 프로솅(Pain pour le prochain)을 비롯한 몇몇 비정부기구들이 아프리카와 아시아, 라틴아메리카 여러 나라를 돕기 위한 캠페인을 공식적으로 선포하는 자리였다.

이날 행사에 연사로 참석한 사람들 중에는 나와 프레이 베투도 끼어 있었다. 나는 프레이 베투를 다시 만나게 되어 무척 기뻤다. 그에게서 느껴지는 활기 넘치고 평온하며 구세주 같은 성품은 여전했다. 점심식사가 끝나고 나서 그가 나를 따로 불러냈다. 그는 갑자기 심각한 표정으로 목소리를 낮춰 말했다. "상황이 좋지 않네. 사람들은 더 이상 이해를 하지 못하는 형편이지. 자네는 룰라를 잘 알지 않나. 룰라도 자네를 높이 평가한다네. 그러니 그에게 말을 좀 하게나. 팔루치는 당장 그 말도 안 되는 슈퍼래비트를 포기하고, 감사를 준비해야 한다고 말일세. 룰라는 국제통화기금과의 정면 대결을 피해서는 안 되네. 사람들은 배가 고프다네. 배고픈 사람들은 기다리지 못하는 법이지. 최종 유예기간은 아마도 올해 말이 될 걸세. 사람들은 이제 지쳤으니까."

프레이 베투만큼 나에게 감탄과 애정을 불러일으키는 사람은 드물다. 끔찍한 고문, 수감 생활, 망명 생활도 그의 타고난 감수성을 망가뜨리지는 못했다.

그런데 그날, 3월 2일 베른에서 그를 만난 날, 나는 몹시 당황하지 않을 수 없었다. 내가 그토록 존경해 마지않는 프레이 베투 같은 사람이 어떻게 나 같은 사람의 말이 브라질 정치 판도를 바꾸어놓을 수 있을 거라고 생각한단 말인가? 나한테 그런 말을 했다는 것 자체가 한심하기 짝이 없었다. 더구나 그는 룰라 대통령 집무실 바로 옆 사무실에서 일하는 사람 아닌가. 그러니 두 사람은 매일 만나 매일 이야기를 주고받을 수 있는 상황이었다.

그런 프레이 베투가 나한테 그토록 비현실적인 부탁을 하다니, 상황은 내가 생각하는 것보다 훨씬 우려스러운 것이 틀림없는 모양이었다.

부채와의 전쟁은 아직 시작되지 않았다. 그렇다. 그 전쟁의 결말이 브라질에서 진행 중인 평화스럽고 조용한 혁명의 결말을 말해주게 될 것이다.

그런데 그 결말이 불확실해 보인다. 하지만 지금 같은 맥락이라면 국제사회 시민들, 특히 유럽 시민들이 보여주는 연대감이 브라질이 벌이고 있는 기아와의 전쟁, 부채 탕감 전쟁을 승리로 이끄는 데 결정적인 역할을 할 수 있을 것이다. 이 연대의식을 고취시키고 시민들을 규합하는 데 일조하는 것이 이 책이 내거는 목적 중의 하나다.

이 장에서는 부채의 멍에를 다루었다. 부채는 룰라 대통령이 첫 번째 임기 동안 실현하고자 했던 사회 정책을 온통 마비시켰다.

룰라는 2006년 브라질 국민들의 대대적인 지지를 받아 재선에 성공했다.

두 번째 임기(2007년 1월에 시작) 초기부터 그는 정책의 방향을 완전히 틀었다. 아마존 정글과 인근 습지대 마투그로수 수만 헥타르에서 대대적인 벌목을 진행, 그곳에 어마어마하게 큰 규모의 콩 농장이 들어섰다. 이렇게 해서 브라질은 세계 제1위 콩 수출국이 되었다.

에르빈 바젠호퍼의 표현을 빌리면, "유럽의 젖소들이 브라질 숲을 거덜"내는32 형국이 된 것이다.

이와 동시에 브라질은 세계 제1위 바이오 연료 생산국이라는 타이틀도 거머쥐었다. 사탕수수의 초록빛 바다가 끝이 보이지 않을 정도로 드넓게 펼쳐진 덕분이다. 하지만 곡물 재배 면적은 그만큼 줄어들었다. 사탕수수(다른 작물들도 그렇지만)는 한꺼번에 수백만 톤씩 자동차 연료로 변신한다. 이는 특히 북미 지역 자동차들의 연료로 사용된다.

인간을 위한 식량 생산 농업이나 아마존 정글 관점에서 보자면 재앙에 가까운 이 같은 새로운 정책 덕분에 브라질은 막대한 양의 외화를 벌어들인다. 이렇게 벌어들인 외화는 브라질의 부채를 줄이는 데 요긴하게 쓰인다.

하지만 그 와중에 브라질의 기아 제로 프로그램은 완전히 폐기 상태에 이르렀으며, 그 대신 '볼사 파밀리아(Bolsa familia)', 즉 '저소득 가정을 위한 지원금' 제도가 생겨났다. 이 제도는 성인 가족의 수입이 한 달에 90레알(45달러) 미만인 가정을 돕는 사업으로서, 이러한 저소득 가정은 식량, 의료, 교육, 위생 시설 등을 위해 지원금을 받을 수 있다. 2007년 현재 800만 가정의 4천만 명 이상이 이 제도의 혜택을 받고 있다.

무농지 농업 노동자 모임(다른 시민 단체들도 포함)은 배신행위라고 연일 반대의 목소리를 높이고 있다. 농업개혁은 지지부진하고, 가족 단위 농업은 고사 상태에 직면했다. 브라질 회사나 외국 회사 구분 없이 바이오 연료나 콩, 그 외 수출용 작물을 생산하는 자본주의 거대 기업들만이 엄청난 세제 혜택을 받고 있다는 것이다.

나는 브라질의 상황에 대해서 비판하지 않는다. 부채의 멍에에서 벗어나는 일이야말로 영양실조와 비위생적인 식수, 문맹, 각종 전염병, 끔찍한 가난 등으로 허덕이는 수천만 브라질 주민들에게 얼마간의 희망을 주는 유일한 탈출구라고 할 수 있다.

룰라는 가장 가까이에서 그를 도와주는 에미르 사드르 같은 자들의 자문이나 파스토랄 드 라 티에라(천주교)의 조언을 받아들이는 대신 보다 효율적인 방식을 택했다. 농가공 식품업계 거대 다국적 회사들의 이익을 절대적으로 보장하는 완전 자유 방임주의와 극빈 가정들에 대한 지원이라는 두 가지 정책을 동시에 추진하는 길을 택한 것이다.

물론 이와 같은 전략을 통해서는 억압 구조 개혁은 달성할 수 없다. 하지만 최소한 굶주린 자들을 먹여 살리는 일은 가능하다.

5.
탐욕의 시대는 어떻게 봉건화되는가?

신흥 봉건제후,
거대 다국적 기업들의 횡포

　　　　　　　　　　부채와 기아, 기아와 부채. 악순환을 거듭하는 이 두 가지의 조합에는 출구가 없어 보인다. 도대체 누가 이와 같은 살인적인 조합을 만들어냈는가? 누가 이와 같은 상황을 그대로 유지하려 하는가? 이와 같은 교착 상태를 이용해서 천문학적인 득을 보는 사람은 누구인가?

　이 세 가지 질문에 대한 답은 망설일 것도 없이 자본주의가 낳은 봉건주의자들이다.

　오늘날 자크 루와 마라, 생쥐스트가 목청껏 타도를 주장하던 투기꾼과 사기꾼, 국민을 굶주리게 하는 모리배들이 다시 돌아왔다. 그라쿠스 바뵈프가 뿌리 뽑아야 한다고 주장하던 파렴치한 독점꾼들이 다시 활개를 치고 다닌다.

　우리는 이 세계가 다시금 봉건화되어가는 참상을 목격하고 있는 중이다. 이처럼 새로 등장한 봉건적 권력은 거대 다국적 민간 기업의 얼굴을 하고 있다.

　여기서 한번 정리를 해둘 필요가 있다. 현재 세계에서 가장 비중이 큰 500개의 거대 다국적 기업들이 지구 전체 생산의 52퍼센트를 차지하고 있다. 이들 500개 기업 중에서 58퍼센트는 미국에서 출발한 기업들이다. 이들 500개 기업은 모두 합해도 고작 전 세계 노동력의 1.8퍼센트만을 고용하고 있다. 이들 500개 기업이 축적한 부는 세계에서 가장 가난한 133개국의 부를 모두 합한 것보다 크다.[1]

신기술, 전자, 첨단기술 등의 독점권을 지닌 이들은 전 세계의 주요 실험실, 연구소 등을 운영하면서 인간이 영위하는 물질적인 삶의 발전을 좌지우지하고 있다. 이들이 생산한 제품 또는 서비스는 이를 사용할 수 있는 사람들에겐 물론 커다란 도움이 된다. 하지만 인류 공동의 자산이 되어야 할 생산이나 학문적 발견을 사유화 또는 독점하는 방식은 재앙에 가까운 결과를 초래한다.

이들 신흥 봉건주의자들이 추구하는 유일한 목표는 최소한의 시간에 최대한의 이익을 창출하여 자신들의 권력 확대를 가속화시키는 일이다. 이들은 자신들이 정한 규칙에 반대하는 모든 장애물은 제거되어야 한다고 믿는다.

남반구 지역 국가들의 부채가 끊임없이 증가하는 가장 큰 이유로는 거대 다국적 기업들이 자리 잡은 나라 현지에서의 기업 활동을 통해 얻은 이윤이나 주식투자 등을 통해서 얻은 이익을 외화로 본사가 있는 나라에 송금하는 관행을 들 수 있다.

거기에다 로열티를 지급하는 체제까지 추가해야 한다. 네슬레의 경우를 예로 들어보자. 대부분의 거대 다국적 기업들과 마찬가지로 네슬레는 비교적 상당히 독립성을 지닌 이익 거점들로 조직되어 있다. 전 세계 곳곳에 산재해 있는 511개의 네슬레 공장들은 모두 모기업, 좀더 정확하게 말하자면 홀딩, 즉 지주회사가 소유하고 있는 특허를 사용한다. 이 특허를 사용하려면 당연히 대가를 지불해야 한다.

자, 이제 브라질의 경우를 보자. 네슬레는 브라질에서 터무니없이 엄청난 이익을 얻고 있다. 이익의 일부는 브라질 전국에 설립된 25개의 공장에 재투자된다. 또 다른 일부는 기업 확장과 새로운 시장 개척(가령, 가축 사료 시장) 등을 위한 경비로 쓰인다. 하지만 가장 큰 몫은 네슬레의 본사가 자리한 스위스의 베베이로 보내진다.

이와 같은 자본의 유출은 브라질 중앙은행을 통해 이루어진다. 당연한 말이지만, 네슬레는 안정적인 교환 가치라고는 전혀 없는 레알화가 아니라 달러(또는 달러에 버금갈 정도로 가치를 인정받는 강력한 다른 외화)로 송금하기 때문이다. 따라서 브라질 현지 화폐로 얻어진 순수 영업이익과 특허 사용에 따른 로열티 합계액은 중앙은행의 외환보유고를 통해 달러 또는 이에 버금가는 강력한 다른 외화로 환전된다. 환전을 마친 돈은 즉시 대서양을 건너 본사로 향하게 되므로, 브라질 국내의 외채 사정은 한층 더 악화될 수밖에 없다.

네슬레로서는 엄청나게 남는 장사를 하고 있는 셈이다. 네슬레의 매출액에서 유럽 지역이 차지하는 비중은 상대적으로 해마다 줄어들고 있다. 1994년에는 유럽에서 얻은 이익이 전체 매출액의 45퍼센트였던 반면, 그로부터 10년 후인 2004년에는 33퍼센트로 하락했다. 아시아와 아프리카, 라틴아메리카 등지에서 계속 새로운 시장을 개척한 덕분이다.

이렇게 놓고 볼 때, 쉽게 짐작할 수 있듯이 새로운 봉건체제의 귀공자들은 이 같은 기업 활동을 통해 개인적으로 막대한 이득을 챙겼다. 유럽에서 가장 큰 은행인 도이체 방크의 성주인 요제프 아커만은 1년에 1,700만 유로를 번다. J. P. 모건 체이스 맨해튼 뱅크를 지휘하는 그의 동료는 이 액수의 3배를 받는다. 제약업계 노바티스의 귀공자 다니엘 바셀라의 연봉은 2,200만 유로이며, 동료인 네슬레의 대표 페터 브라벡도 같은 액수를 받는다. 세계 부자들의 재산을 굴려주는 가장 대표적인 은행인 UBS(유나이티드 뱅크 오브 스위츠랜드)를 이끄는 바젤 출신 마르셀 오스펠은 1년에 2,600만 유로를 받는다.[2]

1789년 이전에 군림했던 자신들의 선배와 마찬가지로 이들 신흥 봉건제후들은 게다가 '공짜 인생'을 즐긴다. 궁전 같은 집과 근사한 사교 파티, 호사스러운 매끼 식사, 여행 등에 들어가는 경비는 그 액수가 얼마가 되든지 모두 회사에서 발급하는 마술 법인카드로 지불되기 때문이다. 선배들과의 유일한 차이점이라면 자가용 비행기와 리무진 승용차가 혈통 좋은 종마와 호화롭게 장식된 마차를 대체했다는 정도일까.

장-폴 마라는 "좋은 성주란 창조주의 업적 가운데에서 가장 고귀하며, 인간의 품성을 찬양하고 신성을 경배하는 데 가장 적합한 인물이다. 하지만 지구상에서 좋은 성주 한 명을 만나기란 극히 드문 일인 반면, 야수처럼 못된 성주들은 얼마나 많은가!"[3]라고 한탄했다.

지구상에서 벌어지는 지배의 규모를 가늠해보기 위해서, 농가공 식품업계를 예로 들어보자. 2004년에는 아벤티스, 몬산토, 파이오니어, 신젠타 등을 포함하는 10개의 거대 다국적 기업이 세계 종자시장의 3분의 1 이상을 지배했다. 이 시장의 총 매출은 2007년의 경우 310억 달러였다.

이번엔 살충제 시장을 보자. 이 시장에서는 해마다 280억 달러 정도가 거래된다. 그런데 이 시장의 80퍼센트는 7개의 거대 다국적 기업들(아벤티스, 몬산토, 파이오니어, 신젠타 등. 어디서 많이 들어본 이름 아닌가?)

이 장악하고 있다.

국토 면적 11만 제곱킬로미터에 1억 4,600만 명의 인구가 모여 사는 방글라데시는 남반구 국가들 중에서 인구 밀도가 가장 높은 나라다. 나는 이 나라에 대해서 매우 특별한 기억을 가지고 있다. 밤이나 낮이나 다카, 치타공, 브라마푸트라 강 유역이나 갠지스 강 유역, 혹은 산골 마을이나 들판 등 어느 곳엘 가든 나는 늘 떼를 지어 몰려드는 군중들에 둘러싸였다. 그곳 사람들은 언제나 상냥하고 웃음을 잃지 않았으며, 매우 아름다웠다. 그런데 알다시피 방글라데시는 유엔 개발계획이 발표하는 인간개발지수(Human Development Index)에 따르면, 세계에서 세 번째로 가난한 나라다.

이 나라의 국토는 유난히 거친 열대와 아열대 지역에 걸쳐서 펼쳐져 있다. 열대 계절풍이 부는 기간 동안, 다시 말해서 1년에 두 차례씩은 국토의 60퍼센트가 물에 잠긴다. 히말라야에서 발원하는 네 개의 강이 수천 킬로미터를 흘러오면서 운반한 흙들로 토양은 비옥해진다. 하지만 항상 습한 기후 탓에 온갖 종류의 곤충들이 번성하면서, 수확기가 되면 옥수수, 밀, 조 등을 비롯한 각종 곡물들을 왕성하게 먹어치운다.

따라서 살충제의 가격에 따라 수백만 벵갈 지역 농민들의 목숨이 살기도 하고 죽기도 하는 형국이다. 그런데 해마다 벵갈 지역에 판매되는 살충제의 가격을 결정하는 것은 앞에서 말한 신흥 봉건제후들이다. 이들은 자신들이 세운 기준, 즉 이익의 극대화라는 기준에 따라 가격을 결정한다. 공공 차원에서 이 가격을 제어할 수단은 없다.

방글라데시에서 통용되는 진실은 인도에도 그대로 적용된다. 2004년 10월, 《프론트라인》이라는 잡지는 인도의 라구베라 레디 농업장관과의 인터뷰를 실었다. 장관은 인도 연방의 주요 구성원인 안드라프라데시 지역에서, 종자와 살충제를 판매하는 거대 다국적 기업 현지 지사들에게 진 빚 때문에 비관한 나머지 1998년부터 2004년 사이에 자살을 택한 농민의 수가 3천 명이 넘는다고 밝혔다.

이제 곡물 거래 상인들에게로 눈을 돌려보자. 이들은 전 세계 곡물 운송, 보험, 저장창고 등을 장악하고 있을 뿐 아니라, 그렇기 때문에 결과적으로 시카고 농산물 거래소까지 좌지우지한다. 이곳에서도 역시 결정권과 재산권은 일부 거대 기업에 집중되어 있다. 30개의 기업이 세계 곡물 거래를 도맡아 움직이고 있다.

아프리카 대륙과 섬에 위치한 52개국 중에서 15개국만이 식량 자급자족을 달성했다. 나머지 37개국은 자국민에게 식량을 공급하기 위해 세계 곡물시장을 이용한다. 이 말은 '정상적인' 수확이 이루어진 해, 다시 말해서 전쟁이나 가뭄, 메뚜기 떼의 공격 혹은 그 외의 천재지변(혹은 인간들이 만들어낸 인재) 등이 없었던 해에도 그렇다는 말이다. 이 나라들이 만성적인 영양 결핍에 시달리는 까닭은 자국의 생산량이 한 해 추수를 끝낸 곡식이 모두 동이 나고 이듬해 추수는 시작되지 않아 곡식이 없는 기간인 '보릿고개'(이 기간은 나라에 따라, 혹은 시기에 따라 얼마든지 변동이 가능하다)를 넘기기에 불충분하기 때문이다.

잠비아는 옥수수를 주식으로 하는 나라다. 잠비아 국민들은 아침, 점심, 저녁으로 옥수수를 먹는다. 죽을 끓여 먹거나 전병을 만들어 먹거나 알갱이를 굽거나, 수프 또는 오트밀처럼 걸쭉하게 끓여 먹거나, 하여간 다양한 방식으로 옥수수를 소비한다. '보릿고개'를 넘기기 위해서 잠비아 사람들은 세계 곡물시장을 기웃거리지만, 잠비아 정부는 가진 돈이 아주 조금밖에 없다. 곡물시장을 장악한 세계화 지상주의자들이 너무 높게 가격을 책정하면 잠비아 정부는 필요한 만큼의 옥수수를 구입할 수가 없으며, 따라서 잠비아 국민들은 2001년과 2002년에 그랬던 것처럼, 굶어죽는 수밖에 없다.

장-폴 마라는 1790년 7월 26일 《민중의 친구》에 저 유명한 「민중들이 행복하고 자유로워질 수 있는 진정한 방법」이라는 글을 기고했다. 그는 이렇게 썼다. "귀공자들이 자유에 가하는 첫 번째 타격은 오만불손함으로 법을 어기는 것이 아니라, 법이라는 것이 존재한다는 사실조차 잊게 만드는 것이다……. 민중들을 노예로 만들기 위해서 그들은 이들을 잠재우는 것이다."4

지구상에 존재하는 거대 다국적 기업들은 자기 나름대로의 홍보부처를 두고 있다. 공식 명칭으로는 대개 기업 커뮤니케이션 부서라고들 한다. 이 부서에서는 신흥 봉건제후들이 여론에 주입시키고자 하는 세계관을 정리하여 발표하고 이를 옹호하며 널리 알리고 정당화시키는 일을 주된 업무로 삼는다.

장-폴 마라는 벌써 2세기나 앞서서 오늘날 광고나 PR계의 말재주꾼들이 담당하고 있는 업무를 상세하게 묘사했다. "여론이라는 것은 무지에 토대를 두고 있으며, 무지는 극단적인 독재가 싹틀 수 있는 토양을 제공한다. 〔……〕 사물에 대해서 건전하게 사고할 수 있는 사람은 극히 드물다. 대부분의 사람들은 말에만 집착할 뿐이다. 로마인들도 카이사르에게 그가 왕이라는 지위를 가졌을 때에는 거부했던 권한을 황제라고 이름을 바꾸니 아무 저항 없이 내어주지 않았던가? 〔……〕 말에 현혹되는 사람들은 아무리 파렴치한 사물이라고 할지라도 그럴듯한 이름으로 포장만 되어 있다면 아무런 거부감을 느끼지 못한다. 반대로 칭송받아 마땅할 사물들이 아름답지 못한 말로 묘사되면 그것을 혐오한다. 그러므로 행정부의 일상적인 업무란 말의 뜻을 왜곡함으로써 민중을 호도하는 것이라고 할 수 있다."5

유엔 식량특별조사관이라는 나의 직책 때문에 나는 이들 신흥 봉건제후들과 토론을 나눌 때가 종종 있다. 논리에서 밀리거나 자신들의 결정이 초래하는 참담한 결과로 화제가 옮겨갈 때마다 신흥 봉건제후들이 어김없이 내세우는 변명이 있다. 바로 '소통 부족'이다.

신흥 봉건제후들이 개발해낸 정부나 의회, 언론과 여론 등을 상대로 하는 로비나 잠입 전략, 이들을 자기들 뜻에 맞게 조종하는 책략 등은 유감스럽게도 대단히 효율적이다. 이러한 작전들을 마라가 그토록 비판했던 공작이나 후작, 백작들이 알면 너무 부러워서 기절을 했을지도 모를 일이다.

자본주의 거대 다국적 기업이라는 사회는 홍보부처를 운영할 뿐 아니라 독자적인 정탐과 정탐 색출 부처도 운영한다. 불미스러운 일이 생기면 이를 해결하는 하수인 부처도 물론 구비하고 있다. 이 같은 비밀 요원들은 지구상 5대륙에서 맹활약하고 있다. 이들은 경쟁 회사의 핵심 부서뿐 아니라 각국 정부, 주요 국제기관, 정부기관, 비정부기관 등으로도 침투하여 정보를 캐낸다.

내가 유엔 특별조사관으로 임명된 직후 알게 된 사실이 있는데, 제네바에 본부를 둔 인권위원회와 뉴욕에 위치한 유엔본부를 이어주는 통신체제를 경계해야 한다는 것이었다. 최소한의 비밀을 보장받기 위해서라면, 윌슨 궁에서 휴대전화나 이메일을 사용하는 어리석은 일 따위는 하지 않는 편이 좋다. 그 대신 손으로 쓴 편지를 배달인을 통해 수취인에게 전달하는 방식은 적극적으로 권장할 만하다. 나 역시 2002년, 유전자 변형식품 문제가 불거졌을 때 미국 측이 나에게로 돌린 비난에 대한 반격을 준비하던 두 달 동안 그 같은 방법을 사용했다. 이 이야기는 뒤에서 다시 언급하겠다.

미국 중앙정보부의 작전실 책임자로 일했던 로버트 베어는 거대 다국적 기업들이 보유하고 있는 정탐과 색출 작업팀들의 활동이 얼마나 효율적이고 정교하며 비용 또한 얼마나 막대한지 공개한 적이 있다.6 일부 기업들은 특히 유엔 중요 기구의 조직에 침투하는 데 아주 능하다. 세계보건기구는 독자적인 정책을 결정하고 결의안을 채택하며 협약의 틀을 정할 수 있다. 여기서 결정된 사항들은 화학, 유전자 공학, 제약, 담배 관련 거대 민간 다국적 기업들의 기업 활동에 직접적인 영향을 끼칠 수 있다. 세계보건기구는 제3세계 국가들에서 매년 수천만 명의 목숨을 위협하는 소아마비, 황열병, 말라리아, 간염 등의 예방 사업을 펼치고 있다. 이러한 예방 캠페인은 막대한 예산을 필요로 한다.

세계보건기구는 또한 전 세계에서 수십 개의 연구소와 실험실을 운영하고 있으며 에이즈 예방을 위해 수억 달러를 투자하고 있다. 남반구 지역에서는 이 외에도 의사와 간호사 양성 프로그램도 운영한다. 뿐만 아니라 신약 판매를 허용하거나 거부하는 등의 활동과 일반 의약품의 사용 적극 권장하기, 제3세계 국가 국민들에게 없어서는 안 될 의약품의 지적 재산권을 최소한으로 제한하는 활동 등을 통해서 규범화 사업도 적극적으로 추진하고 있다. 요컨대 세계보건기구의 일거수일투족에 따라 막대한 자금의 향방이 결정되는 것이다.

2000년, 뛰어난 재능을 소유한 여성 대표가 세계보건기구 수장의 자리에 올랐다. 그로 할렘 브룬트란이라는 신임 수장은 의사 출신으로, 노르웨이 수상을 역임하기도 했다. 브룬트란은 임명 직후, 세계 최고 수준의 전문가들로 조사위원회를 구성하고, 토머스 젤트너 교수를 위원장에 임명했다. 이 위원회는 세계보건기구 내에서 담배 제조사들에게 매수된 관리들을 색출해내는 작업을 벌였다. 철저한 조사 끝에 마침내 위원회는 문제 관리들을 뿌리 뽑는 데 성공했다. 이 작업이 이루어진 후에 비로소 브룬트란은 담배에 관한 새로운 협약을 체결하기 위한 거대 다국적 담배 제조회사들과의 협상을 시작했다.

또 다른 일화가 있다. 세계보건기구의 최고 의결기관은 보건총회다. 이 총회는 매년 여름 제네바에서 열린다. 세계보건기구는 국가 간의 협약에 의해 설립된 기구다. 따라서 그러한 기구의 총회에 참석하는 각국의 대표단은 당연히 국가에서 선발해서 보내는 대표단이다. 그러니 제약계의 신흥 봉건제후들이 대표단으로 선발되어 제네바를 찾는 외교관이나 고위직 관리들의 환심을 사기 위해서 온갖 교묘한 술책을 동원하며 물 쓰듯 돈을 쓰는 것은 어찌 보면 아주 논리적이고 당연한 처사라고 할 수 있다.

총회에서 얻어지는 결정 사항들은 그러므로 대체적으로는 신흥 봉건제후들의 의지를 반영하며, 예외적으로는 관련 국민들의 필요에 따른 것이라고 보아야 할 것이다.

2001년, 스칸디나비아 반도 지역의 일부 국가들(그리고 제3세계 국가들)이 대표단의 구성원 각자는 예외 없이 토론에 들어가기에 앞서 자신의 이해관계 여부를 밝히도록 하자는 제안을 내놓은 적이 있다. 간단히 말하면, 이런저런 제약회사와의 관련 여부를 밝히자는 것이었다. 이 제안이 표결에 부쳐지기 전날, 현찰이 그득하게 든 가방들이 대표단들이 묵고 있는 강 좌안 호텔 내부에서 돌아다녔다고 한다. 다음 날 아침 토론이 시작되자마자 미국 대표단이 발언권을 요청했다. 미국 대표단은 이 제안은 회원국의 국가 주권 침해 요인이 될 수 있다는 내용의 발언을 했다. 결국 스칸디나비아 국가들이 내놓은 안은 절대 다수의 반대로 거부되었다.

정탐 색출 작업에 대해서도 좀더 상세하게 알아보자. 신흥 봉건제후 세력들은 사실 자기방어적인 성향이 무척 강한 관료집단이다. 무한 경쟁으로 치닫는 글로벌 자본주의 경제체제에서 이들 세계화 지상주의자들이 지니고 있는 가장 강력한 무기는 바로 놀라움이다. 다시 말해서, 적(그러니까 자신들의 기업을 정탐하는 자들)으로 하여금 자신들이 현재 공들여 준비하는 사업 계획을 절대로 알지 못하게 해야 하는 것이다. 거대 다국적 기업 내에서 정탐 색출 부서는 강력한 권한을 쥐고 있다. 게리 리블린은 이들이 주로 사용하는 방식을 몇 가지로 간추렸다. 가령 시티그룹과 다우케미컬의 직원들은 예외 없이 감시를 당한다. 사생활도 예외가 될 수 없다. 전자 부문에서 세계에서 가장 큰 두 기업인 마이크로소프트 사와 오라클 사에서는 도청과 컴퓨터의 하드디스크 검사 정도는 일상생활의 일부일 정도다.7

자, 이번에는 정탐 작업 분야를 살펴보자. 이것은 증권거래소를 통해 적대적인 주식의 공개 매입이 있거나 막대한 이익을 낼 수 있으리라고 예상되는 합병이 있을 때면 기초적으로 실시해야 하는 작업이다. 새로운 시장을 확보하거나 쉽게 타협하지 않는 정부나 유엔 기구 소속 전문가들을 매수하기 위해서는 사전에 꼼꼼하고 은근하며 참을성 있는 사전 작업이 필요하다. 이 같은 정탐 작업이 없다면 신흥 봉건제후들은 눈 뜬 장님이나 다를 바 없으며, 따라서 허약하기 이를 데 없는 존재로 전락하고 만다.

잠입하여 정탐을 하고 혹은 정탐자를 색출하는 작업을 성공적으로 수행하기 위해 어떤 방법을 쓰던 간에, 이들 신흥 봉건제후들이 추구하는 목표는 단 하나, 어떤 값을 치르더라도 가장 짧은 시간 내에 최대한의 이익을 얻는 것이다. 요컨대 탐욕 그 자체, 공허한 제국주의적 발상인 것이다. 이마누엘 칸트의 표현을 빌리자면 '목적 없는 목적(Der Zwecklose Zweck)'이라고 할 수 있다.

제약계에 군림하는 세계화 지상주의자들의 예를 들어보자. 이들은 마케팅 담당 부서에서 구매력 높은 잠재 고객들이 분명히 있음을 확인한 다음에야 비로소 신약 개발에 들어간다.

건강은 누구나 누려야 하는 권리임을 주장하며 투쟁을 벌이는 용기 있는 비정부기구 중의 하나인 안테나(제네바에 본부를 두고 있다)의 대표 데니스 폰 데르 바이드는 "말라리아가 뉴욕에 창궐하지 않는 것은 우리의 불행"이라고 말했다.

세계보건기구는 제약업계에서 신경 쓰지 않는 질병들을 가리켜 '소홀히 다뤄지는 질병(neglected diseases)'이라고 부른다. 이 같은 질병은 종류도 많고, 해마다 수천만 명의 목숨을 앗아가거나 불구로 만든다. 그런데도 이러한 질병을 퇴치할 수 있는 약은 거의 없는 형편이다. 어쩌다가 있다고 해도 오래되었거나 효과가 떨어지는 것들뿐이다.

댕기열은 바이러스성 질병으로 해마다 5천만 명이 이 병으로 고생한다. 전염성이 매우 강하기 때문에 예전에는 남반구 전역에서 창궐했다. 말라리아 증세와 비슷하며, 댕기열 또한 모기에 의해서 전염된다. 세계보건기구는 평생 동안 한 번이라도 댕기열에 걸려본 사람이 무려 20억 명이 넘을 것으로 추산한다. 이 병에 걸렸을 때 제일 먼저 나타나는 증세는 40도가 넘는 고열을 동반한 독감의 증세와 비슷하다. 댕기열은 특히 어린이나 영양실조에 걸린 여성들에게는 치명적이라 급히 치료하지 않으면 사망에 이를 수도 있다.

이 전염병은 전 세계 100여 개국에서 발병된 것으로 보고되었으며, 특히 아프리카와 동남아시아(10년쯤 전에는 브라질에서도 대대적으로 번졌다)가 취약 지구로 알려져 있다. 하지만 댕기열을 퇴치하기 위한 연구는 아직까지 초보 단계에 머물러 있다. 브라질과 인도네시아, 나미비아 같은 곳에서 댕기열 바이러스에 감염된 사람은 그저 혼자서 병을 이겨내는 수밖에 없다. 환자들은 자신만의 면역성에 의존하다가 대부분의 경우 끔찍한 고통에 시달리며 죽어가기 십상이다.

세계화 지상주의자들은 또한 수면병에 효과가 있는 약품을 개발하고 이를 상품화하는 일에도 그다지 관심이 없다. 이 병은 주로 열대지방, 특히 영양 상태가 좋지 못하고 위생 상태가 열악한 주거지에 사는 가난한 사람들, 바꿔 말하면 구매력이 높지 않은 사람들이 걸리는 병이기 때문이다.

그 밖에 다른 여러 가지 바이러스성 전염병을 치료하는 데 효과가 좋은 몇몇 약품들이 존재하기는 한다. 하지만 제3세계 국가의 돈 없는 사람들에게는 값이 너무 비싸기 때문에 그림의 떡에 불과하다. 그 때문에 2006년의 경우 2,100만 명이 말라리아나 결핵 등으로 죽었다(이들의 상당수는 어린이들이었다). 2,100만 명의 사망자 가운데 90퍼센트 이상은 이른바 개발도상국가로 불리는 122개국에 거주하는 사람들이었다.

이렇듯 대조 현상은 뚜렷하다. 제약계의 거대 다국적 기업들은 해마다 점점 더 정교한 엄청난 신약들로 북아메리카와 유럽 시장을 장악한다. 그런데 이 신약들이란 것들이 조금만 자세히 뜯어보면 이미 잘 알려진 똑같은 증세를 치료하는 약들이다. 기존에 나와 있던 약들과 색깔과 형태, 포장 방식과 이름 정도만 다를 뿐이다. 셀 수도 없이 많은 약들이 영양 좋은 백인들의 몸이 겪는 소소한 불편함을 없애주겠노라고 시장을 뒤덮고 있는 것이다. 제네바나 파리 시내 아무 약국에나 한 번 들어가 보면 이와 같은 부조리한 상황을 한눈에 알 수 있다. 가장 최근에 등장했으며 현재로서는 가장 수익성이 높은 약은 소위 '라이프스타일' 약이라고 하는 노화 방지 약, 성욕감퇴 방지 약, 주름 방지 약 등이다.

세계보건기구가 보유하고 있는 결정적인 통계를 보자. 1975년부터 2000년 사이에 세계 각국의 관계 당국에서는 1,393가지 신약의 상품화를 허가했으며, 이중에서 '소홀히 다뤄지는 질병'을 치료하기 위한 약은 겨우 16가지에 불과했다. 세계보건기구 보고서(제네바, 2004)는 이와 같은 현상에 대해 다음과 같이 간략하게 결론지었다. "제약업계에서는 수요에 따른 시장 조정 기능이 전혀 가동되지 않고 있다. 구속력 있는 조치가 절대로 필요하다."

신흥 봉건제후들은 물론 이런 조치 따위를 몹시 싫어한다.

하지만 때때로 상황은 보기보다 훨씬 복잡하다. 왜냐하면 일부 거대 다국적 기업 내에서는 말하자면 악마와 천사가 공존하면서 소리 없는 전투를 벌이고 있기 때문이다. 경영진의 일부는 지극히 윤리적인 처신을 옹호하는 반면 다른 일부분은 무슨 방법을 써서라도 이윤을 최대화해야 한다는 방침을 최우선으로 하는 갈등 상태가 지속된다는 말이다. 한 가지 예를 들어보자.

스위스 바젤에 본사를 두고 있는 노바티스는 세계 제약업계에서 두 번째로 큰 회사다.[8] 이 회사의 최고경영자는 활동적이고 언변이 뛰어나며, 프라이부르크 태생으로 독실한 가톨릭 집안 출신인 50대 의사 다니엘 바셀라다. 오토바이광인 바셀라에게는 절친한 친구가 한 명 있는데

바로 클라우스 라이싱어다.

바젤 대학의 개발사회학 교수인 라이싱어는 세계적으로 명성을 인정받는 학자다. 그는 또한 그의 명성에 걸맞은 당연한 대접이겠지만, 제3세계 국가에 사는 국민들에게 연대의식을 보이는 주요 비정부기구들의 전폭적인 신임을 얻고 있다. 4년 동안 제약업계의 거인 치바-가이기의 국장으로서 아프리카 중부와 동부 지역 책임자로 일한 덕분에 그는 제약업계의 생리를 누구보다도 훤히 꿰뚫고 있다.

노바티스의 다니엘 바셀라는 그런 클라우스 라이싱어와 손잡고 1990년에 노바티스 지속 가능한 발전 재단을 설립했다. 라이싱어는 이 재단의 이사장으로 취임했다.

라이싱어는 시간의 대부분을 비행기에서 보낸다. 마닐라에서 요하네스버그로, 코스타리카에서 베이징으로 날아다니면서 출장 지역 현지에서 일하는 노바티스 간부들을 위해 지속 가능한 발전, 기업 통치(corporate governance)를 위한 세미나를 연다.⁹ 그는 심지어 지속 가능한 발전을 위해 일했는지 여부를 매니저들의 승진 결정 기준으로 도입하기까지 했다. 요컨대 노바티스 재단이 전 세계 지사들을 통해서 벌이고 있는 이 같은 활동은 존경심을 자아내기에 충분하다.

노바티스 재단은 세계적인 명성을 자랑하는 학자이며 노바티스에서 오래 근무한 폴 헐링과 알렉스 매터에게 전폭적인 지원을 약속했다. 두 사람은 2002년 노바티스 열대 질병 연구소를 싱가포르에 설립했다. 2007년 현재 87명의 연구원들이 연구소 부설 실험실에서 일하고 있다. 연구소 운영 비용은 노바티스와 싱가포르 정부가 공동으로 부담한다.

매터와 헐링은 뎅기열과 특별히 내성이 강한 신종 결핵 박테리아를 퇴치할 수 있는 약품을 개발하기 위해 연구를 거듭하고 있다. 이들의 연구 수칙에는 두 가지 조건이 포함되어 있다. 첫째, 새로 개발될 약품은 경구용 환약으로 만들어지는 것이 원칙이나, 덥고 습한 열대 기후에서 사용될 것을 고려하여 가장 오랜 시간 약효가 지속될 수 있는 형태로 개발해야 한다. 둘째, 신약의 가격은 1일 치료 비용이 1달러를 넘지 않는 한도 내에서 책정되어야 한다.

이들은 2008년까지는 두 가지의 새로운 분자를 병원에서 임상 실험 가능한 단계까지 만들어내며, 2013년까지는 환자들이 복용할 수 있는 상업화 단계까지 완성한다는 목표를 설정해놓았다.

베르나르 페쿨은 '국경 없는 의사회'와 유사한 비정부기구인 '소홀히 다뤄지는 질병들을 치료하는 약 만들기(Initiative for Drugs for Neglected Diseases)'를 이끌고 있다. 그는 여러 가지 질문을 던진다. 바셀라는 무슨 꿍꿍이속일까? 솔직히 지구상에서 가장 가난한 몇몇 나라도 언젠가는 경제적으로 발전을 하게 될 것이다. 가령 상투메프린시페, 적도기니 등은 5년 전만 하더라도 하층 프롤레타리아 국가였지만, 요즘 들어 제법 구매력이 높아지고 있다. 영해에서 품질 높은 석유가 대량으로 생산되기 시작했기 때문이다. 못사는 나라들에게 이들이 절대적으로 필요로 하는 약품을 거의 생산 원가 수준으로 공급함으로써, 노바티스는 미래에 대해 도박을 거는 셈이다. 이 가난한 나라들이 경제적으로 풍요로워질 때쯤이면, 노바티스는 이미 그곳 시장에 뿌리내린 지 오랜 기업으로 기억될 것이다. 그래도 페쿨의 결론은 명쾌하다. 속셈이야 어떻든 간에 매터와 헐링이 이끄는 사업에 5년에 걸쳐 1억 2천만 달러를 지원하는 것은 긍정적으로 보아야 한다는 것이다.[10]

그런데 라이싱어가 이끄는 재단이나 매터와 헐링이 주도하는 연구소는 노바티스에서 생산되는 약품의 가격 결정이나 상업화, 마케팅 전략

등에 실질적인 영향력을 행사할 수 있는가? 세계화 지상주의자들의 선택이 거의 자선사업가 수준인 이 세 사람과의 우정에 따라 좌우될 것인가?

나는 그렇게 생각하지 않는다.

최근 인도에서 벌어진 항암 치료제 글리벡 사건은 노바티스 사의 극단적인 냉소주의와 한없는 탐욕스러움을 백일하에 드러낸다.

글리벡은 특히 위협적인 백혈병 치료에 뚜렷한 효과를 보이는 의약품이다. 노바티스 사는 해마다 글리벡 판매를 통해서 25억 달러를 벌어들인다. 글리벡으로 치료를 받는 환자 입장에서 보자면, 해마다 5만 달러 정도를 약값으로 지불해야 한다.

글리벡은 백혈병을 완치시켜주는 것이 아니라 병의 진행을 억제한다. 인도의 경우 글리벡은 (특허권이 없이 널리 쓰이는) 일반의약품으로 분류된다. 글리벡을 일반의약품으로 취급할 경우, 치료 비용은 2,100달러가 든다.

글리벡은 앞에서도 언급한 적이 있는 특허군에 속하는 약품으로, 말하자면 '미투(me-too)' 약품, 즉 모조품에 해당한다.

특허권 보호 시효가 지난 약품에 대해서, 제약회사는 해당 약품과 같은 약품을 형태만 조금 바꾸어서(포장 방식이나 약의 색깔 등) 다시 시장에 내놓는다. 제약회사는 이 약품을 '신제품'으로 등록하고, 따라서 새로운 특허권을 신청한다.

이런 방식으로라면 원래 20년인 특허권 보호 기간은 거의 영원토록 연장될 수 있다. 다시 말해서 약품을 생산하는 제약회사는 영원토록 독점권을 보장받을 수 있으며, 독점이므로 판매 가격을 말도 안 되게 비싸게 책정할 수 있다.

업계에서는 이와 같은 야비한 행태를 가리켜 '에버그리닝(evergreening)'이라는 말로 비꼰다. 이는 신약(과 신약이 가져다주는 천문학적인 이익)을 일반의약품으로부터 보호하는 막강한 장치를 가리킨다.

세계무역기구는 이 문제에 대해서 집중적으로 논의하고 있다. 제약회사들과 제3세계 국가 정부들 사이에서 몇 년 동안 계속되어온 복잡하고 격렬한 협상 결과, 2002년에 한 가지 해결책이 도출되었다. 앞으로는 무늬만 신약이 아닌, 내용적으로 혁신적이고 효과 면에서 차별화되는 진짜 신약만을 보편적인 특허권에 의해 보호하도록 합의한 것이다. 뿐만 아니라 세계무역기구는 "국가에 따라 예외적으로 위급한 상황에서는 정부가 '보편적인 특허권' 보호에 대해 이의를 제기할 수 있다"는 예외 조항도 마련했다.

2005년, 인도는 특허권에 대한 새로운 법령을 제정했다. 인도의 이 법령은 세계무역기구에서 합의한 내용을 문자 그대로 수용하는 내용이었다.

같은 해, 바셀라와 그로부터 막대한 연봉을 지급받는 국제법률 자문단은 이 법령을 뉴델리 연방법원에 제소했다.

일반의약품 글리벡의 생산 금지(와 세계 시장 판매 금지)를 얻어내려는 것이 바셀라의 목적이었다.

인도에는 2만 개가 넘는 제약회사가 존재한다.

인도는 다른 어느 나라보다도 일반의약품 생산에 있어서 강국이다. 인도에서 생산하는 일반의약품의 70퍼센트 이상은 세계 각국으로, 특히 가난한 나라들로 수출된다. 암에 걸려 고통받는 전 세계의 환자들 가운데 수백만 명은 값이 저렴한 일반의약품에 의존할 수밖에 없다.

따라서 바셀라가 취한 행동은 위험천만한 공격이라고 할 수 있다. 그의 시도가 성공을 거둔다면, 백혈병에 걸린 수십만 명의 환자들이 적절한 치료약을 공급받지 못해 죽음을 맞게 된다.

그러나 2007년, 뉴델리의 법원은 바셀라에게 불리한 1차 판결을 내렸다. 이 판결에 불만을 품은 바셀라는 상급 법원에 항소했으나, 거부당했다.

바셀라는 젊은 시절에 베른 의과대학 병리학 연구소에서 조교로 일했다. 나는 그와 지금도 연락을 하고 있는 그의 예전 동료들 몇몇을 잘 안다. 그들에 따르면, 바셀라는 모순으로 가득 찬 사람이다. 오토바이를 즐기고 자신감이 넘치는 것으로 보이는 그가 실제로는 언제까지고 지속될 것 같은 고약한 딜레마에 빠져 있다는 말이다.

바셀라는 자신에게 특별한 사명이 주어졌다고 확신한다. 그는 세계에서 두 번째로 큰 제약회사를 경영하면서 고성능 약품을 생산한다. 스위스 바젤, 프랑스의 알자스 지역, 미국 등지에 산재한 노바티스 연구소는 해마다 수백만 명의 목숨을 살리고 고통을 퇴치하며 인간의 삶을 보다 부드럽게 만들어주는 약품을 생산하고 있지 않은가? 이러한 약의 기초가 되는 새로운 분자를 발견하고, 그것으로 신약을 개발하여 생산하고 상업화시킴으로써 인류에 보탬이 되는 것은 매우 고귀한 사명이 아닐 수 없다.

하지만 이와 동시에 살아남아야 한다. 다시 말해서 경쟁사인 로슈, 아벤티스, 화이자 등과 대결해서 이겨야 한다. 상상하기 어려울 만큼 비싼 약값을 지불할 수 있는 사람들을 상대로 하는 세계의 제약시장은 제한되어 있다.

경쟁자들은 더할 나위 없이 사납고 맹렬하다. 세계화 지상주의자들 사이에서는 상대방을 먼저 배려해주는 경우란 없다. 매 순간이 치열한 전쟁의 연속이다. 정글의 법칙만이 지배할 뿐이다.

그러니 어떻게 할 것인가?

현재 그들이 앉아 있는 자리를 유지하기 위해서 세계화 지상주의자들은 늘 맹렬하고 냉소적이며 냉정해야 한다. 개인적으로 얼마간의 공감을 느끼는 인류애라는 명분 때문에 이윤 극대화라는 절대 절명의 원칙을 저버린다면 그건 곧 자살행위나 다름없다.

이와 같은 딜레마를 겪는 세계화 지상주의자들은 적지 않다.

네슬레의 책임자인 페터 브라벡의 예를 들어보자.

에티오피아에서는 720만 명의 남녀노소가 기아로 생명을 위협받고 있다. 에티오피아에서 가장 중요한 수출품은 커피다. 커피야말로 에티오피아의 주요 외화벌이 수단이다. 그런데 앞에서도 말했듯이 3년 전부터 생산자들에게 지불되는 값이 급락하고 있다. 따라서 수백만 명의 농부들의 가정은 와해되거나 대도시 주변 빈민촌으로 들어가게 되었다. 이들은 거리를 배회하다가 서서히 죽어간다.

브라벡은 세계 시장에서라면 얼마 안 되는 값에 구입할 수 있는 원두에 대해서 에티오피아 농부들의 딱한 사정을 고려하여 그들에게 높은 값을 지불해야 할 것인가? 혹은 오늘날 무소불위의 네슬레를 있게 만든 이윤 극대화 원칙을 포기함으로써 그의 경쟁자들인 아처 다니엘스 미들랜드, 유니레버, 혹은 카길 등이 커피시장에서 네슬레를 거꾸러뜨릴 수도 있는 위험을 감수해야 할 것인가?

다른 예를 들어보자. 요제프 아커만은 유럽에서 가장 막강한 은행인

도이체 방크의 회장이다. 그는 스위스 루체른 태생이며 독실한 가톨릭 신자다. 그는 아프리카, 라틴아메리카, 아시아 국가들이 겪고 있는 부채의 극심한 폐해에 대해서 너무나도 잘 알고 있지만, 그렇다고 해서 부채에 대한 전략을 바꾸지는 않는다. 만일 그가 일방적으로 채무 변제를 포기한다면, 이는 수천만 명의 삶을 구해주는 결과를 낳을 것이다. 하지만 그와 동시에 그는 세계 자본시장에서 도이체 방크의 위상을 약화시키게 될 것이다. 그렇게 되면 누가 득을 보는가? 물론 그의 경쟁자들인 크레디 스위스 그룹이나 J. P. 모건 체이스 맨해튼 은행 등이 덕을 보게 된다.

부채와 기아 덕분에 나날이 번영하고 있는 세계화된 자본주의 맥락에서 선택의 폭은 그다지 넓지 않다. 세계화 지상주의자들이 다른 사람들과 끈끈한 연대의식을 지닌 사람들처럼 행동한다면, 그들이 세운 제국이 와해될 것이고, 반대로 그들이 연민이나 인류애 등을 지옥에 던져버리고 사납고 냉소적인 야수처럼 행동한다면 투자가 증대되고 이윤은 하늘 높은 줄 모르고 솟구칠 것이며, 발밑엔 시체가 즐비하게 널릴 것이다.

선택의 여지는 별로 없다. 이들 신흥 봉건제후들이 그들의 활약을 통해서 거두어들이는 엄청난 액수의 보수를 고려한다면, 연민의 길을 택해서 제국을 와해시키는 선택은 이들에게 결코 매력적일 수 없다.

유전무죄 무전유죄, 가진 자가 이기는 세상

세계화 지상주의자들의 행동은 거의 전적으로 아무런 제재를 받지 않는다. 다음에 제시하는 예가 이를 증명한다. 하지만 똑같은 예를 통해서 우리는 세계 시민들이 단결하여 힘을 합치면 무엇을 얻을 수 있는지도 알 수 있다.

농화학 분야의 거대 다국적 기업인 유니온 카바이드 사는 인도의 뉴델리에서 그리 멀지 않은 보팔이라는 도시에 그룹의 가장 큰 공장을 세웠다. 그 결과 유니온 카바이드 사는 인도의 살충제 시장을 거의 독점하다시피 했다.

1984년 12월 3일, 공장에서 가스 유출 사고가 발생했다. 27톤이라는 어마어마한 양의 가스가 배출되어 도시를 온통 뒤덮었다. 유난히 독성이 강한 메틸이소시안 가스였다. 어린이, 남자, 여자 할 것 없이 8천 명이 넘는 보팔 시민들이 사건 발생 하루 만에 목숨을 잃었다. 그 후 몇 주, 몇 개월, 몇 년이 흐르는 동안에도 독가스는 위력을 발휘했다. 2만 명이 넘는 사람들이 사고 발생 후 3년 이내에 서서히 죽어갔다. 사건 발생 후 20여 년의 시간이 흐른 현재 시력을 잃거나 팔 다리가 손상되거나 만성적인 중병을 앓는 사람들의 수는 무려 10만 명에 육박한다.

이제부터 이어지는 사건 경과는 세계화 지상주의자들이 자신들로 인해 재난을 당한 주민들에 대한 책임을 모면하기 위해 동원하는 가증스러운 '잔머리 굴리기'나 거짓말의 전형적인 카탈로그라고 해도 과언이 아니다.

제1라운드. 유니온 카바이드 사는 이 사건에 대해 희생자들의 가족들이 요구한 손해배상 청구 소송이 인도 법정에서 진행되도록 하는 데 성공했다.

유니온 카바이드는 미국 회사다. 현재 시행 중인 법령에 따르면, 이 회사는 모기업이 자리한 곳의 법정에서 재판을 받도록 되어 있다. 하지만 인도 정부가 보팔 공장을 소유한 회사의 지분을 가지고 있다는 사실을 내세워 유니온 카바이드 사의 변호인단은 재판의 사고 현지 이송을 허락받았다.

그 결과는 어떻게 되었는가? 1989년에 성사된 재판 외 협약에 따라 회사는 희생자 가족들에게 총 4억 7천만 달러의 손해배상금을 지급하기로 합의를 보았다. 만일 같은 재판이 미국 법정에서 진행되었더라면 유니온 카바이드 사는 의심할 여지없이 수십억 달러의 손해배상금을 지불해야만 했을 것이다.

어쨌건 희생자 가족들에게 4억 7천만 달러의 배상금을 나누어 지급하는 일은 인도 정부의 소관이 되었다. 그러나 인도 공무원들은 이중 상당 부분을 빼돌렸다.

그렇지만 인도는 그렇게 만만한 나라가 아니었다. 인도는 강력한 시민단체들이 맹활약하고 있는 활기차고 지혜롭고 추진력 있는 나라다. 시민단체들은 재판 외 협약을 물고늘어졌다. 이들은 유니온 카바이드 사의 회장인 워런 앤더슨이 미필적 고의에 의한 살인혐의죄로 인도로 인도되어 재판을 받아야 한다고 주장했다. 이처럼 공방전이 계속되는 동안에도 메탈이소시안 가스는 무고한 시민들을 죽음으로 몰고 갔다. 새로 태어난 아이들 중에는 기형아가 많았으며, 수만 명의 성인들이 시력을 잃었다.

민간인 변호사들의 지원을 받은 시민단체들은 보팔 공장 경영진들의 회사 경영 내역을 꼼꼼히 살폈다. 그 결과, 공장 폐기물(양도 엄청날 뿐 아니라 유독성분이 강하다)을 인도 국내법에 따라 처리하지 않고 공장 인근의 35헥타르의 부지에 매립한 사실을 찾아냈다. 이 폐기물들은 저장탱크에 담긴 채 아무런 장치도 없이 그대로 매장되어 있었던 것이다. 그런데 그 저장탱크가 새기 시작했다. 유니온 카바이드 측은 탱크가 샌다는 사실을 완강하게 부인했다.

하지만 이 공장에서 나온 유독성 폐기물 중에는 특히 수은이 다량 포함되어 있었다. 수은은 지하수층까지 오염시켰다.

이렇게 되자 인근 지역 주민들로부터 불만이 터져나오기 시작했다. 곧이어 민원이 빗발쳤다. 수돗물과 우물물이 오염되었다는 것이다! 식수의 오염이야말로 각종 질병과 기형아 출산의 원인이었다. 결국 폐기물이 매립되어 있던 마디야프라데시 주는 현장 조사에 착수했다. 하지만 그 후 아무런 후속 조치가 없었다.

신흥 봉건제후들이 전 세계에서, 특히 남반구 국가들에서 공통적으로 즐겨 쓰는 수법 중의 하나는 바로 관리들을 부패시키는 것이다. 이들 나라에서는 장관이나 판사, 일반 공무원, 지방자치 정치가들의 봉급 수준이 매우 낮다. 세계화 지상주의자들이 중개인을 통해 은밀하게 선사하는 '선물'은 따라서 매우 유용하게 쓰인다.

오늘날 마디야프라데시 주의 오염된 식수를 사용해야 하는 주민들이 제기한 소송은 굳건한 벽에 부딪쳤다. 현재 아무런 진척 없이 지지부진한 답보 상태에 머물러 있다. 하지만 수은은 여전히 주민들의 목숨을 앗아가거나 불구자로 만들고 있다.

1999년, 희생자 가족들은 그린피스 인터내셔널에 도움을 요청했다. 그린피스는 심도 있는 역학 조사를 진행했다. 그리고 그 결과가 곧 공개되었다. 그린피스 보고서는 지하수층에서 수은을 비롯하여 독성이 강한 화학물질들이 다량으로 검출되었음을 알렸다.

이 결과에 고무된 시민단체들은 이 문제를 다시 법정으로 가져가기로 결정했다. 1989년의 재판에서 교훈을 얻은 시민단체들은 이번엔 인도 법정이 아니라 뉴욕의 법정으로 갔다. 시민단체들은 2001년 유니온 카바이드를 인수한 다우케미컬 사를 본사가 있는 미국의 재판정에 세운 것이다. 다우케미컬은 특히 베트남 전쟁과 아프가니스탄, 이라크 전쟁에서 널리 쓰인 네이팜탄을 생산하는 회사로, 이들이 만든 제품으로 무고한 시민들이 대량으로 희생되었다. 미국 국방부와 긴밀한 협조체제를 유지하고 있는 다우케미컬 사는 이런 이유 때문에 미국 내에서 정치, 재정, 사법 분야에서 광범위하게 영향력을 행사하고 있다.

뉴욕 법정의 판사는 보팔 희생자들의 재판 신청에 대해 기각 처분을 내렸다. 자신이 설사 원고 측에 유리한 판결을 내린다 한들 미국으로부터 8천 킬로미터나 떨어진 나라에서 그와 같은 판결이 실행에 옮겨질 수 없을 것이라는 것이 그러한 결정을 내리게 한 핵심 논리였다.

보팔의 희생자들은 포기하지 않고 항소했다.

미국의 항소심 법정은 매우 주목할 만한 판결을 내렸다. 만일 인도 정부가 뉴욕 법정이 내릴 판결의 집행자가 되기로 한다면, 1심 재판소는 이 사건을 다시 맡아야 한다는 것이었다.

2004년 1월, 다섯 대륙에서 활동하는 1만 개 이상의 각종 사회단체, 종교단체, 노동조합 등 지구상의 시민사회를 대표하는 10만 명이 넘는 사람들이 제4차 세계노동포럼이 열리는 뭄바이로 모여들었다. 보팔 희생자들에 대한 보상 쟁취, 다우케미컬의 파렴치함에 대한 투쟁 등이 포럼의 주요 의제에 포함되었다.

인도 중앙정부와 마디야프라데시 주 정부는 마침내 항복하지 않을 수 없었다. 이들은 미국 사법부의 판결을 인도 영토 내에서 집행할 의사가 있음을 뉴욕 법정에 알렸다.

2007년, 이 사건은 여전히 뉴욕 판사의 손에 들어 있다. 예리하고 섬세한 분석 기사로 보팔 사건의 생존자와 희생자 가족들이 벌이는 투쟁을 유럽에 널리 알린 에르베 켐프는 2004년에 벌써 다음과 같이 적었다. "판사[뉴욕 법정의 판사]가 다우케미컬에게 책임이 있다는 판결을 내린다면, 그의 결정은 지대한 영향력을 행사하게 될 것이다. 그의 판결은 거대 다국적 기업이 남반구 국가에서 저지른 환경 오염이 더 이상은 '책임 없음'으로 치부되지 않을 것임을 의미하기 때문이다."[11]

유엔 식량특별조사관으로서의 임무를 수행하기 위해서 나는 2005년 9월 인도 중부 지역에 위치한 마디야프라데시 주로 출장을 떠났다. 마디야프라데시의 주도는 보팔이다. 그런데 인도 중부 지역 다른 도시들에서 흔히 볼 수 있는 높은 굴뚝과 콘크리트 공장, 끔찍할 정도로 많은 공사장들에서 뿜어져 나오는 시커먼 연기로 거무스름하게 그을린 벽들로 에워싸인 산업 도시 대신, 구릉지대에 에워싸인 호숫가에 세워진 아기자기하고 예쁜 소도시가 나를 맞았다.

대로변에는 보기에도 시원한 야자수들이 가로수를 대신하고 있었다. 녹음이 우거진 구릉지대 속으로 기원전 3세기경에 세워진 눈이 부시도록 흰 사리탑들이 언뜻언뜻 모습을 드러냈다.

누르사바 궁에서 1킬로미터도 떨어지지 않은 곳에는 검게 타다 남은 화학공장의 폐허가 과수원 한가운데 흉물스럽게 남아 있었다.

피곤에 지친 듯한 경찰관 두 명이 과수원 입구를 지키고 있었다.

1984년 12월, 청명한 겨울 하늘 위로 치명적인 독성을 지닌 누런 가스 구름을 피워 올리며 2만 명의 목숨을 앗아가고 수만 명을 실명의 불행 속에 빠뜨린 공장이 있던 곳에는 검댕이 앉은 앙상한 벽들만 몇 개 남아 있을 뿐이었다.

제일 덩치가 큰 벽에 붙어 있는 거대한 표지판에는 영어와 힌두어로 아직도 끝나지 않은 재앙을 상기시키는 내용의 글이 씌어 있었다. 글에서는 거대 화학기업을 지휘하던 신흥 봉건제후들이 보여준 끝 모를 냉소주의와 오만방자함에 대해서 보팔 주민들이 느끼는 분노의 감정도 배어 나왔다.

표지판에는 "워런 앤더슨의 목을 매달아라!"라고 적혀 있었다.

자신들의 책임을 회피하려고 시도하는 (현재까지는 그러한 노력이 그럭저럭 성공을 거두고 있는 것으로 보인다) 거대 민간 다국적 기업은 다우케미컬만이 아니다.

또 다른 예로, 몬산토 사의 경우를 보자.

베트남에서 국제 자선단체들과 정부는 고엽제 희생자들을 위한 집 짓기 운동을 벌이고 있다. 고엽제란 인간의 신체를 처참하게 훼손하는 독약으로, 베트남 전쟁 동안 미국 공군은 이 독약을 베트남의 강과 논, 정글에 수만 톤씩 퍼부었다.

이렇게 해서 지어진 집들 중의 한 곳에서 나는 스물세 살의 청년 안 키에트를 만났다. 그는 불구자였다. 얼굴엔 불안과 공포의 기색이 역력했다. 그는 갈색의 두 눈을 연신 두리번거리며 방문객의 시선을 잡으려 안간힘을 썼다. 의사들에 따르면, 안 키에트는 여섯 살 정도의 정신 연령을 가졌다고 한다. 그는 말도 제대로 하지 못했다. 식사 시간엔 보조원의 도움을 받아서 겨우 숟가락을 움직였다. 이따금씩 그의 입에서는 날카로운 비명 소리가 터져나왔는데, 마치 짐승이 울부짖는 소리 같았다.

키에트는 호치민 시에서 45킬로미터쯤 떨어진 곳에 있는 쿠치에 살았다. 그는 고엽제 때문에 신체가 훼손된 불구자로 태어난 15만 명 이상의 어린이들 중의 한 명이었다.

현재 베트남에는 다이옥신이 함유된 음식 또는 식수를 섭취함으로써 장기적인 질환을 얻은 환자들이 80만 명 정도 된다.

1961년에서 1971년 사이에 미국 공군은 베트남 전역에 고엽제 형태의 살충제를 7,900만 리터 이상 뿌려댔다.

2004년 2월, 베트남 고엽제 희생자협회(VAVA)는 뉴욕 법원에 몬산토 사를 비롯한 37개 화학회사를 상대로 집단 소송을 제기했다. 미국의 비정부기구들과 무료 봉사 변호사들이 VAVA의 투쟁을 도왔다.

이들이 제기한 집단 소송은 미국 측에서 살포한 독약으로 인하여 불구로 태어난 아동들과 암을 비롯한 심각한 질병에 시달리며 고통받는 수천 명에게 손해배상을 할 것을 요구하고 있다.

VAVA 측의 변호인단은 이길 수 있다는 희망을 안고 있었다. 왜냐하면, 바로 한 해 전에 베트남 전쟁에 참가하여 비슷한 고엽제 피해를 입은 1만 명의 참전용사들이 제기한 비슷한 유형의 집단 소송이 뉴욕 법원에서 수리 가능하다는 판결을 받았기 때문이다.

2005년 3월 10일, 브루클린 지방법원의 잭 B. 바인슈타인 연방법원 판사는 판결을 내렸다. 그의 판단 사유는 무려 233쪽에 걸쳐 장황하게 나열되었다. 결론만 말하자면, 베트남 측에서 제기한 소송은 '증거 불충분'으로 기각되었다.

유전자 변형 생물, 불공정 경쟁의 대표주자

다른 종(가령, 토마토나 감자, 염소 등)의 유전자 하나를 이식받은 쌀은 기후 변화에 강한 벼이삭을 생산할 가능성이 있다. 이를테면 건조한 토양에서도 성장할 수 있다거나 더 많은 이삭을 맺는다거나 살충제가 필요 없다거나 하는 식이 될 것이다. 하지만 이와 동시에 이렇듯 유전자 변형이 이루어진 식물은 중장기적인 관점에서 볼 때 인체에 어떤 영향을 끼칠지 모르는 곡물을 생산하게 된다는 양면을 지닌다. 크로이츠펠트-야콥병, 바꿔 말해서 광우병만 봐도 이 문제는 충분히 생각해볼 만한 가치가 있다.

식물의 유전자 변형은 다른 종의 유전자를 이식해서 얻은 결과물이다. 그런데 우리는 이식을 통해 이루어진 염색체가 어떤 식으로 기능하는지에 대해서는 전혀 아는 바가 없다. 그런데 세계화 지상주의자들이 보기엔 유전자 변형 식물이야말로 천문학적인 이윤을 보장해줄 수 있는 확실한 수단이다. 특허권으로 보장을 받을 수 있기 때문이다. 유전자 변형된 종자를 사용하는 농부가 지난해의 수확에서 다음 해의 수확을 위해 일정 비율의 종자를 남긴다면, 농부는 이 종자의 특허권을 가진 거대 다국적 기업에 일종의 세금을 지불해야 한다. 농부가 유전자 변형된 종자를 사용하되 그 종자가 번식이 불가능한 종자라면('터미네이터' 특허), 농부는 해마다 기업으로부터 새로 종자를 사들여야 한다.[12]

유전자 변형 유기체의 생산과 보급은 자본주의 추종자들의 오랜 숙원이었다. 생물과의 불공정한 경쟁을 근원부터 차단하겠다는 꿈이 이루어진 셈이다. 자연, 즉 생명은 식물이나 인간, 먹을거리, 공기, 물, 빛 등을 무료로 생산하고 얼마든지 재생산한다. 자본주의자들에게 무료로 무엇인가를 생산한다는 건 도저히 참을 수 없는 일이다. 그들에게는 엄밀한 의미에서의 공공재산이란 존재할 수 없다. 자본주의자들은 무료라는 것을 끔찍하게 혐오한다.

나의 외할아버지를 비롯하여 외가 계통의 친척들은 쥐라 산맥과 알프스 산맥 평원지대 사이에 위치한 방게르텐 지역에서 농사를 지었다. 어렸을 때부터 나는 외할아버지가 외할머니와 어머니, 농장 일꾼들의 도움을 받아 밀을 베고 이삭을 털어 자루에 가득 담아 수레에(어린 내 눈엔 수레 하나가 어마어마하게 커 보였다) 싣고 물레방앗간으로 가지고 가는 과정을 지켜보면서 자랐다. 해마다 8월이면 외할아버지는 불에 그을린 베른 인근 농촌 들녘에서 겨울 파종을 위해서 낟알을 챙겼다. 몬산토 회사의 세계화 지상주의자들에게 이런 이야기는 한마디로 상상만 해도 끔찍한 악몽이다.

오늘날 지구 전체 노동 인구의 60퍼센트는 농부들이다. 앞으로는 특허 사용권을 지불해야 하는 유전자 변형 종자에 이들의 미래가 달려 있음을 어떻게 설득할 수 있을까?

신흥 봉건제후들은 유전자 변형 물질이 기아를 퇴치할 수 있는 절대적인 방편이 된다는 억지 논리를 편다. 기아로 인한 떼죽음을 더 이상 보고 싶지 않다고 생각하는 사람이라면 누구나 식물(소, 염소, 양, 가금류 등의 가축도 마찬가지다)의 유전자 변형에 적극적으로 동참해야 한다고 주장하는 것이다. 이들의 주장은 엄청난 진실 왜곡이다. 그럼에도 불구하고 이 같은 주장은 세계화 지상주의자들의 앵무새 노릇을 하고 있는 세계 각국의 관계 부처에서 매일 흘러나온다. 이와 같은 말이 나오기까지 수십억 달러가 오고 갔음은 두말할 나위도 없다.

여기서 한 가지 사실을 분명하게 짚고 가자. 유엔 식량농업기구(FAO)가 2006년에 내놓은 세계 식량 불안에 관한 보고서는 상세한 통계 수치까지 곁들여가면서 현재의 생산력으로 볼 때 세계 농업은 120억 명까지는 '별문제 없이'(유전자 변형 식품 없이도!) 먹여 살릴 수 있으리라고 전망했다. '별문제 없이'란 성인 인구 1명당 매일 2,700칼로리의 열량을 공급하는 것을 의미한다. 그런데 현재 지구상에는 '고작' 62억 명이 살 뿐이다.

유전자 변형이 이루어진 식물은 앞에서도 지적했듯이 특허권을 통해 보호를 받는다. 바로 이 점이 유전자 변형 식물의 매력이다. 이 덕분에 몬산토 사는 해마다 수천만 달러의 수익을 거두어들인다. 몬산토 사의 경영진은 도가 지나치다 싶을 정도의 공격성으로 채무자들을 몰아붙인다.

최근에 있었던 퍼시 슈마이저 소송 사건은 특별히 주목을 끌었다.

슈마이저는 73세의 캐나다 농부로, 가족들과 함께 서스캐치원 지방의 작은 마을 브루노에 산다. 그는 가느다란 금속 테 안경을 썼으며, 희끗희끗한 머리는 단정하게 빗어 넘겼고, 갈색 양복에 붉은색 계통 넥타이를 매고 나타났다. 그린피스는 자신이 겪은 일을 유럽에 알리기 위해 순회 여행길에 오른 그와 동행했다. 그가 제네바에 온 것은 2004년 6월

초였다.

슈마이저는 분노를 폭발하지도, 절망하지도 않았다. 그저 담담하게 자신이 겪은 일을 이야기했다. 1998년, 몬산토 캐나다 지사가 고용한 변호사들은 유전자 변형된 유채 종자를 '불법으로' 사용했다는 이유로 그에게 회사 측에 상당한 액수의 돈을 지불할 것을 요구했다. 이 유채의 특허권이 회사 측에 있다는 이유에서였다. 그들이 요구한 액수는 더도 덜도 아닌 40만 달러였다.

슈마이저는 당연히 거부했다.

그러자 변호사들은 '특허 위조'라는 죄목으로 그를 고소했다. 그들은 슈마이저가 라운드업 레디라는 품종의 유채를 구입한 다음 허가도 없이 이를 되팔았다고 주장했다. 이 유전자 변형 유채는 특히 라운드업 상표가 붙은 제초제에 저항하는 성질이 뛰어나다고 한다. 그런데 라운드업 제초제 역시 몬산토 사에서 만든다!

몬산토 회사 측의 변호인단은 한밤중에 슈마이저의 밭을 방문해서 그 밭에서 몇몇 유전자 변형 유채 품종들을 발견했다면서, 그 목록을 자랑스럽게 제시했다. 슈마이저는 몇몇 유전자 변형 유채 품종이 자신의 밭에서 자라고 있음을 부인하지는 않았다. 하지만 그 품종의 씨앗을 실어다준 것은 어디까지나 바람이라는 것이 그의 주장이었다. 슈마이저와 이웃해서 사는 마을 사람들 가운데 일곱 명이 이 같은 품종의 유채를 심었던 것이다. 그러니 슈마이저는 자신이 소극적인 오염의 희생자라고 주장했다.

1심의 판사는 단호했다. 판사는 슈마이저가, 어떤 방식으로 자기 밭에 날아들었건 간에 특허를 받은 씨앗을 사용하지 말았어야 한다고 판단했다.

하지만 슈마이저는 매사에 정확하고 정직하며 신중한 전형적인 캐나다 농부였다. 그는 자신이 몬산토 사의 정탐꾼들보다도 훨씬 먼저 자신의 밭에 이 씨앗들이 떨어진 사실을 알았다고 말했다. 어떻게 그걸 알았을까? 그가 라운드업 제초제를 밭에 뿌렸을 때, 밭 가장자리 고랑 옆에 자라난 몇몇 유채 줄기가 희한하게도 약품에 잘 저항하더라는 것이었다.

1심 재판이 끝나자 슈마이저는 겁이 덜컥 났다. 그는 부자가 아니었다. 무슨 수로 판사가 언도한 손해배상과 소급해서 내야 하는 특허 사용료를 지불한단 말인가? "나는 돈이 없었으므로 파산할 위기에 처했습니다. 그래도 아내와 농장만은 구하고 싶었습니다."

그래서 그는 항소했다.

2004년 5월 21일, 6년간의 소송(변호사 비용 포함) 끝에 이 사건은 마침내 대법원까지 올라갔다. 결론부터 말하자면 5대 4로 슈마이저는 패소했고, 몬산토는 승소했다.

슈마이저의 말을 들어보자. "50년 동안이나 나는 내 밭에서 수확한 곡식 중에서 이듬해에 뿌릴 낟알을 미리 덜어냈습니다. 모름지기 농부란 자기 밭에서 얻은 낟알을 다시 심을 수 있는 권리를 빼앗겨서는 안 됩니다. 그 낟알들은 수천 년 동안 전 세계 농부들이 좋은 것을 추려서 보존한 결과로 얻어진 것입니다. 그런데 법원은 이제 수백 년 동안 이어져 내려온 농부의 가장 기본적인 권리를 빼앗았습니다."

그는 제네바에 머무는 동안 미국에서 농사를 짓는 톰 윌리와 동행했다. 수천 명의 북미 지역 동료 농부들과 마찬가지로 톰 윌리도 현재 몬산토 사의 변호사들로부터 갖은 암시와 협박, 법정 공격을 받고 있는 중이다.

문득 나의 개인적인 추억 하나가 떠오른다.

해마다 10월 16일은 유엔이 정한 세계식량의 날이다.[13] 2000년 9월 유엔 식량특별조사관에 임명된 이후, 나는 이날이면 언제나 제네바의 유엔 청사에서 담당 기자들이 모인 자리에서 기자 회견을 가진다.

2002년 10월 16일에도 그렇게 했다.

그런데 2002년엔 아프리카 남부 지역에 기아가 몰아닥친 해였다. 말라위, 잠비아, 남아프리카공화국 북부 지역, 보츠와나, 레소토, 짐바브웨 일부 지역, 앙골라 등지에서 곡물, 특히 옥수수는 완전히 흉작이었다. 가뭄 때문이었다. 앙골라에서는 엎친 데 덮친 격으로 내란의 충격까지도 고스란히 감내해야 했다. 요컨대 남녀노소 모두 합해 1,400만 명에 달하는 사람들이 당장에라도 죽을 운명에 처했다.

세계식량계획은 재난을 당한 지역에 수만 톤의 식량, 특히 옥수수를 긴급 지원했다. 이 옥수수의 상당 부분은 미국 정부가 무상으로 제공하는 것으로, 100퍼센트 유전자 변형된 품종의 옥수수였다.

2002년 10월 12일, 잠비아 대통령은 국제적인 스캔들을 일으켰다. 상당수 잠비아 국민들이 식량 부족으로 곤란을 겪고 있는 상황에서 미국의 옥수수를 '독이 든 식량'이라고 비난하며 거부했던 것이다. 그는 세계식량계획 측에 '독이 든 식량' 배분을 즉각 중지할 것을 요청했다.

나의 기자 회견이 끝나갈 무렵 아프리카의 한 젊은 여기자가 잠비아 대통령의 태도에 대해서 어떻게 생각하느냐고 물었다. 나는 전형적인 스위스인답게 매우 신중한 반응을 보였다. "국제학계는 유전자 변형 생물이 공중보건에 야기할 수도 있는 위험을 놓고 양분되어 있습니다. 일부 학자들은 유전자 변형을 거쳐 만들어진 혼합 식량을 섭취하는 것은 위험하다는 입장을 취하고 있는 것이 사실입니다. 나는 생물학자도 의사도 아닙니다. 그러니 이 문제에 대해서는 무어라고 단정할 수가 없습니다. 하지만 유럽연합은 이 문제에 관해서 신중한 입장을 견지하고 있으며, 따라서 유전자 변형 생산물의 유통을 금지하고(유럽연합은 동물 사료용 혼합 콩의 유통만을 인정하고 있다) 있음을 말씀드립니다. 이 때문에 유럽연합은 워싱턴 행정부와 공개적인 갈등 상황에 놓여 있습니다. 미국 정부는 이 문제 때문에 유럽연합을 세계무역기구에 제소한 상태입니다.

자크 시라크 프랑스 대통령과 게르하르트 슈뢰더 독일 총리에게 유전자 변형된 생물의 무독성을 의심할 권리가 있다면, 잠비아 대통령에게도 같은 권리가 있겠죠. 따라서 나는 아프리카의 거부가 정당하다고 봅니다."

나는 나의 의견을 BBC 방송과 라디오 프랑스 국제방송이 내민 마이크 앞에서도 똑같이 반복해서 말했다.

그로부터 며칠 후 나는 방글라데시로 출장을 떠났다. 런던 히드로 공항의 브리티시 에어웨이 대기실에 앉아 있는 동안 나의 비서인 두티마 바그와딘은 유엔 인권위원회 책임자인 세르지우 비에이라 드 멜루로부터 긴급 메일을 전달받았다. 그는 나한테 메시지를 받는 대로 연락해달라고 요청했다. 뉴욕으로부터 날아온 메시지에는 그의 미국용 휴대전화 번호가 남겨져 있었다.

어쨌거나 비행기는 이륙했고, 15시간의 비행 끝에 다카 공항에 내린 후에야 나는 그에게 연락을 취했다. 하지만 다카와 뉴욕 간의 통화는 쉽지 않았다. 여러 번의 시도 끝에 나는 전화선을 통해 전해지는 세르지우의 온정 넘치는 목소리를 들을 수 있었다. 그는 몹시 걱정하는 눈치였다.
"미국 사람들이 자네를 거꾸러뜨리려고 벼르고 있네."

대단히 잘난 것도 없는 나에 대한 미국 사람들의 보복은 두 단계로 진행되었다. 애리조나 주에 본사를 둔 거대 다국적 제약회사의 소유주이며 현재 주 유럽의회 유엔 의석 미국 대사인 케빈 E. 몰리는 제네바의 윌슨 궁에 있는 유엔 인권위원회로 항의성 방문을 했다. 그는 "지글러는 그의 권한을 벗어나는 발언을 했다. 유전자 변형 생물에 대한 언급은 단연 그의 권한을 벗어나는 것이다. 그러니 그를 해임해야 한다"고 주장했다.

그 일이 있은 지 이틀 만에 뉴욕의 주 유엔본부 미국 대사가 코피 아난 사무총장에게 똑같은 항의를 했다.

세르지우 비에이라 드 멜루와 코피 아난은 똑같은 반응을 보였다. "특별조사관은 누구나 완전히 자유롭고 독립적인 가운데 자신의 주장을 말할 권리가 있다. 그가 자신의 권한을 벗어나는 행동을 했다면, 인권위원회나 총회를 통해 그에게 경고를 주면 될 일이다. 그러니 당신이 지글러에게 불만이 있다면, 직접 그를 만나서 이야기하는 것이 좋겠다"고 두 사람은 말했다.

전형적인 '카리오카' 인[14] 세르지우 비에이라 드 멜루는 내가 아는 사람 중에서 가장 호감 가는 사람 중의 하나다. 그는 군사독재 정권 때문에 해직당한 브라질 외교관의 아들로서 파리 소르본 대학에서 1968년 5월 혁명을 맞았다. 학생 혁명에 적극적으로 가담했던 그는 경찰에 체포되어 추방당했다.

그가 제네바로 오게 된 경위다.

고등 국제학 대학에 입학한 그는 유엔 난민위원회에서 아르바이트를 해서 번 돈으로 생활했다. 그곳에서 자신과 같은 처지에 있던 코피 아난을 만났다. 우리 세 사람의 우정은 이 무렵에 싹텄다.

그 후 세르지우는 유엔 내부에서 가장 영향력 있고 사랑받는 지도자 중의 한 사람이 되었다. 유엔사무국 인도지원조정국(UNOCHA) 사무차장, 유엔 코소보 대표부 대표, 유엔 동티모르 대표부 대표, 인권위원회 대표 등 그는 어느 순간에도 인간적인 온기와 결단력을 잃지 않으며 유엔 내의 요직을 두루 거쳤다.

인간의 생명을 구하고, 불의와 맞서 싸우는 일이라면 늘 앞장서는 카리오카 세르지우의 미소 띤 얼굴은 순간적으로 가차 없고 엄격하며 능력 있고 타협할 줄 모르는 투사의 얼굴로 바뀐다.

세르지우는 22명의 부하직원과 함께 2003년 8월 19일 바그다드의 카날 호텔 앞에서 일어난 자살 폭탄 테러로 사망했다. 폭탄을 실은 트럭이 돌진한 이 사건으로 200명의 부상자가 발생했다. 오사마 빈 라덴의 동업자인 아부 무사브 알자르카위는 이 테러가 자신이 계획한 범행이라고 발표했다. 이 사건에 연루된 것으로 보이는 자들 가운데 체포된 사람은 현재까지 아무도 없다.

세르지우는 이제 제네바 시 루아가에 있는 묘지 동쪽 벽 근처, 호르헤 루이스 보르헤스 곁에 묻혀 있다. 그는 장 칼뱅과도 이웃하고 있다.

2002년 11월 초, 세르지우는 뉴욕에서, 나는 방글라데시에서 각각 출장을 마치고 제네바로 돌아왔을 때였다. 그가 전화를 걸었다. "혹시 몰리가 자네한테 전화했던가?" 미국 대사로부터는 아무런 연락이 없었다.

"이상하군. 나한테는 연락하겠다고 했는데. 그에게 전화 한번 해보게나." 세르지우가 말했다.

나는 프레니 방향으로 가다 보면 나오는 샹베시에 위치한 미국 요새로 세 번씩이나 전화를 걸었지만, 그와 통화를 할 수 없었다. 몰리는 내 전화를 받지 않겠다고 거절했다.

몹시 화가 난 세르지우는 직접 몰리에게 전화를 걸었다.

마침내 미국 사람들과 중립지대인 유엔 건물 14번 문 주변에 있는 세르팡 바에서 만나기로 약속이 잡혔다. 이 술집은 대형 통유리창이 뱀처럼 구부러지게 이어져 있어서 공작들과 시시각각 바뀌는 호수의 물빛, 그리고 멀리로는 몽블랑 정상에 이르기까지 파노라마처럼 펼쳐지는 멋진 공원 풍경을 즐길 수 있도록 설계되었다.

작은 키에 희끗희끗하고 덥수룩한 머리의 남자가 파란 줄무늬가 들어간 짙은 색 정장 차림에 흰 셔츠, 은색 넥타이를 매고 약간 불편한 듯한 표정으로 땀에 젖어 축축해진 손을 내밀었다. 그러고는 순식간에 사라져버렸다. 그가 떠나자 인상이 썩 좋다고는 할 수 없는 남자 두 명이 그를 대신하기라도 하듯이 '외교관'이라고 자신들을 소개했다.

한 사람은 무척 인상적인 얼굴을 지닌 수다스러운 혼혈로, 상당히 다혈질로 보였으며, 다른 한 사람은 나이를 짐작하기 어려운 백인으로 무표정한 얼굴이 창백하기 그지없었다. 두 사람은 즉시 나를 공격하기 시작했다. "당신은 반미주의자입니다. 당신은 비밀스러운 스케줄을 관리하고 있더군요. 당신의 평판은 아주 끔찍한 편입니다. 당신은 당장 이 일을 그만두는 편이 좋을 것 같습니다. 전에 가르치던 대학으로나 돌아가는 게 좋겠습니다."

나는 이성적이고 합리적인 토론을 하기 위해 서류들을 준비해서 들고 나간 상태였는데, 고작 두 명의 동네 불한당을 상대해야 하는 꼴이 되고 말았다.

두 사람의 천박함은 도를 넘는 수준이었다.

놀라움의 시간이 지나자 내가 반격에 나설 차례가 되었다.

이 갈등은 좋지 않은 시기에 발생했다.

특별조사관으로서의 나의 임기는 2003년 봄에 열릴 제59회 인권위원회 총회를 통해 3년 연장될 예정이었다. 이 결정에서 미국인들의 입김이 세다는 사실은 나도 잘 알고 있었다. 이들은 마음만 먹으면 유엔 체제 안에 속한 어느 누구라도 내쫓을 수 있는 막강한 권력을 쥐고 있었다.

나는 국제개발대학 카페테리아에 나의 보좌관 두 명과 친구 샐리 안웨이와 크리스토프 골레이를 앉혀놓고 의견을 물었다. 그날 우리는 내친김에 갈 데까지 가보는 쪽으로 행동 방침을 정했다. 유전자 변형 생물 문제는 아프리카 농부들에게 엄청난 결과를 초래할 수도 있는 안건이었고, 따라서 우리에게도 매우 중요한 사안이었다.

우리는 비록 재신임을 받지 못하는 한이 있더라도 유전자 변형 종자에 대한 우리의 입장을 끝까지 옹호하기로 합의를 보았다.

결정적인 전투는 2002년 11월 11일, 뉴욕에서 열린 유엔총회에서 치러졌다. 미국 대사 시찬 시브가 다음과 같은 말로 나를 공격했다. "당신은 각국 정부에다 대고 현 시점에서 그들이 얻을 수 있는 유일한 식량을 거부함으로써 국민들을 굶겨죽이라고 부추겼습니다. 당신은 당신의 지위를 이용하여 미국 국민들이 기아의 확산을 막기 위하여 제공하는 식량을 비방했으며, 또한 각국 정부에게 이 식량을 배고픈 국민들에게 나누어줄 것을 거부하라고 종용했습니다. 당신은 학문에 대해서 무지할 뿐 아니라 그와 동시에 유엔의 일관성 있는 정책에 대해서도 제대로 파악하지 못하고 있습니다. 당신은 수백만 명의 사람을 매우 중대한 위험에 빠뜨린 책임을 져야 합니다. 지글러 씨, 모든 행동엔 결과가 따르게 마련입니다. 당신의 행동은 수많은 사람들의 죽음을 초래할 수도 있습니다."[15]

미국 대사의 공격에도 불구하고 내가 제출한 보고서는 절대 다수의 동의를 얻어 총회에서 통과되었다. 그로부터 6개월 후 인권위원회는 찬성 51표, 반대 1표(미국), 기권 1표(오스트레일리아)로 나를 재신임했다.

세계화 지상주의자들이 구사하는 교묘한 술책이나 음모에 익숙하지 않은 독자들은 미국 외교관들이 나를 상대로 벌인 이 희한한 공격에 놀라움을 표할 수도 있다.

나는 나의 일을 좋아한다. 특별조사관이 하는 일은 매우 흥미롭다. 하지만 나의 영향력이라고 하는 것은 솔직히 말해서 지극히 미미할 뿐이며, 나 자신이 누구보다도 그 사실을 잘 알고 있다. 그런데도 어째서 막강한 미국 국무부와 그보다도 더 막강한 CIA가 나 같은 사람을 그토록 집요하게 감시하며 내가 하는 일에 제약을 가하려고 하는가?

우아하고 기품 있는 시찬 시브 미국 대사는 2002년 11월 11일에 나를 향해서 스스로가 던진 어리석은 발언의 내용을 단 한순간도 사실이라고 믿지 않았을 것이다. 대표단이 아마도 그처럼 터무니없는 내용의 연설문을 작성해주었을 것이다. 그는 그저 안경 너머로 이따금씩 나에게 사나운 눈길을 보내며 쩌렁쩌렁한 목소리로 남이 써준 글을 읽기만 했을 것이다. 하지만 어쨌거나 그 코미디는 수준 이하였다. 도대체 왜 그런 무모한 공격을 했을까?

유전자 변형 생물에 관한 갈등은 어마어마한 액수의 돈이 걸려 있는 절박한 문제다. 미국 농가공 식품업계는 미국이 아닌 다른 나라에 자신들이 보유한 종자들과 자신들이 새로 개발한 제품들을 파는 데 많은 어려움을 겪고 있다. 적지 않은 나라에서, 특히 아프리카와 라틴아메리카 지역에서 미국 업체들은 유전자 변형 생산품 금지 조항을 피해가기 위해 수단과 방법을 가리지 않고 덤비고 있다.

이들 업계의 선두주자가 바로 몬산토 사다. 백악관에서 이 회사의 입김은 대단하다. 세계유전자 변형 종자(관련 제품 포함) 시장의 개방이 몬산토 사의 최우선 과제다. 몬산토 사가 세계에서 가장 큰 유전자 변형 생물(GMO) 생산 기업이기 때문이다. 전 세계 7천만 헥타르의 GMO 경작지 중의 90퍼센트가 몬산토 사의 제품을 사용하고 있다.

세계화 지상주의자들과 그들의 하수인인 미국 외교관들이 한편이 되고, 잠비아와 유엔 내부에서 잠비아의 입장을 지지하는 회원국들이 다른 한편이 되어 벌인 전투는 어떻게 결말이 났을까? 미국이 나서서 식량을 지원할 때, 그 틈을 타서 유전자 변형 종자의 수입을 금지하는 나라를 파고드는 것이 몬산토 사의 전략이었다.

세계식량계획은 잠비아에서 미국의 잉여 유전자 변형 곡물 배분을 중단했다. 그 대신 세계식량계획은 옥수수를 빻아서 지급하는 방법을 썼다. 옥수수 가루가 잠비아를 기아로부터 구했다. 다시 말해서 몬산토 사의 전략은 실패로 돌아갔다. 낟알을 받은 것이 아니라 가루를 받은 잠비아 농민들은 이듬해 농사를 위해서 낟알을 남겨둘 수 없을 것이고, 따라서 유전자 변형 옥수수 종자는 잠비아 시장을 점령할 수 없게 된 것이다.

하지만 그렇다고 단념할 몬산토 사가 아니었다.

2004년 6월 21일부터 23일까지 몬산토 사의 '전문가들'은 부르키나파소의 수도 와가두구에서 대규모 학회를 개최했다. 이 학회에는 말리, 부르키나파소, 니제르, 가나의 대통령을 비롯하여 사하라 사막 인근 지역 국가의 고위직 공무원들이 300명 넘게 참석했다. '생물공학과 서부 아프리카 농업의 접목'을 목적으로 하는 모임이었다.

유전자 변형 종자 생산을 적극적으로 찬성하는(그리고 일부는 그 덕분에 두둑한 보수까지 받고 있는) 100여 명의 학자들이 미국으로부터 와가두구로 몰려왔다. 미국 농업부 장관 앤 베네만도 참석했다. 초대형 화면을 배경으로 베네만 장관은 학회에 참석한 아프리카 여러 나라 정상들과 장관, 고위 관리들 앞에서 다음과 같이 기가 막힌 개회사를 낭독했다. "여러분들은 녹색 혁명에 실패했고, 산업혁명에도 실패했습니다. 그러니 유전자 혁명만큼은 실패하지 말아야 합니다."[16]

앤 베네만의 호소는 얼마만큼의 효과를 가져왔을까? 오직 부르키나파소만이 유전자 변형 생물에 대해 시장을 개방했다. 이 나라의 블레즈 캄파오레 대통령은 눈매가 선하고 세계 금융의 미로에 대해 완벽한 지식을 가지고 있는 인물임을 염두에 두어야 한다. 그의 전임자인 토머스 산카라 대통령은 그렇지 못해서 암살당했다.

어쨌거나 신흥 봉건제후들이 지배력 강화를 위해 고안해내는 전략은 언제나 승승장구하는 편이다. 몬산토 사가 아프리카 국가들을 파고들어 그들을 자신의 지배하에 두려는 전략이 잠정적으로 실패했다고는 하지만, 이건 어디까지나 예외일 뿐이다. 예외 없는 규칙은 없다지 않은가.

덧붙이는 말

생물에 관한 특허는 농가공 식품업계만의 전유물이 아니다. 세계 제약업계 또한 같은 방법을 쓰고 있다.

한 가지만 예를 들겠다. 2004년 8월에 스위스 여론을 들끓게 했던 사건이다. 전통적으로 호흡 곤란으로 고생하는 신생아들은 스티코시드라고 하는 특별한 가스로 치료해왔다. 이 가스는 자연에서 쉽게 얻을 수 있다. 치료 비용은 약 100유로이며, 치료 기간은 4~5일 정도 걸린다. 이 가스를 사용하면 신속하고 만족스러운 효과를 볼 수 있다. 스위스에서는 해마다 150명 정도의 신생아들이 이 치료 덕분에 목숨을 구한다.

그런데 2004년부터는 이노테라포이틱스라고 하는 독일의 거대 다국적 기업이 이 가스에 대해 독점적인 특허권을 행사하고 있다. 이 고마운 가스가 이노막스(Inomax)라는 이름으로 상용화된 것이다. 이노막스는 이제 유럽 특허의 보호를 받는 약품이 되었다. 따라서 그 어떤 소아과 의사도 천연 상태의 가스를 처방해줄 수 없게 되었다. 덕분에 스위스 소아과 병동에서 호흡 곤란으로 고통받는 신생아를 치료하려면 평균 2만 유로의 치료비가 들게 되었다.[17]

베베이의 파렴치한 문어, 네슬레 왕국

네슬레는 식품과 음료수 분야에서 가장 막강한 거대 다국적 기업이다. 1843년에 설립되었으며, 본사는 스위스의 레만 호 부근, 베베이라는 곳에 위치하고 있다. 최근 네슬레의 매출액은 654억 달러가 넘었고, 순이익은 무려 50억 달러가 넘고, 거래소에 상장된 주식 시가총액은 1,070억 달러였다. 전 세계의 거의 모든 국적을 총망라한 275,000명의 종업원이 86개국에 산재한 511개의 네슬레 공장에서 일한다. 음료수와 식품, 동물 사료 등 세 가지 분야에서 네슬레가 생산하는 상품의 가짓수만 해도 8천 개가 넘는다. 네슬레는 세계에서 27번째로 큰 기업이다.

네슬레와 관련한 나의 기억은 30년 전으로 거슬러 올라간다. 당시 영국 학자들은 모유가 네슬레에서 생산하는 분유보다 신생아의 성장에 훨씬 효과가 좋다는 사실을 입증했다. 옥스팜은 이 연구 결과를 발표하면서 전 세계의 모든 산모들에게, 특히 제3세계 산모들에게 모유 수유를 포기하고 네슬레 제품을 사서 먹이라고 부추기는 행위는 신생아의 건강과 복지, 심신 발달에 심각한 폐해를 가져오는 행위라고 결론지었다.

베른에서 일하는 우리 제3세계 연대팀은 영국 학자들이 발표한 통계 수치를 인용해서 '네슬레가 아기들을 죽인다'라는 제목의 브로셔를 만들었다. 그러자 네슬레 사는 우리를 고소했고, 우리는 보기 좋게 패소했다.[18] 브로셔는 압수당했고, 진행 중이던 캠페인은 중단되었으며, 우리는 네슬레 측에 재판 비용과 손해배상까지 물어주어야 했다.

하지만 스위스를 벗어나서는 이와 같은 움직임이 꾸준히 확산되어 갔다.

1979년, 150개의 비정부기구들이 국제유아식품 액션 네트워크(IBFAN)를 창설했다. 세계 각국에서 네슬레의 영업 전략과 홍보 전략에 맞서 싸우자는 것이 이 단체의 설립 목적이었다. 같은 해, 유엔에서는 유엔 아동기금과 세계보건기구, 이렇게 두 전문 기구가 주축이 되어 '신생아용 식품'에 관한 학술회의를 개최했다. 이 학회를 통해서 주요 비정부기구들의 요청이 공인되었다.

미국에서는 시민단체와 교회 계통 단체 30개가 주동이 되어 국제 네슬레 보이콧 위원회를 결성하여 소비자들에게 네슬레 사가 생산하는 주요 상품(신생아를 위한 분유만이 아닌 다른 상품들도 포함되었다는 말이다) 불매운동에 동참할 것을 호소했다. 이 캠페인은 영국과 스웨덴, 독일 등지에서도 높은 호응을 얻었다.

세계보건기구 연례 총회는 1981년 5월 제네바에서 임시 총회를 개최했다. 이 총회에서 모유 대체 상품으로서의 신생아용 식품 상용화에 관한 국제 기준이 채택되었다. 미국을 제외한 모든 회원국은 이 안에 찬성했다. 매우 상세한 이 기준은 가령 산모들에게 모유 수유를 대신해서 분유를 먹이라고 부추기는 광고는 어떤 형태로든 금지한다는 조항 등을 포함하고 있다. 이 기준은 유럽연합(당시에는 유럽경제공동체) 강령에도 그대로 적용되어 많은 유럽 국가들의 국내법에도 반영되었다.

1984년, 네슬레 사는 이 국제 기준에 서명했다. 이렇게 되자 네슬레 제품 불매운동도 막을 내렸다. 하지만 네슬레 사에 비판적인 입장을 견지한 자들의 주장에 따르면, 아프리카와 아시아, 라틴아메리카 등지에서 네슬레 사는 여전히 자사 분유가 모유 대체 상품이라는 공격적인 마케팅 전략을 고수했다.

네슬레는 현재 오스트리아 카린티아 지방의 빌라크 출신 60대 신사 페터 브라벡-레마테가 이끌고 있다. 그는 열정적이고 능란한 사람이다. 자타가 인정하는 산악인으로 늘 구릿빛 얼굴을 하고 있는 그는 대단한 에너지의 소유자다. 뛰어난 지능과 우아함에서 풍기는 저항하기 어려운 매력까지 지닌 그는 만나는 사람들과 거리감을 두지 않는다. 그는 부드럽고 온화하며 사람 좋아 보이는 미소를 잃지 않는다. 흔히들 그를 가리켜 부유한 수도사라고 부른다.

브라벡은 수십 년 동안 라틴아메리카에서 네슬레의 지사장으로 일했다. 여러 개의 외국어를 자유롭게 구사하며, 칠레 출신 부인을 맞이한 그는 리오브랑쿠 강 이남 지역의 다양한 실세 인맥에 대해서라면 거의 완벽하게 꿰뚫고 있다. 당시엔 미국 중앙정보국의 동의를 얻은 거대 다국적 기업들이 라틴아메리카 대륙에 들어선 몇 안 되는 진보주의적 정권 동요 음모에 주저 없이 가담하곤 했다. 특히 칠레에서 그 같은 일이 두드러지게 발생했다.[19]

2002년 여름, 세계보건기구 총회는 '신생아와 유아를 위한 식품과 관련한 세계 전략'이라는 제목의 두 번째 국제 기준을 채택했다. 이 기준의 44번째 조항에서는 어린아이들과 신생아를 위한 식품 생산자와 유통

자의 특별한 책임과 의무를 규정하고 있다.

새로 마련된 이 기준(모든 모유 대체 식품이 이 기준의 적용 범위에 포함된다)은 모든 국가와 모든 기업에 적용된다. 특히 주목할 점은 모든 기업들이 이 기준에 합당하게 기업 활동을 추진해야 할 뿐 아니라, 기준의 뒤편에 부칙으로 첨부될 수 있는 결의안까지도 해당 국가가 어떤 입장을 취하는지와 상관없이 받아들여야 함을 명시했다는 점이다. 바꿔 말하면, 그 어떤 식품업체도 현지 정부(동남아시아 또는 사하라 사막 이남의 검은아프리카)의 무관심 내지는 비협조(일부 세계화 지상주의자들은 뇌물 등을 통해 현지 정부의 무관심을 조장하기도 한다)를 핑계로 국제적인 규약을 무시할 수 없게 되었다는 말이다.

그런데 현재의 상황은 어떠한가? 한마디로 가난한 사람들에게는, 특히 그들의 갓난아기들에게는 더할 나위 없이 고약하다.

유엔아동기금은 식수로 적합하지 않은 물에 탄 분유를 제대로 소화시키지 못하거나 위생적으로 소독하지 않은 젖병으로 분유를 먹고 사망하는 신생아의 수가 하루에 4천 명쯤 된다고 추정했다. 뒤집어서 말하면, 만일 이 아기들이 모유를 먹었다면 죽지 않았을 거라는 얘기다.

서부아프리카와 중부아프리카 지역을 대상으로 실시한 연구를 살펴보면, 몇몇 거대 다국적 기업들이 자신들의 제품을 광고하기 위해 사용하는 방식이 적나라하게 드러난다.[20] 토고나 베냉, 부르키나파소 등의 도심 교차로에 대문짝만 하게 걸어놓은 현수막에서는 팔에 아기를 안고 있는 흑인 여성들의 사진을 볼 수 있다. "당신 아이의 복지를 위해서 분유를 먹이세요"라는 문구도 읽을 수 있다. 사진은 또한 미소 짓는 백인들을 배경으로 보여줌으로써, 백인 산모들은 아기들에게 분유를 먹인다고 은연중에 암시하고 있다.

아프리카에서 백인들의 소비 행태는 부러움의 대상임을 (그렇기 때문에 백인들이 만드는 제품은 믿을 만하다는 신뢰감도 형성되어 있다) 감안할 때, 건강에 아무런 문제가 없는 아프리카 여성들의 상당수가 이와 같은 광고를 접하고 나면, 모유 수유를 중단하고 가벼운 주머니를 털어서라도 분유 몇 수저를 사서 먹이려고 할 것이 분명하다.

빈민가에는 분유 한 상자를 온전하게 살 만한 돈을 가진 여성이라고는 거의 없다.

어쨌거나 어렵게 분유를 샀으면 이제 물에 타야 한다. 그런데 십중팔구는 오염된 물에 타게 된다. 그러니 아기는 모유가 지닌 면역성의 혜택도 받지 못하고, 충분한 양을 먹을 수도 없을뿐더러, 비위생적인 물 때문에 설사를 하기 시작해서 많은 경우 사망에 이르게 된다.

아프리카와 라틴아메리카에서 실시된 몇몇 설문조사에 의해서, 종합병원이나 이동진료소 소속 의사들과 남녀 간호사들은 필요할 경우 일부 분유 제조사 직원들로부터 집요하게 공략을 당했다는 사실도 드러났다. 그 결과 많은 병원에서 신생아들은 태어나자마자 젖병에 탄 분유를 먹게 된다.

아프리카의 일부 산부인과에서는 젖병이 무상으로 지급된다. 산모가 퇴원해서 집으로 돌아올 때면 역시 무상으로 분유 한두 상자를 제공받기도 한다. 그 후로는 무상 공급이 딱 끊긴다.

상황이 이러니 모유로 아기를 키우는 일은 거의 불가능하다. 이미 산모에게서는 젖이 나오지 않는다. 당황한 산모는 급한 대로 이 사람 저 사람에게서 돈을 빌려서 분유를 사고…… 이렇게 되면 이제 노천 시장에 가서 몇 숟가락씩 찔끔찔끔 분유를 사는 악순환의 고리 속으로 빨려 들어가게 된다. 물론 이렇게 해서 마련한 우유는 오염된 우물물이나 웅탕리 너머 늪지대에 고여 있는 물에 타서 먹인다.

이쯤 되면 문제가 무엇인지는 백일하에 드러난다. 유엔 아동기금과 세계보건기구, 많은 시민단체들이 분유 제조사의 마케팅 전략에 대항해 벌이는 투쟁에서 제일 중요한 것은 깨끗한 식수를 손쉽게 얻을 수 있어야 한다는 문제로 귀착된다. 산모가 분유를 물에 타서 아기에게 먹일 때, 아기를 죽음으로 몰고 가는 것은 분유가 아니라 더러운 물이다.

자, 여기서 잠깐 물 문제를 짚어보자.

지구상 곳곳에서 식수는 점점 귀해지고 있다. 비율로 볼 때, 세 사람 중 하나는 오염된 물을 마실 수밖에 없다. 매일 10세 미만의 어린이 9천 명이 식수로 적합하지 않은 물을 잘못 마신 탓에 목숨을 잃는다.

해마다 전 세계에서 발생하는 40억 건의 이질 중에서 220만 건은 생명에 치명적이다. 물 때문에 직격탄을 맞는 희생자는 특히 어린이들과 신생아들이다. 설사는 비위생적인 물을 통해 전염되는 수많은 질병들 중의 하나일 뿐이다. 이 외에도 결막염, 빌하르츠 주혈흡충, 콜레라, 티푸스성 열병, 이질, 간염, 학질 등 무수히 많은 질병들이 더러운 물을 통해 전염된다. 이 질병들 중에서 상당수는 물속에 사는 병원균들(세균, 바이러스, 기생충 등) 때문에 발생한다. 세계보건기구에 의하면, 개발도상국가에서는 질병 발생의 80퍼센트, 사망의 3분의 1 이상이 오염된 물 때문이라고 한다.

리카르도 페트렐라와 세계보건기구에 따르면, 전 세계 인구의 3분의 1 이상이 아직도 합리적인 가격으로 식수를 얻을 수 없는 환경에서 살고 있으며, 절반 이상은 하수도 시설이 없이 살고 있다. 사하라 사막 이남 아프리카에 살면서 정기적으로 독성이 없는 물을 마실 수 없는 형편인 사람이 2억 8,500만 명이며, 동아시아 지역에는 2억 4,800만 명, 동남아시아와 태평양 지역에는 3억 9,800만 명, 라틴아메리카 지역과 카리브해 연안 지역에는 9,200만 명, 중동 지역에는 6,700만 명이 같은 처지에 놓여 있다.

물 부족으로 가장 고통받는 부류는 당연히 가장 가난한 사람들이다.

시조르다니 지역은 1967년부터 이스라엘 군이 점령하고 있다. 2007년, 이 지역 수자원(지하수, 강, 샘물 등)의 85퍼센트가 점령군에 의해 이스라엘이나 이스라엘이 점령한 지역으로 흘러들어갔다. 이에 따라 수만 명의 팔레스타인 사람들은 트럭에 물을 싣고 점령 지역을 순회하는 이스라엘 민간 기업에게 어마어마하게 비싼 값을 내고 일상생활에 필요한 물을 사서 써야 했다.

위생적인 식수에 대한 접근성은 같은 나라에서도 지역에 따라 다르다. 가령 남아프리카공화국의 경우, 백인 농부 60만 명은 2006년 관개용수로 이 나라 전체 수자원의 60퍼센트를 소비한 반면, 1,500만 명의 흑인들은 식수에 접근조차 할 수 없는 형편이었다. 인도에서 가장 가난한 가구들의 경우, 물값으로 가계 수입의 25퍼센트까지 지불하기도 한다. 페루에서 리마의 빈민들은 시에서 운영하는 상수도 혜택을 받지 못하므로 민간 상인들에게 1세제곱미터당 3달러 정도를 지불하는 대가로 오염되었을 가능성이 매우 높은 물을 사 먹는다. 그런데 시에서 운영하는 상수도 혜택을 받고 있는 리마의 부촌에서는 1세제곱미터당 고작 30센트만 내면 깨끗하게 정수 처리된 위생적인 물을 공급받을 수 있다.[21]

네슬레 사가 1981년과 2002년에 채택된 두 개의 국제 기준을 전혀 존중하지 않는다고 판단한 국제 네슬레 보이콧 위원회는 미국에서 다시 활동을 개시했다. 유럽에서도 몇몇 캠페인이 진행 중임을 이탈리아의 예를 보면 알 수 있다.

이탈리아는 유난히 시민단체들의 활동이 활발한 나라다. 이탈리아 시민단체들은 매우 놀라운 추진력과 조직력을 보유하고 있다. 대도시 할인매장 앞을 도배한 대형 포스터에는 네슬레 사에서 만든 제품들이 나열되어 있다. 각각의 제품은 특성에 따라 분류되어 있다. 몇 가지 예를 소개한다.

- 달콤한 식품류: 페루지나, 바치, 킷캣, 스마르티즈, 애프터 에이트, 폴로, 프루트 조리, 오레 리에테, 갈라크, 에모지니
- 과자류: 모타, 알레마냐, 타르투포네 나폴리, 라 라자뇰레
- 커피류: 네스퀵, 네스카페, 오르조로
- 국수류, 양념류: 마기, 뷔토니, 벨레 나폴리, 라 라자뇰레

이 외에 냉동식품류, 빙과류, 스포츠 음료수, 신생아용 식품류, 유제품류 등등의 목록이 이어진다.

일반적으로 시민단체들이 주동이 되어 벌이는 각종 캠페인과 공동전선을 펴는 이탈리아 유엔 아동기금 측은 이 목록에 등장하는 모든 식품의 불매운동에 동참해달라고 호소한다.

2004년 여름에는 이탈리아의 주요 도시 벽에 다음과 같은 대자보가 붙기도 했다.

"우리는 여러분들이 보여주는 구체적인 형태의 연대의식[불매운동에 동참함을 의미함]에 대해, 몇몇 기업들의 도저히 용납할 수 없는 파렴치한 이윤 추구 활동에 해마다 희생되어가는 어린 생명들을 대신해서 감사를 드립니다."[22]

누가 이 글을 썼을까? 위험하고 불온한 사상을 가진 좌익 급진주의자? 지칠 줄 모르는 역전의 용사 산드로 베르티노티가 이끄는 공산주의 재창조 정당? 아니다.

이 글을 쓴 작가는 흰색 사제복을 입은 콤보니아니 수도회의 가톨릭 신부들이다.[23]

노동조합은 안 돼!

자크 루는 "교활한 술책을 쓰는 악당들과 맞서기 위해서는 어떻게 해야 하는가?"라고 묻고는 "뭉쳐야 한다"고 대답했다.24

자유로운 노동조합 활동은 프랑스 혁명이 이룩한 성과 중의 하나다. 거대 다국적 기업 대다수가 그렇듯이 네슬레 사도 기업 측에서야 무어라고 말하건 간에 노동조합과의 관계가 원만하지 못한 것이 사실이다.

브라벡은 전 세계 275,000명의 네슬레 종업원들이 늘 읽고 숙지해야 하는 '네슬레 버전 성경'을 만든 장본인이다. '네슬레 버전 성경'의 공식적인 제목은 '네슬레의 근본적인 경영 관리 원칙'이다.25 이 소책자의 저자는 1862년에 베베이로 이민 온 독일 출신 약사 앙리 네슬레를 영감의 원천이라도 되는 듯 언급한다. 베베이가 속한 보드 내륙 지방 어린 아이들을 괴롭히는 가난과 영양실조에 놀란 그는 기적의 약 '앙리 네슬레의 우유 가루'를 개발했다고 알려져 있다.

브라벡에 의하면, 그가 거느린 275,000명의 종업원들은 네슬레가 지닌 가장 소중한 자원이다. 네슬레에서는 종업원 각자가 자신의 일에 책임을 진다.

　네슬레가 86개국에 지사(한 나라에 세워진 지사 안에 분야별로 독립된 지사들이 들어 있다)를 가지고 있는 것은 사실이지만, 이들 기업 하나 하나는 거의 완전히 독립적인 법인이다. 그렇지만 베베이의 성경만큼은 세 명의 동방박사를 안내한 베들레헴의 별처럼 전 세계 모든 관리자들에게 유용한 길라잡이 역할을 한다.

　동방박사들의 목적지가 아기 예수였다면, 이들의 목적지는 일확천금이라고 할 수 있다.

　네슬레형 인간이 갖추어야 할 덕목을 보자. 용기, 학습 능력, 동료들에게 성취 동기를 부여하는 능력, 자신의 의도를 원만하게 전달하는 능력, 일하는 분위기를 고취시키는 능력, 전체적인 맥락 속에서 부분을 바라보는 능력, 믿음, 꼭 필요한 변화를 받아들이고 이 변화를 능동적으로 이끄는 능력, 국제적인 경험, 신체와 정신의 건강.

　그러나 뭐니 뭐니 해도 네슬레는 자사에서 일하는 직원들은 누구나 전 세계의 다양한 문화에 개방적일 것을 요구한다. 특히 회사가 진출한 나라 현지의 문화에 무심하지 않기를 바란다고, 열정에 휩싸인 듯한 브라벡의 펜은 기록하고 있다.

　한편 2003년 1월 포르탈레그르에서 열린 제3차 세계노동자포럼은 지구상의 사회정의 구현을 위해 투쟁하는 모든 사람들은 거대 다국적 기업들의 전략과 기업 행태 등을 본사가 위치한 곳에서 꾸준히 감시하기로 결정했으며, 이 결정은 이듬해(2004년 1월) 뭄바이에서 열린 포럼에서 재차 확인되었다. 이렇게 해서 ATTAC, 그린피스, IBFAN을 비롯한 많은 비정부기구들의 지원을 받아 이른바 '베베이의 문어'라고 불리는 거대 다국적 기업 네슬레의 회계, 영업 방식, 정치권과의 연계 등을 감시하는 집단공동체가 스위스에서 빛을 보게 되었다. 이 기구는 2004년 6월 12일 베베이에서 '네슬레 제국에 저항하자'26는 제목의 포럼을 개최했다.

이 포럼에 참가하기 위해 전 세계 노동조합원들이 모여들었는데, 모두 네슬레 회사에서 일하는 이들 노동조합원은 매우 충격적인 사실들을 폭로했다.

매번 생산라인에서 노동조합의 핵심 조합원들이 모인다거나 사측에 대한 요구 사항이 있을 때, 혹은 파업 조짐이 보일 때마다 노동조합에 가입한 직원들은 위협 또는 공격을 받거나 아예 민간 용병들이나 경찰에 의해서 살해당하는 일도 발생한다는 것이었다. 콜롬비아 출신 노동조합원인 카를로스 올라야가 털어놓은 경험담은 여러 가지 면에서 필리핀 민다나오 출신 에카 올라에르 페라렌이나 브라질 출신 프랑클린 프레데릭의 경험담과 유사했다.

콜롬비아에서는 네슬레 공장에서 일하는 노동조합원 가운데 시날트라이날(Sinaltrainal, 1980년대에 설립된 농가공 식품업 노조) 일도 겸해서 맡고 있는 노동자 7명이 납득하기 어려운 죽음을 당했다. 물론 네슬레는 이 살인 사건에 전혀 연루되지 않았다. 하지만 네슬레 사가 자사의 공장 내부에 확산되고 있는 각종 시민단체들의 활동에 대해 매우 공격적인 입장을 취하고 있음은 대내외적으로 잘 알려져 있었으므로, 카를로스 올라야는 조합원 7명의 죽음을 둘러싼 분위기에 대해 네슬레 측에도 책임이 있다고 주저 없이 말했다.27

2001년 말, 콜롬비아에 세워진 여러 개의 네슬레 공장 중의 한 곳인 코메스티블레 라 로사28라는 곳에서 시날트라이날에 가입한 종업원들을 모두 해고하겠다고 위협하는 사태가 일어났다. 또 다른 네슬레 계열 회사인 치콜락에서도 네슬레 사는 집단 협약을 파기하면서 400명의 근로자는 그대로 남기고, 96명은 해고, 58명과는 계약을 해지했다. 2002년 11월에는 13명의 노동자가 이 노동조합에 가입했다는 이유만으로 해고되었다.

국제자유노동조합연맹에 따르면, 1998년 태국 내에서 활동하는 네슬레 사의 하청 회사인 테다람에서 15명의 노동자들이 모여 근로자들의 권리를 옹호하기 위해 노동조합을 결성했다. 이는 네슬레 사가 태국에 진출한 이후 처음으로 맞닥뜨린 일대 사건이었다. 이 일이 나쁜 본보기가 될까 봐 두려웠던 브라벡은 즉각적으로 사태 수습에 들어갔다. 노동조합원들에 따르면, 베베이의 네슬레 본사에서는 테다람 측에 만일 22명의 직원들에게 무기한 직무정지 처분을 내리지 않는다면 투자를 줄이겠다고 통보했다. 문제가 된 22명의 직원 가운데에는 물론 최초로 노조를 결성하는 데 참여한 15명의 직원이 포함되어 있었다. 테다람 경영진은 이들을 모두 해고했다.

필리핀에서는 파만틱-KMU 노동조합이 노동자 대표들을 대상으로 이와 유사한 일이 벌어지고 있다고 증언했다. 노동조합원들에 따르면, 네슬레 사는 아무런 거리낌 없이 카부야온 공장에서 67명의 노동자를 해고했다. 조합원들의 말에 따르면 구조조정이라는 명분을 내세워 실행에 옮겨진 이 해고 사건의 이면에는 이 생산공장에서 일하는 직원들의 임금을 깎고, 이들이 누리는 각종 복지 혜택을 줄여 이를 훨씬 열악한 상태에서 조업하는 카가얀 공장의 수준으로 낮추려는 계산이 있었다고 한다.

가장 놀라운 증언 중의 하나는 브라질 출신으로 노동자 총연맹에 가입한 프랑클린 프레데릭의 증언이었다. 브라질에서 네슬레 사의 제품들은 특정 시장, 다시 말해서 높은 구매력을 자랑하는 상류층과 소수의 집권 정치세력의 요구를 충족시키는 데 초점을 맞추고 있다.

한편 브라질 북부와 중부 지역에 위치한 거대한 농장을 소유하고 있는 네슬레 사는 수출 중심 농업의 가장 성공한 모델로 여겨진다.

그런데 네슬레가 선도적으로 이끌고 있는 수출 지향적인 농업은 따지고 보면 중소 규모의 가족 농장들을 모두 고사시키며, 따라서 국가 전체의 식량 주권을 말살시키고 있다. 또한 수출을 위한 집약적 농업은 환경을 파괴하기도 한다. 베베이 왕국의 주인은 그의 '경영 관리 원칙'에서 모두에게 건전한 식품을 제공하겠다는 의지와 함께 환경 보호를 그의 가장 중요한 사명이라고 주장하지 않았던가! 과연 브라벡에게 기회주의자적인 직관력은 언제 어느 때고 모자라는 적이 없다! 네슬레는 룰라 대통령이 추진하는 기아 제로 프로그램의 가장 중요한 파트너 중의 하나가 아닌가?

대단한 이중성이다!

브라벡이 만성적인 영양실조로 고생하는 4,400만 브라질 국민들에 대해 조금이라도 마음을 쓰는 사람이라면, 그들의 고통을 조금이라도 덜어주려는 마음이 있었다면, 벌써 오래전부터 네슬레 사가 생산하여 브라질 슈퍼마켓에서 판매하는 839가지 식품들의 가격을 내렸을 것이다.

스위스 출신 기자인 장-클로드 페클레는 베베이의 문어 네슬레 사의 브라질 시장 전략을 다음과 같이 분석했다. 이윤의 극대화는 네슬레 사가 신용하는 유일한 나침반이다. 그런데 브라질에서는 소비자 가격 책정과 관련하여 경제보호위원회라고 하는 곳에서 마련한 매우 복잡한 체계가 운용되고 있다. 인간이 먹는 식품을 팔아서 얻을 수 있는 이익에 대해서는 어느 정도 규제가 적용되고 있는 것이다. 하지만 동물 사료의 경우엔 이와 같은 제한이 없다. 따라서 브라벡은 얼마 전부터 애완용 동물 사료에 관한 연구, 제조, 상용화 등에 엄청난 자본을 투자하고 있다. 장-클로드 페클레의 결론을 들어보자. "가장 활기 있게 성장하는 시장은 인간을 위한 식품 시장이 아니라 애완용 동물들을 위한 사료 시장이다."[29]

노동조합 세력을 약화시키기 위해서 브라벡은 유럽, 특히 프랑스에서 매우 급진적인 방식을 채택했다.

2002년, 그는 흔히 말하는 대로 '몸집을 줄이기' 위하여 보베에 위치한 냉동제품 생산라인을 대폭 축소하기로 결정했다. 이에 따라 구조조정 계획이 세워졌다. 《뤼마니테》 신문이 보도했듯이, 이 계획은 '건강 상태가 좋지 않은 직원, 성질이 독하기로 알려진 직원들을 내보내기 위한 계획'이었다. 해고자 명단에는 노동총연맹(CGT) 노동조합 대표로 일하는 직원 7명의 이름이 올라 있었다. 해고된 노동자 한 명은 이렇게 말했다. "그날은 수요일이었고, 시간은 오후 1시 무렵이었던 것 같습니다. 나는 그날 작업을 끝마친 상태였죠. 다음 날 작업반 명단에는 내 이름도 들어 있었습니다. 그런데 공장장이 나를 부르더군요. 다음 날은 나올 필요가 없고, 두 달치 급여를 지불하겠다고 말했습니다. 21년 동안 일해왔는데 이런 대접을 받다니……." 명예퇴직의 혜택을 좀더 확산시켰다면, 이와 같이 무자비한 해고는 피할 수 있었을 것이다. 결과를 놓고 볼 때, 경영진 측이 문제 직원들을 내보내려고 작심을 하고 이 같은 방식을 채택했다고 보는 쪽이 훨씬 설득력 있다. 당사자들에게 해고장이 도착하자, 종업원의 70퍼센트가 작업을 중단했다. 하지만 경영진은 파업에 참여한 종업원들의 절반을 부분 실업으로 낙인찍는 초강경수를 택했다.

"이렇게 되니까 우리도 전략을 바꾸었습니다. 10월 5일에 공장 앞과 도심 한가운데서 시위를 하기로 했죠." 노동조합에 가입한 직원이 말했다. "150명이 시위에 참가했죠. 파업에 참여하는 자들은 누구나 해고자 명단에 올리겠다는 경영진의 압력이 있었다는 점을 고려하면, 참가율이 상당히 높은 편이었습니다. 10월 17일엔 네슬레 사의 프랑스 본사가 있는 누아지엘(센에마른)에서 폐쇄 위기에 처한 모든 공장의 직원들이 벌이는 시위에 대표단이 참석했습니다."

"네슬레는 스스로가 매우 강한 존재라고 생각하기 때문에 합법적인 절차 따위는 무시해도 좋다고 여긴다"고 여직원 마리즈 트레통은 말한다. "우리는 이제 회사 측이 제시한 구조조정안은 정당한 절차를 밟지 않았기 때문에 무효이며, 따라서 합당한 이유 없이 해고된 직원들은 복직되어야 한다는 두 가지 사안을 들고 법원으로 갈 것입니다."

"해고에 반대하는 탄원서가 회사 내에서 돌고 있는데, 직원들은 서명하기에 앞서서 두리번거리며 주위를 살피기에 바쁘다"고 CGT 노동조합의 대표 중의 한 사람인 조슬린 오네심이 서운해하며 말했다. "일부 직원들은 만일 탄원서에 서명하면 그 즉시 해고당할 거라고들 수군거립니다. 공포 분위기가 회사 전체에 감돌고 있다는 증거죠. 직원들 간에 서로에 대한 신뢰 따위는 사라진 지 오랩니다."

"네슬레에 반기를 들기란 정말 힘든 일입니다." 노동조합원 조엘 들리앙의 말이다. "노동조합 가입자들은 회사 안에서 막말로 동네북이죠. 기업운영위원회에서는 우리를 함부로 취급하고, 사소한 일만 터져도 경고장을 들이대는가 하면, 노조에 가입하지 않은 직원들에게는 우리에 대해서 적대감을 갖도록 세뇌를 시키죠. 특히 CGT는 이래도 맞고 저래도 맞는다니까요. 그래서 회합도 토요일 날 회사 밖으로 나가서 열어야 할 정도입니다. 네슬레는 CGT를 싫어합니다, 그건 확실해요."[30]

전 세계 곳곳에서 지칠 줄도 모르고 노동조합과 벌이는 싸움에서,

베베이의 제후는 누구도 부인할 수 없는 뛰어난 전략을 구사하고 있다. 그는 줄기차게 노동자의 권리를 무시하는 것이다. 그의 이와 같은 결단력은 어느 면에서는 감탄을 자아내기에 충분하다.

프랑스의 경우로 돌아오자. 페리에 생수를 생산하는 공장 노동자들의 굽힐 줄 모르는 저항으로 구조조정이 한없이 지연되고, 따라서 회사 청산이 불투명해지자, 브라벡은 멕시코로부터 새로운 '총독'을 불러들인다. 이렇게 해서 에우헤니오 미비엘레라는 사람이 프랑스 네슬레의 새로운 대표로 취임했다.

멕시코 노동조합 탄압에 지대한 공을 세운 경험이 있는 미비엘레는 싸움 상대를 바꾸는 전략을 택했다. 페리에 공장의 노동자들을 고소하는 대신 마르세유에서 CGT를 공격하기로 한 것이다. 마르세유생므네의 인스턴트 커피 공장에서 일하는 노동자는 427명이다. 이 공장은 수익성이 상당히 좋은 편이었지만, 베베이 제후가 원하는 정도는 아니었다.

2005년 7월 1일, 새로 부임한 미비엘레 '총독'은 공장을 폐쇄했다.

노동자들은 공장을 점령했다.

미비엘레는 이 사실을 경찰에 알렸다.

이 투쟁의 전말은 파트리스 페드레뇨가 쓴 『씁쓸한 커피: 일자리를 위한 643일』[31]이라는 책에 상세하게 기록되어 있다.

『씁쓸한 커피』는 훌륭한 책이다. 개별적인 일화의 기록인 동시에 최근의 유럽 노동운동을 기록한 소중한 집단 기록이기도 하다.

파트리스 페드레뇨는 매우 개인적이면서 우연적이고 지엽적인 사건 기록을 통해 역사의 뜨거운 입김을 생생하게 전달하는 어려운 일을 훌륭하게 수행했다.

그의 책은 저항하는 노동자들의 음성을 전한다. 이 책은 진정성으로 가득 차 있으며, 우리 보통 사람들의 마음속 깊은 곳에서 잠자고 있는 연대감과 사랑, 무한한 힘을 보여준다.

노동자들의 저항은 643일 동안 계속되었다. 이 저항은 얼핏 보아 특별할 것도 없는 보통 사람들에 의해서 이루어졌으며, 이들은 저항을 계속하는 동안 점차 서로에게 빛을 주는 존재로 탈바꿈했다.

투쟁은 2006년 2월 결국 베베이 제후와 그가 내세운 프랑스 '총독'의 승리로 끝났다. 마르세유생므네 공장은 매각되어 공중분해되었으며, 노동자들은 전원 해고되었다.

브라벡은 그가 추구해온 전략에서 한 발짝도 벗어나지 않았다. 어떤 인적 자원의 희생을 통해서라도, 다시 말해서 노동조합의 저항을 무력으로 파괴하는 한이 있더라도, 반드시 최대의 이익을 추구한다는 그의 목표엔 변함이 없다.

2006년 11월 14일, 프랑스 네슬레에 속한 35개 기업에서 노동자들을 대표하는 CGT의 대표들이 툴루즈에 모였다.

2006년, 프랑스 네슬레는 17,500명의 직원을 고용하고 있었다. 회사 측의 누적 적자는 52억 유로가 넘었다.

2006년의 경우, 프랑스 네슬레의 35개 기업 중에서 15군데에서 크고 작은 파업이 일어났다.

베베이 본사 측에서는 어떤 기업과도 조합원과의 협상을 시도하지 않았다. 시종일관 아주 분명한 위협, 즉 기업을 폐쇄하고 폴란드로 공장을 이전하겠다는 으름장만을 반복했을 뿐이다.

본사 측의 이 같은 위협은 파업보다 위력이 컸다.

앞으로는 어떻게 될 것인가? 노동자들의 입장에서는 미래에 대한 전망이 어둡기만 하다. 툴루즈에 모인 노동조합 대표들은 회합을 끝내면서 성명서를 발표했다. "우리를 기다리는 것은 공장 이전과 대량 실업, 기존 사회적 권리에 대한 번복 가능성, 공장 폐쇄, 사회 안전망 파괴뿐이다."[32]

직원들의 임금을 줄이다 보니, 노예 상태에 있는 근로자나 정치범들에게 제품 생산을 맡기는 모험까지도 감수하게 된다. 파룬궁 소속으로, 베이징의 전체주의 정권에게 박해를 받다가 오스트레일리아로 피신한 제니퍼 쩡(35세)은 1999년 라오가이 강제노동 수용소에 갇혀 있는 12개월 동안 강요에 못 이겨 네스퀵의 마스코트인 파란색 토끼 인형을 만들었다고 털어놓았다.

물론 베베이의 네슬레 본사 측은 제니퍼의 이 같은 주장을 강력하게 부인했다. 그런 네슬레도 중국 장난감 회사인 미치 토이 컴퍼니에 11만 개의 봉제인형을 주문했다는 사실만큼은 인정했다.

돈 없으면 마실 수 없어요!

　　　　　　　　　　네슬레 사의 이익은 쉴 새 없이 증가한다. 덩달아 주식 값도 계속 올라간다. 베베이에서는 풍요가 언제까지고 계속될 것으로 보인다. 가령 2007년 8월 14일, 베베이의 제후 브라벡은 2007년 상반기 기업 실적을 공개했다. 이 기간 동안 네슬레 사의 이익은 14.2퍼센트 증가했으며, 매출액은 8.2퍼센트, 주식 가격은 9.5퍼센트 증가했다.

　어쨌거나 이 정도의 이익이라면 네슬레의 선방은 당연히 칭송을 받아 마땅하다. 이 말엔 그 어떤 냉소나 비판도 담겨 있지 않다. 도대체 네슬레는 어떻게 이처럼 엄청난 성과를 낼 수 있단 말인가?

　세계 각국 현지의 지사장들은 항상 비용을 절감하라는 지시를 받는다. 이러한 사정은 인건비, 생산 원가 등 모든 비용에 무차별적으로 적용된다. 그렇기 때문에 노동조합의 요구는 가차 없이 묵살된다. 이 점은 남반구 지역뿐만 아니라 2004년 네슬레-워터 프랑스 측이 페리에-비텔 생수 계열사 노동자들을 상대로 무력을 개입시킨 사건에서도 드러났듯이, 북반구 지역에서도 공통적으로 적용되는 원칙이다.

네슬레의 놀라운 이익을 설명하는 또 한 가지 이유가 있다. 브라벡은 세계 농업 원료시장이라는 정글에서는 누구 못지않게 경험이 풍부한 베테랑이다. 그는 자사의 원가를 줄이면서 소비자 가격은 낮추지 않는 방식으로 세계 시장의 가격을 조정하는 방식을 환히 꿰뚫고 있다. 가령 에티오피아의 커피 생산 농부는 지난 5년 사이에 원두 값이 3분의 2나 폭락하는 비극을 겪었다. 같은 기간, 제네바 시내의 카페에서 마시는 커피 한 잔 값은 2배로 뛰었다.

전 세계 곳곳, 특히 부채가 많은 제3세계 국가에 불어닥치는 식수 생산 공기업의 민영화 열풍은 베베이의 문어가 천문학적인 액수의 이윤을 창출하는 데 큰 도움을 주고 있다.[33] 1990년에 벌써 전 세계 5,100만 명이 민간 기업이 제공하는 식수를 공급받았다. 그 후 식수 산업의 민영화는 한층 더 발 빠르게 진행되었다. 점점 더 많은 나라에서 빚더미에 올라앉은 지방자치단체들이 민간 기업에게 상수도 망을 팔아넘기고 있다. 네슬레는 이와 같은 추세의 최대 수혜자라고 할 수 있다.

볼리비아의 경우를 예로 들어보자. 볼리비아 정부는 세계은행의 압력에 못 이겨[34] 공공 상수도 망을 민간 기업에 팔았다. 계약이 체결되자 민간 기업들은 서둘러 물값을 2배로 올렸다. 이는 대다수 볼리비아인들이 식품비보다 훨씬 비싼 물값을 내게 되었음을 의미한다.[35]

수도사업의 독점권을 민간 기업에게 이양할 경우, 사람들은 허가 없이는 마을 앞 공동우물에서조차도 물을 마음대로 쓸 수 없게 된다. 대규모 농장에서 농사를 짓는 사람들이나 소규모 소작농들 모두 자기 땅에서 빗물을 받아 쓰는 것조차 불가능하며, 그러기 위해서는 허가증을 사야만 한다.

그렇지만 볼리비아인들, 특히 에보 모랄레스에 의해 조직화된 인디언 주민들은 이런 상황을 어쩔 수 없는 것으로 받아들이지 않았다.

이에 따라 볼리비아 정부는 계엄령을 선포했다. 그러나 국민들의 거센 저항 앞에서 더 이상은 버티지 못하고, 마침내 민영화 법안을 철회했다(가장 격렬한 폭동은 코차밤바에서 일어났다. 이 도시에서 식수 사업자 권리를 따낸 회사는 미국의 거대 다국적 기업인 벡텔 사였다).[36]

앞에서도 이미 말했듯이, 네슬레는 가장 막강한 식수 공급망을 확보하고 있을 뿐 아니라 생수 사업에 있어서도 타의 추종을 불허하는 강자다. 파키스탄의 경우를 보자.

몇 년 전 파키스탄의 언론에서는 대대적인 캠페인이 벌어졌다. 네슬레 측에서는 이 캠페인이 자신들과는 전혀 무관하다고 주장했다. 문제의 '예방 캠페인'에서는 카라치나 물탄, 라호르, 이슬라마바드, 라왈핀디 등의 공공 상수도 시설을 통해서 공급되는 물이 비위생적이고 건강을 위협하므로 이를 저지하는 투쟁을 벌여야 한다고 주장했다. 하지만 이 물은 세계보건기구가 정한 기준에 합당한 물이었다.

이 '예방 캠페인' 소동이 있고 난 지 얼마 되지 않았을 때, 네슬레는 파키스탄에서 낱개 병으로 포장된 생수 판매를 시작했다. 네슬레 사의 마케팅 귀재들은 이 생수에 '퓨어 라이프'라는 기가 막힌 이름을 붙였다.

닐스 로즈만은 그의 저서 『파키스탄의 식수 위기, 병에 담아 파는 식수 문제. 네슬레의 퓨어 라이프의 경우』에서 파키스탄 네슬레 사가 챙긴 천문학적인 액수의 이익과 극단적인 냉소주의적 전략에 대해 파헤쳤다(2005년 이슬라마바드에서 출판).

시장의 안정, 모두에게 평등한 소비재 공급, 합리적인 소비자 가격과 근로자에 대한 적절한 임금 지급 등은 브라벡이 내세운 '경영 관리 원칙'에 등장하는 중심 개념들이다. 그런데 '시장의 제약'이 있다면, 이 아름다운 원칙들은 내팽개쳐도 좋다는 말인가?

우리는 앞에서 에티오피아의 시다모에 몰아친 재앙에 대해서 살펴보았다. 5년 전부터 수십만의 농부 가족들이 커피 원두 가격 폭락으로 말미암아 이루 말하기 어려운 고통 속에서 살고 있는 그 재앙 같은 현실은 농가공 식품업계가 생산 원가를 조정하기 위해 투기를 조장했기 때문에 발생했음을 우리는 알고 있다.

한편 코트디부아르, 브라질 등지에서는 이들 농가공 식품업계의 세계화 지상주의자들이 카카오 생산업자로부터 사들이는 원두 가격을 놓고 압력을 행사한다. 카카오 원두 값의 하락은 세 개 대륙 전체를 고통 속으로 몰아넣게 될 것이다.

하지만 베베이의 네슬레에게는 그런 것들보다 더 중요한 문제가 있다.

이윤 극대화라고 하는 절체절명의 과제(희한하게도 가장 중요한 이 과제에 대해서만큼은 브라벡의 '경영 관리 원칙'에 아무런 언급이 없다!)는 순수한 영혼을 가진 수도사라면 차마 받아들일 수 없는 관행을 요구한다. 냉전시대에는 갑작스러운 가격 하락을 막고, 가격 하락으로 인해 생산자들이 공산주의 쪽으로 경도되는 현상을 방지하기 위해 생산자와 구매자 사이에 협약이 이루어져 있었다. 공산주의 체제가 와해된 오늘날에는 세계무역기구가 과거의 협약을 하나하나 무효화시키고 있다.

그런데 베베이 네슬레 왕국에 군림하는 수도사는 세계무역기구의 방식을 누구보다 열렬히 선호하는 사람이다.[37]

후안무치한 제후들

어느 나라가 되었건 한 나라와 그 나라가 제정한 법 앞에서 신흥 봉건제후들은 더할 나위 없이 냉랭할 정도로 거만함을 드러낸다.

북반구 지역의 선진 국가에서라면 이들은 공장 이전이라는 으름장을 들이댄다. 최대한 많은 이윤을 얻기 위해서 이들은 노동조합과 정부를 상대로 공장을 다른 나라로 옮기겠노라고 위협하는 것이다.

지멘스는 의료기기, 운송, 통신, 에너지, 전화 등 다방면에서 활동하는 기업이다. 2004년 7월까지 지멘스의 주인인 하인리히 폰 피에렌은 지구 곳곳에 산재해 있는 417,000명의 직원들 위에 군림했다.[38] 2003년 지멘스의 매출액은 742억 유로였으며, 순이익은 24억 유로였다.

세계 4위, 유럽 1위의 경제 대국인 독일은 세계에서 최초로 주당 35시간 근무제를 도입했다. 그런데 뮌헨에 정착한 지멘스의 신흥 봉건제후들은 이 정책이 전혀 마음에 들지 않았다. 그래서 이들은 주당 40시간 근무제로 돌아가야 한다고 주장했다.

2004년 6월 24일 목요일, 지멘스는 마침내 승리를 거두었다. 세계 금속산업계가 IG-메탈 노동조합과 두 개의 협약을 맺음으로써 독일의 노동자들과 사무원, 간부들은 의무적으로 주당 40시간씩 일을 하게 되었다. 따라서 주당 35시간 근무는 '자발적으로' 철회된 셈이었다. 이로써 독일 근로자들은 근무 시간에 대비하여 보수가 줄어드는 결과를 감수하지 않을 수 없게 되었다.

어떻게 해서 이런 결과에 도달하게 된 것일까? 2004년 초 세계화 지상주의자들은 독일 공장의 임금 부담을 대폭 줄일 것을 요구했다. 이와 같은 요구를 뒷받침하기 위해 지멘스 사는 우선 5천 개의 일자리를 중국과 동유럽으로 이동시키겠노라고 위협했다.

폰 피에렌은 아울러 다른 위협도 가했다.

독일에서 금속산업계는 17만 명을 고용하고 있다. 이는 전 세계에 산재해 있는 지멘스 지사에서 일하는 근로자 총합의 41퍼센트에 해당한다. 그런데도 독일 지멘스가 올리는 매출은 그룹 전체 매출의 23퍼센트에 불과하다. 그러므로 뮌헨 지멘스 본부에 진을 친 세계화 지상주의자들은 매출과 일자리 수의 균형을 맞추어야 한다고 주장했다. 전 세계 지멘스 일자리 수 총합에서 독일 지멘스 일자리 수가 차지하는 비율도 41퍼센트에서 23퍼센트로 낮추어야 한다는 논리였다. 다시 말해서 독일 내에서 74,000개의 일자리가 줄어든다는 말이었다.

2004년 6월 18일, IG-메탈의 호소에 동참하는 25,000명의 노동자들이 세계화 지상주의자들의 냉소적인 협박에 대항하기 위해 길거리로 나섰다. 게르하르트 슈뢰더 총리는 지멘스 측이 제시한 공장 이전 계획을 가리켜 '비애국적인' 처사라고 분노했다.

하지만 소용없었다! 세계화 지상주의자들은 노동조합을 굴복시켰고, 노동조합은 어쩔 수 없이 두 개의 협약에 서명을 했다. 첫 번째 협약은 차기 노사협상의 윤곽에 관한 협약이었다. 여기에는 지멘스 측은 일자리를 보존하고 기업 경쟁력, 기술 혁신 등을 위해 부단히 노력한다는 조항이 포함되었다. 지멘스는 물론 이 조항에 동의했다.

두 번째 협약은 국지적인 효과와 관련된 것으로, 휴대전화와 무선전화를 생산하는 전진기지인 레나니아-베스트팔리아 지역의 보쇼이트와 캄프-린트포르트 공장 두 곳의 일자리 문제였다. 지멘스는 2천 개의 일자리를 당장 헝가리로 옮겨가려던 계획을 일단 보류하고, 2년 동안 두 공장의 일자리를 그대로 보존하겠다고 약속했다.

이 두 협약의 대가로 IG-메탈 노동조합은 추가 수당을 받지 않고 근무 시간을 주당 35시간에서 40시간으로 늘리기로 합의했다. 그뿐 아니라 크리스마스 보너스도 없애고, 그 대신 성과에 따라 보너스를 지급받기로 했다.

이렇듯 위협을 가하면 얻는 것이 많다. 지멘스는 인건비 지출을 30퍼센트 정도 줄일 수 있었던 것이다.

레나니아-베스트팔리아에 있는 두 개 공장의 예를 언급하면서, 지멘스의 뮌헨 본사에서는 "이 두 곳이 이제 헝가리 공장들만큼 경쟁력이 높아진 덕분에 우리는 그동안 뒤떨어져 있었던 생산성을 향상시킬 수 있었다"[39]는 냉소주의적 발언도 서슴지 않았다.

공장 이전이라는 위협은 특히 효과가 좋다. 이는 최근 전자기계들의 발전과 더불어 기술 혁명이 가능해진 덕분에 점점 더 적은 노동력을 필요로 하는 고용시장에 직접적으로 영향력을 행사할 수 있는 비장의 무기이기 때문이다.

2001년부터 2003년 사이에 지멘스 사는 전 세계에서 3만 개의 일자리를 없앴다.

일자리 감소는 세계적으로 일반화된 추세다. 거의 모든 거대 다국적 기업들이 이 전략을 사용한다고 해도 과언이 아니다.

유엔 무역개발회의는 해마다 「세계투자보고서」를 발간한다.[40] 보고서에 따르면, 1993년 세계 100대 다국적 기업 재벌들은 상품과 서비스 등을 모두 합해 3조 3,350달러어치를 팔았고(당시 이들이 보유한 종업원 수를 모두 합하면 1,186만 9,천 명이었다), 2000년엔 이 액수가(세계 100대 다국적 기업 재벌 목록에는 약간의 변화가 있었다) 4조 7,970달러로 불어났다(종업원 수는 1,425만 7천 명).

다른 식으로 말하자면, 7년 사이에 세계 100대 다국적 기업들의 판매액은 44퍼센트 증가한 반면, 종업원 수는 불과 21퍼센트 증가하는 데 그쳤다.

지멘스 사가 구사했던 전략은 독일의 또 다른 기업인 오펠과 폴크스바겐 사에 의해서 다시 한 번 성공적인 효과를 발휘했다.

이들보다 훨씬 작은 규모의 다국적 기업들도 이 같은 방법을 애용한다. 한 가지 예를 들어보자.

로날 SA는 알루미늄 휠을 제작하는 공장으로, 모젤 지방의 생아볼트 근처에 자리 잡고 있다. 이 공장은 로날 AG 소유로, 본사는 스위스의 솔뢰르 주 헤르킹엔에 위치하고 있으며, 베른에서 성장한 막강한 2개 민간 은행의 관리를 받는다. 로날 AG는 실레지아 지방에 종업원 1천 명 규모의 공장을 가지고 있고, 폴란드와 체코에도 몇 개의 공장이 있다.

2004년 5월 15일, 로날 그룹의 경영진은 휠 제작용 주형 40개를 비밀리에 동부로 옮기라고 지시했다. 그 후 며칠 뒤인 2004년 6월 8일, 로날 SA는 지불 정지를 선언했으며, 따라서 그곳에서 일하던 근로자들은 순식간에 거리로 내몰렸다. 경영진은 "경영 상태가 어렵다"는 이유만을 내세웠다.

하지만 쫓겨난 근로자들은 가만히 있지 않았다. 이들은 노동 문제에 정통한 변호사로 평판이 자자한 랄프 블린다우어를 찾아갔다. 블린다우어는 로날 SA 경영진이 '위장 파산 선고'를 했다고 주장하며 이들을 상대로 형사소송을 냈다. 블린다우어는 "이번 일은 근로자들에게 적법한 보상을 하지 않기 위해서 처음부터 끝까지 날조된 사건"이라고 주장했다.[41] 물론 로날 SA 측은 그의 주장을 터무니없다고 일축하고 나섰다. 모든 소송 비용은 프랑스 정부가 부담하고 있으며, 해고된 노동자들의 가족은 불안한 나날을 보내고 있다.

현재 로날 그룹의 사업은 동유럽에서 날로 번창하고 있다.

인권도 좋지만, 시장이 더 좋아!

세계화 지상주의자에게 유엔 헌장에 명시된 원칙들을 존중하도록 권유하는 일이 가능하리라고 생각한 코피 아난은 이들과 일종의 타협을 맺기로 결심했다. 이렇게 해서 탄생한 것이 바로 글로벌 콤팩트(Global Compact), 즉 유엔과 주요 다국적 기업 간에 체결된 일반 협약이다.

코피 아난은 이 협약의 내용을 1999년 1월 31일 다보스에서 열린 세계경제포럼에서 공개했다. 다보스 포럼은 해마다 세계에서 가장 영향력 있는 1천 명의 거대 다국적 기업 지도자들을 한자리에 모은다. 이 '클럽 1000'(공식적인 명칭이다)의 회원이 되기 위해서는 한 해 매출액이 10억 달러가 넘는 금융이나 제조업 왕국 혹은 다국적 서비스 기업을 거느리고 있어야 한다.

코피 아난이 제안한 일반 협약은 9개의 원칙으로 구성되어 있다. 유엔 사무총장 보좌팀에서 작성한 공식 서류를 보면, 이들 각각의 원칙에는 개별적인 설명이 첨부되어 있다.

첫 번째와 두 번째 원칙은 인권에 관한 것이다. "[협약 서명자들은] 자신들의 영향력이 끼치는 범위 내에서 인권을 보호하고 [……] 자신들이 경영하는 기업이 인권을 유린하는 어떤 일에도 동조하지 않을 것을 약속한다.

세 번째부터 여섯 번째 원칙은 노동시장에 대해서 언급하고 있다. "[기업들은] 집회의 자유와 임금 협상을 벌일 수 있는 집단의 권리를 실질적으로 인정해야 하며 [……] 모든 형태의 강요된 노동이나 노예적인 노동을 금지해야 하며 [……] 어린이들의 노동을 금지하고 [……] 고용과 노동에 있어서 어떤 형태의 차별도 해서는 안 된다."

환경과 자연의 보호는 일곱 번째부터 아홉 번째 원칙에 명시되어 있다. "[협약에 서명하는 기업들은] 자연 환경을 변화시킬 수 있는 모든 활동에 대해서는 신중하게 결정해야 하며 [……] 환경과 자연에 대해 보다 큰 책임의식을 고취시킬 수 있도록 앞장서야 하며 [……] 환경 보호와 양립 가능한 기술을 개발하여 이를 보급하는 데 힘쓰겠다고 약속해야 한다."

1999년 1월, 한파가 몰아치는 스위스의 작은 도시 다보스의 중심에 위치한 요새 같은 회의장에서 코피 아난은 신흥 봉건제후들에게 자신이 제안하는 일반 협약을 "수락하고 이를 실천에 옮길 것을"[42] 요청했다. 그곳에 모였던 포식자들은 무려 5분 동안 코피 아난에게 기립 박수를 보냈다. 그들은 만장일치로 일반 협약을 채택했다.

같은 해 6월, 제네바의 유엔청사에서는 170개국 대표와 500개가 넘는 비정부기구 대표들이 참석한 가운데 제2차 세계기아대책회의가 열렸다. 이 자리에서 코피 아난은 '모두를 위한 보다 나은 세계' 라는 제목의 기본 강령을 소개했다. 이는 세계은행과 국제통화기금, 경제협력개발기구(OECD)가 공동으로 서명한 기본 강령으로, 일반 협약을 보완하는 내용을 담고 있었다.

일반 협약과 부록은 신흥 봉건제후들에게는 축복의 빵이나 다름없었다. 이에 서명한 다국적 기업들이 채택된 협약 내용을 실제로 실행에 옮기는지를 감시하는 기관은 어디에도 없었다. 유엔 사무총장이 나서서 감시할 수도 없는 노릇이다. 그러니 봉건제후들은 서명을 하기만 하면 그것으로 족했다!

이들로서는 협약에 서명하는 것이 금송아지를 얻는 것이나 다를 바 없었다. 기업 이미지 제고 면에서만 보더라도 완전히 남는 장사임에 틀림없었다. 코피 아난 덕분에 이들은 수천만 달러의 광고 비용을 절약할 수 있게 된 셈이었다. 협약에 서명한 기업들은 너나할 것 없이 모두 기업 브로셔나 광고 전단 등에 자신들이 일반 협약에 서명했음을 강조했고, 유엔 로고까지 가져다 쓸 수 있는 굉장한 덤을 얻었다.

2001년 4월 13일, 유엔 사무총장과 그의 측근들은 스위스 정부와 이코노미 스위스(스위스 출신 거대 다국적 기업들의 바람막이 구실을 하는 기관)의 초대로 취리히에 왔다. 지금 내 눈앞에는 로이터 통신이 찍고, 《디 베르너 차이퉁》에 실렸던 사진 한 장이 놓여 있다. 사진 속에서 루카스 무엘레만은 코피 아난과 악수를 나누고 있는데, 두 사람의 얼굴 표정이 가관이다. 루카스 무엘레만은 활짝 웃는 얼굴인 데 비해 코피 아난은 깊은 생각에 잠긴 표정을 짓고 있다.[43] 무엘레만은 당시 크레디 스위스-퍼스트-보스턴의 최고경영자로, 억만장자 클럽에서도 제일 잘나가는 기업가 중의 한 사람이었다. 무엘레만은 행복에 겨워할 수밖에 없었다. 일반 협약에 서둘러서 서명한 덕분에 그가 이끄는 은행은 인류 공동체가 추구하는 고귀한 가치에 누구보다도 충실한 은행임을 뽐낼 수 있게 되었기 때문이다.

당시 세계에서 가장 큰 다국적 제철업계인 ABB의 대표 괴란 린달이나, 유나이티드 뱅크 오브 스위츠랜드의 총재 마르셀 오스펠, 노바티스 대표 다니엘 바셀라, 로열 더치 셸의 사장, 나이키 사장, 도이체 방크 총재, 자동차 업계의 거인 미쓰비시, 닛산, 다임러, 크라이슬러, 도요타 등도 사정은 다르지 않았다.

크레디 스위스는 지금은 고인이 된 독재자 조제프 데지레 모부투의 40억 달러가 넘는 엄청난 재산의 상당 부분을 맡아서 관리해주던 은행이다. 이 은행은 또한 인종 차별주의를 자행하던 남아프리카공화국 정부에 대해서도 과거에 지원을 아끼지 않았으며, 콜롬비아로부터 유입된 수백만 나르코달러의 세탁에도 깊숙이 관여했다. 이 외에도 이익이 될 만한 일이라면 도덕적으로 비난받아 마땅한 일이라도 서슴지 않았다. 그러던 은행이 오늘날 세계에서 가장 강력한 은행 중의 하나로 부상했다.

한편 협약에 서명한 또 하나의 스위스 은행인 유나이티드 뱅크 오브 스위츠랜드(UBS)는 제3세계로부터의 자본 유출에 소극적으로 기여한 전적이 있다. 1998년에 사망한 군 출신 나이지리아 독재자 사니 아바차가 빼돌린 재산의 상당 부분도 UBS 계좌에 입금되어 있었던 것으로 드러났다.

나이키는 동남아시아 공장에서 어린이들을 착취해서 운동화를 생산한다는 이유로 미국 비정부기구들로부터 자주 비난을 받는다.

그런가 하면 일반 협약을 성사시키는 데 주된 역할을 맡았던 괴란 린달은 공산 중국의 부호들, 베이징의 봄을 무자비하게 진압한 공산당 간부들, 앙카라의 군 장성들과 개인적인 친분을 과시하는 인물이다. 그가 운영하는 기업 ABB는 노동조합과 농부들, 비정부기구들의 반대에도 불구하고, 중국과 터키에 엄청난 규모의 댐을 건설했다. 그 때문에 수십만 가구가 강제로 이주해야 했다(강제 이주 대상이 된 가구들은 파산을 맞는 경우가 비일비재하다). 어쨌거나 주위의 반대를 무릅쓰고 ABB는 양쯔 강 삼협댐 건설을 강행했다. 이 댐은 2009년에 완공될 예정이다. 댐이 완공되면, 인근에서 농사짓던 200만 명의 농부들은 모두 토지를 잃게 된다. 이는 분명히 농부들의 기득권에 대한 침해인데도 불구하고 이들은 적절한 금전적인 보상을 받을 수 없다. 삶의 터전에서 쫓겨나는 농민들은 상하이나 베이징 등 대도시의 빈민가를 전전하는 수밖에 없다.

국제 앰네스티에 따르면, 로열 더치 셸 컴퍼니 소속 정유공장이 야기하는 도저히 통제 불가능한 오염 때문에 니제르 강 인근 델타 지역은 몸살을 앓고 있으며, 그 결과 오고니족들의 경제는 파탄 지경에 이르렀다고 한다. 이 회사 역시 수십 년 동안 나이지리아에 들어섰던 역대 군사 독재 정권들의 확실한 돈줄 역할을 해왔다.[44]

미쓰비시, 도요타, 닛산으로 말하자면, 기업 대표들의 결정에 따라 일본 국내 또는 전 세계에 산재해 있는 수십 개의 직원용 식당, 병원, 학교 등 직원 복지시설이 문을 닫았다.

2004년 6월 24일, 뉴욕의 유엔본부에서는 코피 아난의 주재로 일반협약에 서명한 다국적 기업 대표들이 모였다. 5년 동안의 성과를 알아보는 자리였다.

비정부기구들의 압력에 따라 코피 아난 사무총장은 이 자리에서 한 가지 제안을 내놓았다. 서명자들이 협약 내용을 어느 정도까지 준수하고 있는지 감시하기 위한 국제적인 모니터링 기관을 창설할 필요가 있지 않느냐는 것이 제안의 골자였다.

이에 대해 즉각적으로 반대가 빗발치고 장내는 요란스러운 소용돌이에 휩싸였다. 공공기관? 제재를 가할 수 있는 법적 도구? 그런 건 꿈도 꾸지 말라!

코피 아난의 새로운 제안은 만장일치로 부결되었다.

세계화 지상주의자들은 인간들을 착취하는 일에 방해가 되지 않는 한도 내에서만 인권을 좋아한다.

끝맺는 말
다시 시작하자

이마누엘 칸트는 프랑스 대혁명에 참가하지 않았다. 아니, 참가를 하지 않은 정도가 아니라, 태어나 자란 쾨니히스베르크를 단 한 번도 벗어난 적이 없는 사람이다. 하지만 칸트에게 혁명이란 계몽주의 사상이 구체적 현실이 되어 나타난 생생한 발현이었다. 프랑스 혁명은 인간 해방을 위한 결정적인 첫 걸음이었던 것이다.

프러시아의 공무원으로서, 국왕 직속 경찰들이 감시의 눈을 소홀히 하지 않는 독재체재에 살았던 칸트로서는 프랑스 혁명과 그 혁명의 주역들에 대해 공개적으로 지지 입장을 표명함으로써 굉장한 위험을 감수한 셈이었다.

1789년 7월부터 벌써 그는 파리에서 보내오는 《민중의 친구》를 비롯한 다양한 주요 혁명 언론매체들을 읽었다. 이것들은 우편을 통해서 정기적으로 그에게 발송되었으므로, 프러시아 국왕 직속 경찰들도 이를 모르지 않았다.

그는 매일 근처 주막에 나가 점심을 먹었는데, 친구들과 함께 나누는 이 점심식사는 곧 프러시아 영토에서 프랑스 대혁명을 찬성하는 지지

자들의 회합이 되었다. 칸트는 그 모임에서 열정적으로 파리에서 일어나고 있는 일련의 사건들을 논평했다. 칸트가 점심 모임에 참석한 대부분의 친구들과 함께 프리드리히 2세의 '공공의 적' 명단에 올라 있다는 사실은 한참 후에나 알려졌다. 비밀경찰이 심혈을 기울여 끊임없이 손질하는 명단이었다.[1]

칸트가 70세가 되던 해에 로베스피에르는 공포정치를 시작했다. 주막에서 칸트는 청렴가 로베스피에르를 위해 건배를 들었다. 프러시아 경찰이 보관하는 문서에는 당시의 기록들이 남아 있다. 의자 위로 올라간 칸트(키가 152센티미터였다)는 라인 강 지역에서 생산된 포도주를 잔에 채운 다음 "부르주아들이 일으킨 혁명이라고 해서 의심하는 일 따위는 하지 맙시다! 부도덕성을 폭발적으로 단죄한다고 해도 우리를 동요시킬 수는 없습니다!"라고 외쳤다.

당시 쾨니히스베르크(오늘날의 칼리닌그라드)는 인구 5만 정도의 지방 수도로, 북해 쪽으로 난 항구가 도시의 유일한 수입원이었다. 리투아니아인, 에스토니아인, 라트비아인, 폴란드인, 러시아인 등 다양한 민족이 모자이크처럼 모여드는 곳이었다. 유대인 공동체도 막강한 실력을 행사했고, 네덜란드와 영국 등지에서 들어오는 상품도 즐비했다. 프랑스로부터 도주한 위그노파, 네덜란드에서 16세기에 이주한 메논파 등도 섞여 있었다.[2] 참정권도, 안정된 수입도 없는 이들 시민들의 대다수는 극단적으로 불안정한 삶을 이어갔다. 사회적 불의에 분노하던 칸트는 프랑스 혁명을 통해서 가난한 자들의 해방이 실현될 수 있는 가능성을 보았던 것이다.

프랑스 혁명의 역사적인 의미에 대해서 칸트는 1798년에 다음과 같은 글을 남겼다. "그 같은 현상은 세계 역사 가운데에서 절대 망각될 수 없다. 이제까지는 아무도 생각하지 못했던 사실, 즉 인간의 본성 속에 이미 도덕적인 진보의 가능성이 배태되어 있음을 발견한 현상이기 때문이다. 비록 추구한 목표를 달성하지는 못했으나 [……] 처음으로 자유를 추구했다는 사실이 지니는 가치까지 소멸되는 것은 아니다. 이 사건은, 다른 민족들이 다른 상황에서라도 이와 같은 일이 있었음을 망각하거나, 다시금 이와 같은 일을 시작하고 싶은 끓어오르는 흥분감을 억누르기엔 너무도 엄청나고 인류의 복지와 너무도 밀접하게 연관되어 있으며, 세계 모든 분야에 너무도 큰 영향력을 끼칠 것이기 때문이다."[3]

다시 시작해야 한다. 그렇다. 다시 시작해야만 한다!

프랑스 혁명으로부터 정치적인 민주주의를 향한 오랜 장도가 시작되었다. 프랑스 혁명은 산업혁명과 식민지 개척으로 이어졌다. 혁명 이후 국가의 권력은 한층 공고해졌다.

20세기에 들어와 국제연맹, 그리고 그 뒤를 이어 국제연합이 인류 보편의 평화를 정착시키기 위해 노력했다. 1948년 12월 10일에 있었던 인권선언은 1789년 프랑스 대혁명 때 이미 발표된 몇몇 내용을 그대로 옮겨온 것이다.

20세기 말부터 21세기 초에 걸쳐서 이제까지는 볼 수 없었던 새로운 형태의 진보가 실현되었다. 유럽에서뿐만 아니라 일부 남반구 지역 국가에서도 정치적 민주주의가 뿌리를 내렸으며, 탈식민지화가 적극적으로 진행되었다. 지구상의 모든 문화는 평등하다는 주장이 확산되었고, 여성에 대한 차별은 완화되었다. 세계 여러 곳에서 생산력은 괄목할 만한 성장을 이루었다.

그런데 지금은 어떠한가?

우리는 현재 수년 전까지만 하더라도 누구도 상상하지 못했던 끔찍한 공격을 받고 있다. 그 어떤 나라도, 그 어떤 초국가적인 기구도, 그 어떤 민주주의로도 이 공격에 저항할 수 없다.

경제 전쟁을 벌이는 신흥 봉건제후들은 온 지구를 거덜내고 있다. 이들은 국가와 국가가 지닌 규범적인 권력을 공격하며, 주권 재민 사상을 무시할 뿐 아니라, 민주주의를 전복시키며 자연을 망가뜨리고 인간과 인간의 자유를 말살시키고 있다.

이들은 행복을 추구하는 인간의 기본적인 권리를 전적으로 부인한다. 그 어떤 반대 권력(국가나 노동조합)도 무소불위의 권력을 휘두르는 이들 앞에서 제대로 대항하지 못한다. 뉴델리의 길거리에서는 보팔 공장 유독가스로 시력을 잃은 수천 명의 아낙네들과 어린이들이 행인들에게 구걸을 한다. 그러는 동안 다우케미컬의 경영진은 미국 미시간 주 미들랜드에 쌓아올린 마천루 요새 속에 몸을 숨기고 들어앉아 있다.

생쥐스트는 "민중과 민중의 적 사이에는 아무런 공통점이 없으며, 오로지 양날 검만이 있을 뿐이다"라고 말했다. 둘을 갈라놓고 내려치는 양날 검 말이다. 행복해질 권리, 존엄성을 유지할 수 있는 권리, 끼니를 거르지 않을 권리, 자유를 누릴 수 있는 권리는 인간의 본질적인 권리다. 이러한 권리들이 있음으로 해서 인간은 인간다울 수 있다. 여기에 대해 칸트는 다른 나라 말로 옮기기 매우 어려운 다음과 같은 표현을 썼다. "Das einzige ursprüngliche, dem Menschen Kraft seiner Menschheit zustehende Recht(온전한 삶에 대한 권리, 인간이 인간이라는 단순한 사실 하나만으로 인간에게 속하는 권리)."

칸트에 비해서 생쥐스트는 똑같은 내용의 말을 하더라도 훨씬 시정이 넘친다.

"독립성과 평등이,

자연의 아들이자 타고난 순수한 본성으로 말미암아

덕목과 자유를 지향하는

인간을 지배해야 한다."4

역사의 유일한 주체가 있다면 그것은 바로 인간이다. 신흥 봉건제후들이나 그들의 속셈을 그럴듯하게 포장해서 들려주는 그들의 나팔수나 하인들처럼 시장 만능을 부르짖는 사람들은 계몽주의가 낳은 문명적인 기준을 부정한다.

세네갈 강 하구에 사는 월로프족들이 즐겨 쓰는 속담이 이와 같은 상황을 잘 요약해준다. "인간은 인간의 치료약이다."

인간은 다른 인간들의 도움을 얻어야 존재할 수 있고, 스스로를 이루어나갈 수 있으며, 자손을 번식시킬 수 있다. 사회를 이루지 않고 사는 인간, 역사가 없는 인간, 연민의 정을 느끼지 못하는 인간이란 있을 수 없다. 가역성(可逆性), 상호 보완성, 연대감 등의 관계야말로 인간이라는 존재를 구성하는 중요한 요소들이다.

세계화 지상주의자들이 보여주는 냉소적 태도, 그들의 하수인들이 저지르는 고삐 풀린 폭력, 행복권 무시 등을 어찌할 것인가? 칸트의 말에 귀를 기울이자. 다시 혁명을 시작하자. 지구상의 사회정의 구현과 봉건 권력 사이에는 영원한 전쟁이 있을 뿐이며 근본적인 이율배반을 떨쳐낼 수 없기 때문이다.

죽음은 인간에 의해서 정복될 수 없을 것이다. 고독과 절망 혹은 그 외에 인간 조건을 이루는 수많은 고통들도 마찬가지일 것이다. 이렇듯 인간의 힘으로는 불가항력적인 고통은 어쩔 수 없다고 치더라도, 우리

인간들이 만들어내는 고통은 또 얼마나 많은가!

출생의 우연이라는 수수께끼는 죽음만큼이나 신비롭다. 나는 왜 유럽에서 태어났는가? 어째서 잘 먹고, 가진 권리도 많고, 자유롭게 살 수 있으며, 고문으로부터도 비교적 자유로운 백인으로 태어났는가? 나는 이렇게 태어났는데, 어째서 뱃속에 기생충이 우글거리는 콜롬비아의 광부는 그런 행운을 누리지 못했을까? 페르남부쿠의 혼혈인 카보클루는? 염산에 의해서 얼굴이 일그러진 치타공의 벵갈 여인은?

내가 이 책을 쓰고 있는 올해에만 해도 아직 연말이 되지도 않았는데 벌써 기아나 기아와 직접적으로 상관관계를 지닌 질병 등으로 고통을 당하면서 죽어간 사람이 3,600만 명에 달한다. 의학계가 벌써 오래전에 정복한 전염병에 걸렸지만, 약이 없어서 헛되이 투병하다가 죽은 사람들도 수천만 명이다. 오염된 물은 해마다 10세 미만의 어린이 900만 명의 목숨을 앗아간다.

비위생적인 주거 환경, 들쥐, 절망, 오물 등으로 고통받는 가정주부들도 마닐라의 스모키마운틴에서 리마의 칼람파, 다카의 빈민촌에서 리우데자네이루 교외 바이사다 저지대의 달동네에 이르기까지 수백만 명에 이른다.

항구적인 실직 상태와 내일에 대한 불안은 울란바토르나 소웨토에 거주하는 수십만 가장들의 존엄성을 짓밟아버린다.

그들은 그렇게 사는데, 나는 왜 편안하게 살 수 있는가?

이들 우연의 희생자 한 명 한 명은 나의 아내, 나의 아들, 나의 어머니, 나의 친구 혹은 나의 삶을 구성하며 내가 사랑하는 그 누군가가 될 수도 있었을 사람들이다.

이처럼 해마다 고통받는 수백만 수천만 명의 사람들은 바뵈프가 "어리석은 법"이라고 부른 법이 낳은 희생자들이다.

출생의 우연이라는 요소를 제외한다면, 나와 이 고통받는 사람들을 갈라놓을 다른 요소들이란 전혀 없다.

다시 말하지만, 마라는 "여론은 무지에 토대를 두고 있으며, 무지는 독재를 부추긴다"라고 말했다.[5]

정보를 제공하고 봉건제후들의 관행을 투명하게 만드는 것이야말로 지식인들이 가장 먼저 해야 할 일이다. 흡혈귀들은 대낮의 광명을 흑사병만큼이나 두려워하는 법이다.

마라는 또 "인간에 대한 사랑은 정의에 대한 사랑의 토대를 이룬다. 정의감이란 이성에 의해서만 형성되는 것이 아니라 감정에 의해서도 형성되기 때문이다"[6]라고도 말했다.

울란바토르 시내를 배회하는 터널 속 아이들의 삶, 브라질의 혼혈인종 카보클루들의 고통과 투쟁, 벵갈 지방 소작농이나 티그레이 지역 과부들의 고단한 삶을 들려주는 일은 독자들에게 정의감을 싹트게 할 것이라고 나는 믿는다. 이렇게 깨어난 정의감으로부터 아마도 언젠가 북반구 지역 선진국가 국민들의 의식 혁명이 시작될 수 있을 것이다.

상베르나르두 금속노동조합의 호소에 동참하기 위해 빌라 에우클리디스의 어마어마한 축구장으로 8만 명의 파업 노동자들이 모여든 때는 1979년 3월 13일 오후였다. 나는 브라질에 관한 장에서 이 사건을 언급했다. 어두컴컴한 하늘을 배경으로 낮게 뜬 경찰 소속 검은 헬리콥터들이 굉음을 내며 운동장 주변을 돌고 또 돌았다. 그곳에 모인 군중들에게 겁을 주기 위해서였다.

빗방울이 떨어지기 시작했다.

룰라는 운동장 한가운데 잔디 위에 세워놓은 트럭에 마련된 연단에서 꼼짝도 하지 않고 서 있었다. 그의 주위로는 파업 참가자들과 그들의 아내, 아이들이 촘촘하게 줄을 지어 서 있었다. 다들 떨어지는 비에 옷이 몸에 달라붙어도 그대로 빗속에 서 있었다. 그들은 모두 온 힘을 다해 집중했고, 엄숙했으며, 긴장하고 있었다.

경찰들이 확성기를 모두 압수하고 난 후였다.

프레이 베투는 그날 일을 다음과 같이 회상했다. "룰라가 입을 열었다. 그와 아주 가까운 곳에 있던 사람들은 그가 하는 말을 듣고 난 다음 몸을 돌려 그가 한 말을 자기보다 뒤에 있는 사람들에게 큰 소리로 옮겼다. 이런 식으로 각 줄은 자신들이 들은 말을 뒷줄로 전하기를 반복했다. 이렇게 해서 룰라의 이야기는 거대한 운동장의 맨 끝 줄에 있는 사람들에게까지 전달되었다."[7]

나는 노동조합 지도자가 아니며, 인민해방전선을 이끄는 리더도 아니다. 그저 제한적인 영향력을 가진 한 명의 지식인일 뿐이다. 나의 책은 내가 돌아다니며 목격한 세계에 대한 나의 진단을 제시한다.

현재 이 세계를 지배하는 약육강식의 질서를 파괴하는 것은 시민들의 몫이다. 전 지구적인 사회정의를 위한 투쟁은 이제 시작될 것이다.

이 투쟁의 승리는 무엇을 의미하는가? 패배는 또 무엇을 의미하는가? 투쟁의 결말은 어떻게 날 것인가? 현재 이 질문들에 대한 답을 아는 사람은 아무도 없다.

하지만 나의 마음속엔 한 가지 확신이 있다.

앞으로 일어나게 될 투쟁은 '평등주의자들의 음모'[8]를 주동하다가

1797년 5월 27일 단두대의 이슬로 사라져간 그라쿠스 바뵈프의 주장에 호응하는 투쟁이 될 것이라는 점이다.

"〔……〕 평등과 사유재산권 문제에 대해 투쟁을 벌이자! 민중들은 야만적인 구체제 제도를 타파하라! 부자들이 가난한 사람들을 상대로 벌이는 전쟁에서 한쪽은 과감하고 대담무쌍하고 다른 한쪽은 비겁하기만 한 성격으로 규정짓는 일 따위는 이제 그만두자! 〔……〕 그렇다. 다시 한 번 말하지만, 모든 환부는 이제 곪을 대로 곪았으므로 더 이상 나빠지려고 해야 나빠질 것도 없다. 모든 것을 완전히 전복시키는 것만이 환부를 치료할 수 있는 유일한 방법이다.

우리 사회가 지향하는 목표가 무엇인지 생각하자. 공동의 행복을 생각하고, 모두 모여 천 년 동안 감내해온 이 천박한 법을 바꾸자."9

저자 후기

칠흑처럼 캄캄한 밤이었다. 달도 없었다. 바람이 시속 100킬로미터의 속도로 몰아쳤다. 매서운 바람은 10미터도 넘는 파도를 일으켰고, 거대한 물기둥은 요란한 소리를 내며 이내 허약하기 짝이 없어 보이는 배 위로 떨어졌다. 101명의 아프리카 피난민을 태우고 열흘 전 모리타니아 해안의 작은 내항을 떠난 배였다. 태풍에 밀린 배는 기적적으로 카나리아 제도를 이루는 수많은 섬들 중의 하나인 엘메다노 해안 암초에 걸렸다.

스페인 해경은 재난으로 넋이 빠진 생존자들 사이에서 허기와 갈증을 견디다 못해 숨진 여자 1명과 청소년 3명의 시체를 찾아냈다.

같은 날 밤, 그로부터 조금 떨어진 엘히에로 해안에는 60명의 남자와 7명의 여자, 17명의 어린아이들을 태운 낡은 배 한 척이 밀려왔다. 죽음의 문턱까지 갔던 이들은 모래밭에 맥없이 주저앉았다.[1]

같은 시기, 이번엔 지중해 부근에서 또 다른 사건이 일어났다. 몰타에서 150킬로미터쯤 떨어진 곳에서 프론텍스[2]의 정찰기 한 대가 정원보다 훨씬 많은 숫자인 53명의 승객을 태우고 물결에 휩쓸려 표류하는(아마도 엔진 고장을 일으킨 것으로 추정되었다) 배 한 척을 발견했다. 정찰기의 카메라에 포착된 배 내부에는 여자들과 어린아이들이 타고 있었다. 비행기 조종사는 즉시 몰타 당국에 이를 알렸다.

몰타 정부는 표류하는 배가 리비아 탐사 해역으로 진행하고 있다는 이유를 들어 구조에 나설 것을 거부했다. 유엔 난민고등판무관 로라 볼디니가 나서서 몰타 정부에 신속하게 구조선을 사고 현장에 보낼 것을 종용했다. "과거의 예로 볼 때, 지중해에서라면 조난을 당한 선박이 20일 정도까지 표류할 가능성이 있다"는 것이 그녀의 논리였다.3

하지만 아무 소용없었다.

유럽은 손가락 하나 까딱하지 않았다.

결국 조난당한 사람들의 흔적은 찾을 수 없게 되었다.

그로부터 몇 주 전에는 기아에 시달리던 100여 명의 아프리카 사람들이 카나리아 제도로 가겠다는 일념하에 한 척의 배에 올라탔으나, 세네갈 근처 바다에서 침몰하고 말았다. 생존자는 단 2명이었다.4

2005년 9월 28일, 스페인 군대는 모로코에 있는 스페인 영토 세우타를 에워싼 전기 장치가 된 가시철조망 울타리를 넘으려던 아프리카인들을 그 자리에서 쏴 죽였다. 그로부터 일주일 후 또 다른 6명의 아프리카 젊은이들이 비슷한 상황에서 비슷한 방식으로 죽음을 맞았다.5

이렇듯 여성과 아이들을 포함하는 수천 명의 아프리카인들이 멜릴라와 세우타 등의 유럽 국가 해외 영토 인근에서 피 말리는 투쟁을 벌인다. 브뤼셀로부터 지령을 받은 모로코 경찰들은 아프리카인들을 사하라 사막 이남으로 쫓아낸다. 마실 물도, 먹을 음식도 제공하지 않고 내몬다는 말이다. 이들 중의 수백 명, 아니 수천 명은 사막의 바위틈이나 모래벌판에서 죽어간다.6

해마다 목숨을 걸고 자신들의 고향인 아프리카를 떠나 유럽으로 향하는 젊은이들은 얼마나 될까? 연평균 200만 명 정도가 불법적으로 유럽연합 영토 내로 잠입하려고 시도하며, 이들 중에서 2천 명 정도는 지중해에서, 또 다른 2천 명 정도는 대서양에서 목숨을 잃는다. 이들의 목표는 모로코로부터 지브롤터 해협을 건너거나 모리타니아나 세네갈에서 출발하여 카나리아 제도로 들어서는 것이다.

스페인 정부에 따르면, 2006년 한 해 동안 47,685명의 아프리카 출신 불법 이민자들이 스페인 해안으로 들어왔다. 여기에 리비아의 자마히리야나 튀니지로부터 이탈리아 섬이나 몰타 공화국으로 들어온 23,151명의 불법 이민자들도 더해야 한다. 그런가 하면 터키나 이집트를 통해 그리스나 이탈리아의 아드리아 해안 쪽으로 들어오는 사람들도 있다. 세계적십자사와 적신월사 연합의 사무총장인 마르쿠 니스칼라는 "이와 같은 위험 상황은 모두의 외면 속에서 진행되고 있다. 아무도 궁지에 몰린 이들을 도와주지 않을 뿐 아니라, 이처럼 매일 일어나는 비극의 통계나마 따져보려는 기구도 전혀 없는 상태"[7]라고 말했다.

기아에 시달리는 아프리카인들이 바닷길을 통해 탈출을 시도하는 데에는 특별한 이유가 있다. 아프리카 대륙의 대서양 쪽 해안과 지중해 쪽 해안에 자리 잡은 어촌들이 급속도로 붕괴하고 있기 때문이다. 요컨대, 아프리카 국가들이 외국 회사들에게 조업권을 팔아넘기고 있기 때문이다. 일본, 캐나다, 포르투갈, 프랑스, 덴마크 같은 나라에 속하는 공장형 대형 선박들이 아프리카 국가의 경제 수역권에서 싹쓸이를 하고 나면, 아무런 희망도 가진 것도 없는 아프리카 영세 어부들은 파산 상태가 되어, 불법 이민 브로커들이나 마피아 조직에 헐값으로 배를 팔아넘긴 다음 자신들이 불법 이민 브로커로 전락한다. 이들이 소유했던 배들은 연안 어업용으로 지어졌기 때문에 먼 바다 항해에는 가당치도 않다.

아프리카에는 10억 명에 조금 못 미치는 인구가 살고 있다. 1972년부터 2002년 사이에 만성적이고 심각한 영양실조로 고생하는 사람들의 숫자는 8,100만 명에서 2억 300만 명으로 급증했다.

왜 그럴까? 상황이 이렇게 된 데에는 물론 여러 가지 이유가 있다. 하지만 가장 큰 원인으로는 유럽연합 측에서 실시하는 농업 정책을 들어야 마땅하다. OECD에 속하는 선진 산업 국가들은 2006년 한 해 동안 자국의 농부들과 목축업자들에게 농업 생산과 수출 지원 명목으로 3,500억 달러가 넘는 지원금을 지불했다. 그중에서도 특히 유럽연합은 아프리카에서 더할 나위 없이 냉소주의적인 태도로 농업 덤핑을 일삼고 있다. 그 결과 아프리카의 식량 생산 농업은 체계적으로 초토화되고 있다.

서부아프리카에서 가장 큰 소비재 시장인 산다가의 예를 들어보자. 산다가 시장은 소란스럽고 울긋불긋하며, 코를 자극하는 온갖 향취가 가득 찬 멋진 장소로, 세네갈의 다카르 시내 중심에 자리 잡고 있다. 가정주부들은 그곳에서 계절별로 포르투갈이나 프랑스, 스페인, 이탈리아, 그리스 등지에서 온 채소와 과일들을 구입할 수 있다. 이러한 수입 농산물은 세네갈 국내에서 생산된 농산물보다 2~3배 정도 값이 싸다.

그곳에서 몇 킬로미터 떨어진 곳에서는 작열하는 태양 아래 월로프족 농부가 아내와 아이들을 데리고 하루 15시간이라는 긴 노동에 매달린다. 하지만 그렇게 열심히 일해도 최저생계비라도 벌 수 있는 가능성이 거의 없다.

아프리카의 52개국 중에서 37개국은 거의 전적으로 농업에 의존한다. 지구상의 그 어떤 인간도 세네갈의 월로프족이나 말리의 밤바라족, 부르키나파소의 모시족 또는 키부의 바시족 같은 아프리카 농부들처럼 많이, 그리고 열심히 일하지 않는다. 유럽연합에서 펼치는 농업 덤핑 정책은 이들과 이들 자녀들의 삶을 완전히 파괴해버린다.

기아를 피해서 국경을 넘는 불법 이민자들로부터 유럽을 지키기 위해 유럽연합은 프론텍스라는 이름의 반(半) 비밀군사 기구를 조직했다. 이 기구는 유럽 외부 국경, 즉 유럽 대륙과 다른 대륙 간의 경계 지역을 관리한다. 프론텍스는 원양에서 신속하게 개입할 수 있는 무장 선박과 전투용 헬리콥터, 고감도 카메라와 야간 감식기, 레이더, 위성 등 복잡한 원격 전자 감시수단이 장착된 감시용 비행기 부대를 보유하고 있다.

프론텍스는 아프리카 땅에서 '수용소'를 운영하기도 하는데, 주로 기아를 피하기 위해 아프리카 중부, 동부, 서부, 즉 차드, 콩고민주공화국, 부룬디, 카메룬, 에리트레아, 말라위, 짐바브웨 등지에서 불법 이민 길에 올랐던 사람들을 수용한다. 이들 난민들 중에는 임시방편으로 연명하면서 1~2년 동안 줄곧 아프리카 대륙을 가로지른 다음 국경을 넘어 해안으로 접근해간 사람들도 있다. 이들은 피난민들이 지중해나 대서양 해안 항구에 도착하는 것을 방지하는 임무를 띤 프론텍스 소속 군인들이나 지역 보좌관들에 의해서 체포된다.

프론텍스 측에서 아프리카 국가 정부에 지원하는 자금을 감안한다면, 이들 중에 그 어느 나라도 감히 자국 내에 수용소 설치를 거부하기란 불가능했을 것이다.

알제리만이 유일하게 자존심을 지켰다. 압델라지즈 부테플리카 대통령은 "우리는 수용소 설치를 거부한다. 우리는 절대로 우리 형제들을 감시하는 간수가 되지 않을 것이다"라고 말했다.

브뤼셀 측이 내세우는 위선은 한마디로 가증스럽다. 한편으로는 아프리카에서 기근을 조장하면서 다른 한편으로는 기아로 인한 난민들을 범죄자 취급하는 이중적인 태도를 보이기 때문이다.

아미나타 트라오레가 이와 같은 상황을 적절하게 요약한다. "유럽연합 27개국이 아프리카인들의 이민을 방지하기 위해 동원한 인적, 금전적, 기술적 수단은 사실 세계열강들이 가진 것이라고는 맨주먹뿐인 아프리카 청년들을 상대로 벌이는 전쟁 수단이라고 해도 지나치지 않다. 이 청년들은 구조적인 모순에 의해 자기 나라에서조차 제대로 교육받을 권리, 세계 경제에 대한 정보를 얻을 권리, 일할 권리, 인간답게 먹을 권리 등을 행사할 수 없었다. 자신들과는 무관한 거시경제의 희생자인 이들은 이민을 통해 출구를 찾으려고 시도하는 순간부터 이리저리 내몰리고 쫓기며 모욕을 당한다. 2005년 세우타나 멜릴라에서 발생한 유혈 사태로 희생당한 사망자, 부상자, 장애자들과 모리타니아 해변이나 카나리아 제도, 람페두사 혹은 다른 곳에서 매달 발견되는 수천 구의 시체들은 강제 불법 이민으로 인한 조난자들이라고 해야 마땅하다."[8]

2007년 6월, 유엔 인권위원회는 제네바의 유엔청사에서 4번째 정기 총회를 열었다. 6월 11일 월요일, 위원회는 기아 난민들에게 일시적 추방 불가 권한을 부여하자는 제안을 검토했다.

이 점에 대해서는 약간의 보충 설명이 필요하다. 이는 경제 난민과 기아 난민을 확실하게 구별해야 한다는 입장의 표명이라고 이해하면 된다. 경제 난민들은 보다 나은 삶, 즉 '편의'를 위해서 이민 길에 오른 사람들이다. 반면 기아 난민들은 '생존의 필요'에 의해 위험을 무릅쓰는 사람들이다.

필요라고 하는 것은 국제법과 대부분 국가의 국내법에서 잘 알려진 개념이다. 예를 들어보자. 환자를 태우기 위해 과속으로 질주하는 구급차가 운행 중에 이러저러한 교통 법규를 무시했다고 하면 이는 '필요'에 의해 어쩔 수 없이 그런 것이다. 그러므로 구급차의 교통 법규 위반은 무효라고 할 수 있다.

기아 난민도 마찬가지다. 세계식량계획은 매달 지구상에서 천연재해(가뭄, 메뚜기 떼의 습격 등)나 인재로 인하여 생존이 불가능한 지역을 지정한다. 이렇듯 '필요'라고 하는 상황은 어디까지나 객관적으로 증명 가능한 상황이다. 목숨을 부지하기 위해서 굶주린 자들은 국경을 넘는다. 그런 식으로 국경을 넘는 행위는 엄연히 불법이다. 하지만 '불법'이라는 상황은 '필요'라는 상황에 의해 무효화된다.

현재로서는 기아 난민을 범죄자의 신분에서 해방시켜주는 그 어떤 국제법적인 수단도 존재하지 않는다. 난민 보호를 위해 1951년에 제정된 유엔 협약은 인종적, 종교적 혹은 정치적 이유로 박해를 받는 사람들에게만 망명을 허용한다. 그런데 이러한 기준은 지나치게 제한적이다.

한편 이민자 보호를 위한 협약으로 말하자면, 집행권은 (유엔 난민판무관이 아니라) 국제노동국에서 관장하고 있으며, 기아 난민을 범법자로 만들지 않을 아무런 조항도 들어 있지 않다.

이 같은 공백 상황을 타개할 수 있도록 법조문을 제정할 수 있는 유일한 기관은 유엔 인권위원회라고 할 수 있다. 이 위원회는 뉴욕에서 열리는 유엔 총회에서 대륙 간 비율을 고려하여 연임 가능한 3년 임기로 선출하는 47개국의 대표들로 이루어진다.

2007년 6월 11일 오후 6시, 제네바 유엔 청사 동관 22호실. 기아 난민들에 대해 임시 피난처를 제공하자는 제안이 회의 안건으로 올라왔다. 유럽연합을 대신하여 독일 출신 안케 콘라드는 이 안건의 토론을 거부했다.[9]

인위적으로 조작된 희귀재가 지배하는 수치의 제국에서는 전쟁은 국지적이고 일시적인 것이 아니라 영원토록 계속된다. 전쟁은 일시적인 위기 상황이나 특별한 증세가 아니라 어디까지나 정상적인 일상일 뿐이다. 전쟁은 (호르카이머의 표현을 빌리자면) 이성이 순간적으로 사라지는 상태를 가리키는 것이 아니라, 오히려 제국의 존재 이유라고 할 수 있다. 경제 전쟁의 선봉에 선 제후들은 우리의 지구를 정기적으로 거덜내고 있다. 이들은 국가가 지니는 규범적인 권력을 정면에서 공격하며, 민중의 주권을 무시하고, 민주주의의 전복을 꾀하며, 자연을 훼손하고, 인간과 인간의 자유를 유린한다. 경제를 일종의 자연 현상으로 만들어버리고, 시장의 보이지 않는 손에 맹종하는 것이야말로 이들에게는 우주 생성 이론을 대신한다. 이익의 극대화는 이 이론을 실행에 옮기는 것에 다름없다.

나는 이들이 신봉하는 이 같은 우주관과 실천 방식을 '구조적 폭력'이라고 부른다.

부채와 기아는 세계를 지배하는 제후들이 민중을 노예화시키며, 그들이 지닌 힘과 자원, 즉 꿈을 빼앗기 위해 사용하는 두 개의 강력한 대량살상 무기다.

지구상에 존재하는 192개국 가운데 122개국은 남반구에 위치한다. 이들 국가들의 외채를 모두 합하면 2조 1천억 달러가 넘는다. 외채는 멍에처럼 채무자를 짓누른다. 가령 특정 제3세계 국가가 수출을 통해 벌어들인 외화의 대부분이 부채에 대한 이자와 원금을 상환하는 데 고스란히 바쳐진다.

북반구의 채권 은행들은 피를 빨아먹는 거머리처럼 기능한다. 따라서 채무국은 순식간에 빈혈 상태에 이르고 만다. 부채는 관개수로 설비,

도로 기반 사업, 교육, 위생 사업 등 사회 투자를 저해한다. 가장 가난한 국가들일 경우, 부채를 안고 있는 한 어떤 발전도 불가능하다.

기아는 하루하루 대규모 학살을 저지르지만 이는 냉혹한 현실일 뿐이다. 이 지구상에서는 5초마다 10세 미만의 어린이 한 명이 기아로 목숨을 잃는다. 비타민 A의 부족으로 4분에 한 명씩 시력을 잃는다.

2006년에는 8억 5,400만 명, 다시 말해서 지구 전체 인구 6명 중 한 명꼴로 심각한 만성 영양 결핍에 시달렸다. 2005년의 8억 4,200만 명에 비해 훨씬 증가한 숫자다.

이와 같은 통계 수치를 발표하는〈월드 푸드 리포트〉유엔 식량농업기구에 따르면, 현재 세계의 농업 생산력으로는 120억 명을 정상적으로 먹일 수 있다. 바꿔 말하면, 하루에 성인 1명당 2,700칼로리를 공급하는 일이 얼마든지 가능하다는 말이다.

오늘날 지구의 인구는 62억 명 정도로 추산된다.

자, 그렇다면 이쯤에서 결론을 내려보자. 기아는 절대로 어쩔 수 없는 운명이 아니다. 기아로 죽은 어린아이는 살해당한 것과 마찬가지다. 약육강식의 자본주의 논리에 따라 편성된 세계의 경제, 사회 정치적 질서는 살인적이기만 한 것이 아니다. 그것은 한마디로 부조리 그 자체다.

현재 세계를 지배하는 질서는 살인적일 뿐 아니라 아무런 정당한 필요도 없이 살인을 자행하고 있다. 그 같은 질서는 뿌리 뽑아야 마땅하다. 나는 이 책이 그와 같은 투쟁을 위한 무기가 되기를 소망한다.

희망은 어디에 있는가?

소수, 즉 대체로 별다른 의식 없이 사는 백인들의 편의를 위해 언제까지고 대다수가 가난과 절망, 착취, 기아 속에서 신음해야 하는 세상을 거부하는 인간의 이성 속에 희망은 깃들어 있다. 우리들 각자의 마음속에는 도덕적인 요청이 자리 잡고 있다. 그러니 그것을 흔들어 깨우고, 저항하겠다는 의지를 북돋우며, 투쟁을 조직해야 한다.

나는 타인이며 동시에 타인은 나다. 타인에게 가하는 비인간적인 행동은 내 안에 깃들어 있는 인간성을 말살시킨다.

카를 마르크스는 "혁명가는 한 포기 풀이 자라나는 소리도 들을 줄 알아야 한다"라고 말했다.

2007년 6월 5일부터 7일까지 발트해에 면한 독일의 하일리겐담 해변에서는 지구상에서 가장 큰 영향력을 행사하는 8개국(G8) 정상들이 모여 회담을 가졌다. 회담에 참석한 8개국 정상들을 보호하기 위해 발트 해변에는 12킬로미터에 걸쳐 거대한 가시철조망이 설치되었고, 해양 전투 요원, 미국 해군 소속 전투함과 아파치 헬리콥터, 16,000명의 경찰, 정예 경비 요원들이 배치되었을 뿐 아니라 주변 마을 건물 옥상 곳곳에는 총잡이들도 배치되었다. 세계 각국에서 5천 명의 기자들이 모여들었으며, 이들은 인근 쾰렌보른 마을에서 묵으며 사건을 취재했다. 하일리겐담에서 블라디미르 푸틴, 앙겔라 메르켈, 조지 부시, 니콜라 사르코지 등은 세계의 지도자 같은 풍모를 보여주기 위해 애썼다. 애를 쓰는 모습이 갸륵하긴 했으나, 우스꽝스럽게 보이는 건 어쩔 수 없는 노릇이었다.

2006년 6월, 세계 500대 다국적 기업들은 전 세계 총생산량의 52퍼센트 이상을 장악했다. 다시 말해서 1년 동안 생산된 지구상의 모든 부(자본, 서비스, 상품, 특허권 등)가 이들의 손아귀에 있다고 해도 과언이 아닌 것이다.

아프리카는 G8 정상회담의 중심 주제였다. 두 가지 중요한 회의 주제는 첫째, '민간 투자 보장', 둘째, '특허권의 범보편성 보장'이었다.

'기아' 같은 단어는 하일리겐담의 의제로 상정되지도 못했다.

삼엄한 철조망 너머 모래 많은 메클렌부르크 마을 곳곳에는 G8 회담에 반대하는 시위자들이 임시 거처로 사용하는 텐트들이 끝없이 이어졌다. 41개국에서 15만 명이 넘는 사람들이 각종 사회단체, 시민단체, 종교단체, 비정부기구들을 대표하여 몰려왔다. G8 정상회담이 계속되는 기간 내내 120차례에 걸쳐 세미나, 공개 토론, 철야 토론 등이 이어졌다. 이들은 부채와 기아 난민, 위생적인 식수를 공급받을 수 있는 권리, 유전자 변형 식물에 대한 투쟁, 기업의 해외 이전, 여성 근로자 임금 차별, 각국 중앙은행의 독립성 확보, 비위생적인 주거 개선, 제3세계 국가들의 일방적인 경제 무장 해제, 테러리즘, 세계무역기구, 공공 부문 강제 고사 등의 다양한 주제를 다루었다.

빅토르 위고는 "당신들은 구호를 받는 가난한 자들을 원하지만, 나는 가난이 없어지기를 바란다"고 말했다.

새로운 집단의식, 암흑 속에서 피어나는 멋진 우애, 지역적인 저항 운동(이러한 운동들을 조직적으로 엮어주는 조절 장치가 필요하다)들이 싹트고 있다. 이처럼 깨어난 의식들의 단결을 통해서 전 지구적인 새로운 시민사회가 태어난다. 그 사회에서는 정의와 이성, 행복을 약속하는 세계로의 희망을 담고 있다.

투쟁의 결과는 불확실하다. 하지만 확실한 것도 있다. 일찍이 파블로 네루다가 말하지 않았던가.

"그들은 꽃이란 꽃은 모조리 꺾어버릴 수 있을 것이다.

하지만 그렇게 해도 결코 봄의 주인이 될 수는 없을 것이다."[10]

옮긴이의 말

　　　　　　이따금씩 언론에 보도되는 소식을 접하면서 침통해하곤 했다. 선진국에서는 남아도는 농산물 때문에 일부러 휴경제도를 마련하고 그에 동참하는 농부들에게는 지원금까지 지급하는데, 일부 국가에서는 먹을 것이 없어 굶어 죽는 사람들이 길거리에 널렸다……. 이러한 소식을 접할 때마다 불공평한 세상 이치를 얼른 이해할 수 없어 착잡한 기분을 느꼈던 것이다. 그러던 차, 갈라파고스 출판사에서 펴낸 장 지글러의 『왜 세계의 절반은 굶주리는가?』를 읽게 되었고, 비로소 그간의 의문들이 어느 정도 풀리는 듯했다.

　　바로 이 같은 경험이 있었기에, 같은 출판사로부터 같은 저자가 쓴 『탐욕의 시대』(원제는 'L'Empire de la Honte'로, 문자 그대로 옮기면 '수치의 제국'이라고 풀이된다)를 우리말로 옮겨달라는 의뢰를 받았을 때, 나는 한 치도 망설일 이유가 없었다. 아니, 몇몇 거대 다국적 기업들이 국가 권력쯤은 우습게 알게 된 오늘날, 그들이 자행하는 횡포로 인해 남반구 제3세계 국가에서는 기아로 죽어가는 사람들이 대량으로 발생하는 등 인류가 봉건사회로 회귀하고 있으니, 다시금 "혁명을 해야 한다"는 저자의 주장을 읽으며 오히려 가슴이 벅차오르는 흥분을 느꼈다고 말하는 편이 좀더 솔직할 것 같다.

어디서 오는 흥분일까?

혁명이라는 역동적인 말은 피비린내 나는 공포감과 더불어 다분히 낭만적인 분위기를 풍기는 것이 사실 아닌가? 특히 인류가 봉건시대의 잔재를 떨치고 근대사회로 나아가는 데 결정적인 역할을 했다고 평가되는 프랑스 대혁명에서는, 어쩐지 그런 분위기가 한층 더 짙게 배어난다. 자유, 평등, 박애. 듣기만 해도 가슴 설레는, 영원토록 지켜야 할 보편적이고도 아름다운 가치를 혁명의 강령으로 내걸었기 때문인가?

『왜 세계의 절반은 굶주리는가?』가 젊은 세대들에게, 다시 말해 풍요의 시대에 풍요로운 곳에서 태어나(기아의 문제에서 가령 유럽에서 태어났는가 혹은 아프리카에서 태어났는가의 여부는 굉장히 중요한 의미를 지닌다. 장 지글러 자신도 본인은 순전히 '출생의 우연'에 의해 운 좋게도 스위스에 거주하는 백인으로 태어났지만, 운이 '덜' 좋게도 기아가 만연한 곳에서 태어났다면, 마찬가지로 운이 '덜' 좋은 사람들이 자신의 아내나 아들, 딸이 될 수 있었음을 지적하고 있다) 기아의 고통을 알지 못하는 젊은이들에게 기아의 문제를 차근차근 설명해주는 책이라면, 『탐욕의 시대』는 거기서 한 걸음 더 나아가 기아라는 현상의 역사적인 배경과 저변을 속속들이 파헤치면서 문제의 근원과 해결책을 제시하는 책이다.

장 지글러가 책머리에서부터 일관성 있게 제시하는 프랑스 대혁명기의 상황은, 200년이 넘는 시간의 차이에도 불구하고 요즘 우리 주변에서 벌어지는 상황과 놀랍도록 일치하며, 따라서 엄청난 시차에도 불구하고 우리를 분노하게 만들어 마침내 "다시 혁명을 시작해야 한다"는 이마누엘 칸트의 말에 공감하게 한다.

왜 다시 혁명을 시작해야 하는가? 장 지글러는 그 이유로 최단시간 내 최대 이익에만 매진하는 약육강식의 논리와 승자독식의 자본주의를 언급하고, 신자유주의가 정점을 향해 치달음으로써 야기된 각종 편법, 탈법, 왜곡의 대표적인 현상인 기아와 부채의 문제를 꼽고 있다. 개발도상국들의 엄청난 부채는 나라 살림 정비 및 주민 생활 향상에 쓰이지 않는 것이 보통의 현실이다. 그는 오히려 그것이 부패 정권의 유지, 정경유착, 매판 자본, 대규모 기아 사태로 이어지는 기막힌 현실을 지탄한다. 그 사실을 더 이상은 모른 척할 수 없기에, 모르는 척하기에는 그 현실이 너무도 참담하기에, 그는 유엔 식량특별조사관 자격으로 세계를 돌며 자신의 눈으로 직접 확인한 진실을 우리에게 들려주고 있는 것이다.

· 다섯 살 미만의 어린아이들 중에서 1천만 명 이상이 해마다 영양 결핍이나 각종 전염병, 오염된 식수, 비위생적인 환경 때문에 목숨을 잃는다.

· 오늘날 지구상에는 12억이 넘는 인구가 하루에 1달러도 안 되는 수입에 의존하여 삶을 영위하는 극도의 빈곤에 처해 있다. 반면 가장 부유한 1퍼센트의 인구는 가장 가난한 인구 57퍼센트의 수입을 모두 합한 액수의 돈을 번다.

· 성인 8억 5천만 명이 문맹이며, 학령기 아동 중에서 3억 2,500만 명은 학교에 갈 수 있는 가능성이 전혀 없다.

· 치료 가능한 질병으로 목숨을 잃은 사람이 1,200만 명에 달하며, 이들은 대부분 남반구에 밀집해서 살고 있다.

· 지금으로부터 40년 전, 만성적인 영양실조로 고생하는 사람은 4억 명이었으나, 현재는 8억 4,200만 명으로 늘어났다.

이와 같은 통계는 무수히 많다. 끌어온 외채를 제대로만 사용한다면 얼마든지 줄일 수 있는 숫자일 것이다. 그러나 현실은 어떠한가?

그렇다. '탐욕의 시대'는 부끄럽기 짝이 없는 수치스러운 시대다. 그리고 지글러의 책은 이를 알면서도 아무런 행동을 하지 않는 모두에게 진정한 부끄러움이 무엇인지 가르쳐준다.

얼마 전, 아프리카에서 상당히 오랜 동안 일을 한 경력이 있는 지인으로부터 연락이 왔다. 그이와 같이 일하던 현지 직원 한 명이 어느 날 눈물을 펑펑 쏟고 있기에 이유를 물었더니, 뇌염 예방주사를 맞히지 못해 자녀가 죽었다고 하더라는 것이다. 엄청난 비용이 드는 것도 아닌 그저 평범한 예방주사를 맞히지 못해 첫째 아이도 잃고, 둘째마저 하늘나라로 보낸 젊은 나이지리아 엄마. 그녀의 심정을 전 국민건강보험, 무료 내지는 실비로 예방 접종이 가능한 보건소 체제가 마련돼 있는 우리나라의 엄마들이 과연 이해할 수 있을까? 가난과 부채가 빚어내는 비극을 멀리 떨어진 다른 나라만의 이야기로 듣지 말자. 내 직장 동료, 내 이웃이 겪는 아픔에 가슴 한구석이 찡해지는 보통 사람들이라면, 앞으로 더 이상 이런 비극이 일어나선 안 된다고 분명하게 말해보자. 혁명은 거창한 것이 아닐 수도 있다. 그런 의미에서 나는 혁명가이며, 또 혁명가이고 싶다.

여담이지만, 나는 이 책의 번역을 계기로 이 책에 자주 등장하는 몇몇 거대 다국적 기업의 제품은 사지 않기로 마음먹고 이를 실천에 옮기고 있는 중이다. 나 혼자만의 힘으로야 아무것도 할 수 없을 테지만, 한데 뭉친 소비자는 분명 또 다른 힘을 발휘할 수 있을 것이라는 속절없는 희망을 모두와 나누어 갖기를 소망하면서…….

2008년 12월, 양영란

■ 주

들어가는 말 - 다시 연대만이 희망이다

1. H. W. Brands, 『The First American. The Life and Times of Benjamin Franklin』 (뉴욕, 앵커북스, 랜덤하우스, 2002) p. 258에서 인용. Walter Isaacson, 『Benjamin Franklin. An American Life』(뉴욕, 사이먼 앤드 슈스터, 2004), pp. 350(「Bon vivant in Paris」)에서 인용.
2. Charles Secrétan, 『Les Droits de l humanité』(파리, 펠릭스 알캉, 1890). 저자는 'pursuit of happiness' (문자 그대로 옮기면 '행복을 추구할 권리')라는 영어 표현을 'droit au bonheur', 즉 행복해질 권리라고 옮겼다. '행복을 추구할 권리'는 미국 버지니아 주 헌법선언서에서 최초로 명문화되었다. 이 헌법은 미국 독립선언서보다 한 달 먼저 제정되었으며, 독립선언서의 모범이 되었다.
3. 그는 "어린아이들을 위로하기 위해" 그곳에 갔다고 나와 마지막으로 만났을 때 이야기했다. 같은 날, 그는 또한 "나에게는 이제 더 이상 그 아이들의 삶의 조건을 바꾸어 줄 만한 힘이 없다"고도 덧붙였다.
4. Edmond Kaiser, 『Dossier Noir/Blanc』(로잔, 상티넬 출판사, 1999).
5. NITD에 대해서는 pp. 273-274 참조.
6. Peter Brabeck-Lemathe, 『Die grundlegenden Management - und Führungsprinzipien von Nestlé』(베베이, 2003). 본서 pp. 311-320도 참조.
7. Emmanuel Kant, 「Le conflit des facultés」 in 『Œuvres philosophiques II. Les derniers écrits』(페르낭 알키에 감수, 파리, 갈리마르, 1986).
8. Régis Debray, 『Modeste contribution à la célébration du dixième anniversaire』 (파리, 마스페로 출판사, 1978).
9. Albert Soboul, 『Inventaire des manuscrits et imprimés de Babeuf』(파리, 국립도서관, 1966). A. Maillard, C. Mazauric, E. Walter(감수)의 『Textes choisis』(파리, 소르본 대학 출판사, 1995)도 참조.

1. 인간은 누구나 행복할 권리가 있다

1. 이 무렵 루이 16세와 가족, 조신들은 동물원에 피신해 있었다.
2. Jacques Roux, 「Manifeste des Enragés」, 1793년 6월 25일 국민의회에 제출한 연설문.

3. Louis Antoine de Saint-Just, 『Œuvres complètes』(파리, 갈리마르 출판사, coll. Folio-Histoire, 2004). [미셸 아방수르의 『Lire Saint-Just』가 수록된 판본].
4. Ibid.
5. 프랑스 시민단체인 '국경 없는 통증'은 로스 케이마도스 병원을 지원하고 있다.
6. p. 31 참조.
7. 공식적인 사료 연구에서는 이상주의자들의 활약상을 비중 있게 다루지 않았다. 이 문제에 관해 박식하고 급진적인 견해를 알고 싶은 독자들은 Olivier Bétourné와 Aglaia I. Hartig가 쓴 『Penser l'histoire de la Révolution française』(파리, 라데쿠베르트 출판사, 1989)를 참조할 것.
8. 1516년 루뱅에서 출판된 초판. Patrick de Laubier가 쓴 『La Loi naturelle, le politique et la religion』(파리, 파롤 에 실랑스 출판사, 2004), pp. 31도 참조할 것.
9. Henri de Lubac, 『La Postérité spirituelle de Joachim de Flore』, vol. 2(파리, 르시코모르 출판사, 1979/1980).
10. Ernst Bloch, 『Geist der Utopie』(베를린, 카시에러 출판사, 1923)에 수록된 글을 프랑스어로 옮겼다.
11. 원문은 "Das unvollendete Sein."
12. Ernst Bloch, 『Geist der Utopie』, op. cit.
13. Ibid.
14. Jorge Luis Borges, 「El Hacedor」 in 『Obras completas』(부에노스아이레스, 1953).
15. Henri Lefebvre, 『Hegel, Marx, Nietzsche ou le Royaume de l'ombre』(파리, 카스테르만 출판사, 1975).
16. 라디오 프랑스 퀼튀르에서 2004년 5월 21일 재방송된 인터뷰.
17. Louis Antoine de Saint-Just, 『Œuvres complètes』[미셸 아방수르와 안 쿠피에크 판본], op. cit.
18. 이들은 임금을 받는 것이 아니라 쿠폰을 지급받으며, 노동자들은 지급받은 쿠폰으로 농장주가 경영하는 상점에서 물건을 구입한다. 이들이 받는 쿠폰은 생활비에 비해서 항상 모자라게 마련이므로 결국 노동자는 평생 빚을 진 채 살아가게 된다.
19. Roger Bastide의 『Anthropologie appliquée』(파리, 파이요 출판사, 1971) 참조.
20. 원문에서 'Mangel'은 고통, 절단, 극복할 수 없는 결핍 등을 의미한다.
21. 마르크스는 1818년에 태어나 1883년 3월 14일에 죽었다.
22. Robert E. Black, 「Where and why are 10 millions children dying every

year?」, 《The Lancet》 세계의 잊혀진 아이들 특별호(런던, 2003년 7월 12일).
23. 1964년, 아르헨티나 출신 라울 프레비슈(UNCTAD의 초대 사무총장)를 비롯하여 남아메리카와 아랍 출신 경제학자들이 주동이 되어 설립한 기관으로, 세계 시장에서 남반구 지역 국가들이 주로 피해를 보는 불공정 거래를 바로잡는 것을 목적으로 한다. UNCTAD는 제네바 유엔본부 안에 사무실을 두고 있다. 해마다 발간되는 연례보고서 『Trade and Development Report』는 이 분야에서 권위를 인정받고 있다.
24. 2004년 7월 20일, 마이크로소프트 사는 2004년부터 2008년 사이 주주들에게 도합 750억 달러에 달하는 배당금을 지급했다고 발표했다.
25. Jean-Philippe Domecq, 『Robespierre, derniers temps』(파리, 쇠이유 출판사, 1984).
26. 《Le Monde》 (2004년 9월 6일).
27. Merrill Lynch & Capgemini, 『World Wealth Report』(뉴욕, 2004).
28. Ibid.
29. Charles Dickens, 『Les Aventures d'Oliver Twist』(파리, 갈리마르, 1973).
30. 미국 망명 중에 쓰인 이 글의 초판은 1947년 「The Eclipse of Reason」이라는 제목으로 발표되었다. 그 후 프랑크푸르트로 돌아온 호르크하이머는 이 글을 수정한 후 「Die Verfinsterung der Vernunft」라는 제목으로 다시 발표했다. 독일어판을 번역한 프랑스어판은 1974년 파리의 파이요 출판사에서 나왔다.
31. Jean-Paul Sartre, 『Critique de la raison dialectique』 vol. 1(파리, 갈리마르, 1960), pp. 208.
32. Ibid., pp. 221-222.
33. 뉴욕 유엔본부 광장에 새겨진 글.
34. 《Le Monde》(2004년 8월 28일).
35. Erasmus von Rotterdam, 『Ausgewählte Werke [1517]』(뮌헨, 홀보른, 1934).
36. Donald Rumsfeld, 2003년 7월 1일 AP 통신과의 인터뷰.
37. Richard Labévière, 『Les Coulisses de la terreur』(파리, 그라세 출판사, 2003), p. 232.
38. 뿌리와 근원 재단의 세미나 보고서, 제네바, 2004.
39. William G. Boykin, Los Angeles Times (2003년 10월 16일).
40. 유럽인권재판소가 있기는 하나, 이 재판소의 영향력은 유럽에 한정된다.
41. 일반적으로 1949년에 체결된 제네바 협약(두 개의 첨부 조약까지 포함)의 4개 조항 중에서 하나라도 심각하게 위반한 경우 전쟁 범죄에 해당한다고 볼 수 있다. 반인류

범죄는 1998년 로마에서 체결된 국제형사재판소의 지위 관련 항목에서 광범위하게 규정하고 있다.

42. 1991년 안전보장이사회의 결의안은 이라크 바그다드 정부에게 36도선 이북에 해당되는 지역의 영공을 나는 행위를 비롯하여 그 어떤 군사적 도발도 금지하고 있다.

43. 보스턴, 휴턴 미플린 출판사.

44. Seymour M. Hersh, 『Chain of command: From September 11 to Abu Ghuraib』(뉴욕, 하퍼콜린스, 2004).

45. 이 각서를 작성하도록 부추긴 자는 미국 대통령의 법률 자문인 알베르토 곤잘레스다. 2005년 1월 20일 이후 알베르토 곤잘레스는 법무부 장관직을 맡고 있다.

46. 유엔기구 내에는 대략 세 가지 부류의 공무원이 존재한다. 가장 낮은 직급인 제너럴 서비스 부류엔 각종 기능직(비서, 운전기사, 경찰, 건물 유지보수 기능공 등) 인원이 포함된다. 프로페셔널 또는 간부라고 하는 부류(경제학자, 법률전문가, 과학자 등)는 P-1부터 P-5에 이르는 5개 직급으로 구분되어 있다. 마지막으로, 17개의 사무총장 보좌관직, 부총장직, 1·2급 국장직, 사무총장직이 세 번째 부류에 속한다. 백악관은 이들 세 번째 부류에 속하는 공무원들에게 특별한 관심을 보인다.

47. 코소보 내전의 뿌리를 자세하게 알고 싶다면, Wolfgang Petritch, 『Kosovo, Kosova』(클라겐푸르트, 비즈너 출판사, 2004)를 참조할 것.

48. Régis Debray, 「Les États unis d'Occident, tout va bien…」, Marianne(파리, 2004년 6월 14일).

49. 1792년 8월 9일 자코뱅 클럽에서 한 연설. Jean-Philippe, 『Robespierre, derniers temps』 참조.

50. 호세 마르티의 기록은 쿠바 도서연구소에 의해 19권짜리 책으로 만들어졌다. 제4권이 1980년에 출판되었다.

51. 『La Pensée vivante de Sandino: lettres, textes et correspondances』(장 지글러 서문, 세르지오 라미레스 해설, 파리, 라브레슈 출판사, 1981).

52. Ernst Bloch, 『Droit naturel et dignité humaine』(파리, 파이요 출판사, 1976).

53. Emmanuel Kant, 『Kritik der Vernunft』, vol. II, chap. IV(프로이슈이슈 아카데미, 1902). [『Critique de la raison pure』(파리, 갈리마르 출판사, 플레이아드 판, 1980)].

54. ibid.

2. 무엇이 가난한 자들을 더 가난하게 만드는가?

1. 쥐빌레2000의 설립과 운영 전략에 대해서는 브라질 주교회의(CBB)에서 펴낸 『A vida acima da divida』(리우데자네이루, 2000) 참조.
2. 나는 여기서 절대로 하우사족을 문제 삼는 것이 아니다. 몇 년 전에도 라고스의 호사스러운 요루바 저택에서 이와 유사한 상황을 겪은 적이 있다.
3. 유엔의 라틴아메리카-카리브해 연안 경제위원회가 작성한 『Synthèse-panorama économique de l'Amérique latine 2002~2006』(시우다드 드 멕시코, 2007).
4. 국제인권위원회 프랑스 지부, 파리, 2004년 9월 6일자 기록. 라파엘 바이유가 《Le monde diplomatique》 2004년 10월호에 기고한 「En toute impunité, le Honduras liquide ses parias」도 참조할 것.
5. 1956년에 설립된 파리클럽은 19개의 가장 강력한 채권 국가들의 대표들로 구성되어 있다. 이들은 파리 베르시에 위치한 프랑스 재무부에 본부를 두고 있다.
6. 에릭 투생, 『La Finance contre les peuples』(브뤼셀, CADTM 출판부, 2004) 참조. CADTM에서 3개월마다 발행하는 정기간행물 《Les Autres Voix de la planète》도 참조할 것. 특히 2004년 제1·4분기에 발행된 22호와 유럽연합의 지원을 받아 출판한 교육용 간행물 『La Dette du tiers-monde』(브뤼셀, 2004)도 참조할 것.
7. 1인당 국민소득을 기준으로 삼을 경우에 그렇다.
8. 라틴아메리카 각국의 외채 상황에 대해서는 Marcos Arruda, 『External Debt』(피터 레니 역, 플루토 프레스, 트랜스네이셔널 인스티튜트, 2000) 참조.
9. Maurice Lemoine, 「État national et développement」. 2001년 8월 2일부터 4일까지 리우데자네이루에서 열린 사회주의자 회합에서 발제. 모리스 르무안은 르몽드 디플로마티크의 부편집장이다.
10. 분석 기간은 1992~1997년까지.
11. 제네바에 본부를 둔 세계이민기구가 발표한 수치. 이 숫자는 공식적인 송금(은행 송금이나 웨스턴 유니온 등을 통한 송금)만을 집계한 결과다. 비공식적인 송금까지 더하면 액수가 갑절로 늘어난다. 브룬슨 맥킨리가 2004년 8월 12일자 《인터내셔널 헤럴드 트리뷴》에 기고한 「Make the best of the money that migrants send home」도 참조할 것.
12. UNICEF, 『La situation des enfants dans le monde』(뉴욕, 2003).
13. Jean-Paul Marat, 『Textes choisis』(뤼시앵 셀레르 서문, 파리, 미뉘 출판사, 1945), pp. 97-98. 「입법의회 대표들의 선택에 대한 고찰」은 《L'Ami du peuple》 1789년 10월 1일자에 실렸다.

14. 쥐빌레2000 캠페인(웹사이트 http://www.jubile2000uk.org 참조).
15. 세계은행, 『Rapport 2000 sur le développement dans le monde. Combattre la pauvreté』(파리, 세계은행 출판, 2000년 9월).
16. 1990년에서 1998년 사이에 극빈자의 수는 17억 명에서 18억 명으로 증가했다. 세계은행에서 발간하는 『Global Economic Prospects and the Developing countries』(워싱턴, 2000)를 참조할 것.
17. 인구 구성 비율에서 3위를 차지하는 바트와족은 주로 숲에 사는 종족으로 수가 아주 적다.
18. 반야르완다 말로 Inter hamwe는 '함께 죽이는 사람'을 의미한다.
19. 유엔 내부에서도 뒤늦게 자성의 목소리가 들렸다. Roméo Dallaire, 『J' ai serré la main du diable』(토론토, 랜덤하우스 출판, 2003) 참조.
20. 《르몽드 디플로마티크》 2004년 3월호에 실린 콜레트 브래크만의 「Rwanda, retour un génocide」 참조. Patrick Saint-Exupény, 『L' Inavouable. La France au Rwanda』(파리, 레자렌 출판사, 2004) 참조.
21. 파리클럽의 탄생과 구성원에 대해서는 p. 102를 참조할 것.
22. FAO, 『State of Food Insecurity in the World』(로마, 2001, 2004, 2006).
23. Ibid.
24. 측정 방식에 대해서는 Jean-Pierre Girard, 『L' Alimentation』(제네바, 고에르그 출판사, 1991) 참조.
25. 나는 당시 연구 결과를 제60차 유엔 인권위원회에서 발표한 보고서에 상세하게 기록했다. www.unhchr.ch/www.righttofood.org에서 'Bangladesh'를 찾아볼 것.
26. MST: Movimento dos trabalhadores rurais sem terra.
27. Lixo는 공공 쓰레기 하치장을 의미한다.
28. 유로로 환산하면 1유로 정도. 2007년 환율 기준.
29. 노예제도가 실시되던 시기에서부터 1888년까지 'feitor' 라는 용어는 사탕수 밭에서 일하는 노예들의 감독관을 지칭했다. 오늘날엔 '작업반장' 의 의미로 이해하면 된다.
30. bairro는 지역을 의미한다.
31. 바이아 대학교 공중보건연구소에 복사본 형태로 비치되어 있다.
32. UNICEF와 세계은행이 편찬한 『Vitamin and Mineral Deficiency. A Global Assessment Report』(뉴욕, 제네바, 2004).
33. UNRWA(United Nations Relief and Work Agency: 유엔 팔레스타인 난민구호사업기구)는 1948년 이래 중동 지역 5개국에 흩어져서 살고 있는 400만 팔레스타인

난민들에게 도움을 주는(특히 교육과 위생 분야) 유엔 산하기구.
34. UNICEF와 세계은행이 공동으로 발표한 보고서, 『Vitamin and Mineral Deficiency. A global assessment Report』, op. cit.
35. Ibid.
36. 제네바에는 2003년에 스위스 법에 의한 재단인 GAIN(Global Alliance for Improved Nutrition: 영양개선을 위한 세계 협약)이 생겨났다. 이 재단은 미량 영양소 첨가를 통해 제3세계에서 국지적으로 소비되는 식품을 강화하는 것을 목표로 하고 있다. GAIN 재단의 인터넷 주소는 다음과 같다. www.gainhealth.org
37. 바수토랜드에서는 농업 노동인구의 절반이 에이즈에 걸려 사망했다. 잠비아와 짐바브웨의 옥수수 생산자들은 에이즈에 걸려서 해마다 수천 명씩 죽어간다. 우간다에서 에이즈는 해마다 수만 명의 농부들과 그들의 아내들을 사망으로 이끈다. 이로 인해서 수십만 명의 어린 고아들이 생겨나고, 그들을 보살피기 위해 들어가는 비용 때문에 국가와 생존자 가족 모두 재정적인 부담으로 허덕인다.
38. 이 기구는 제네바에 본부를 두고 있다.
39. Peter Piot, 『The First Line of Defense. Why Food and Nutrition Matter in the Fight Against HIV/AIDS』(로마, 세계식량계획(PAM), 2004).
40. 버지니아 마람바의 일화는 『The First Line of Defense…』 참조.
41. Christopher Hitchens, 『The Trial of Henry Kissinger』(런던, 베르소 출판사, 2001), p. 50.
42. aïmag은 현재 '지방'에 해당한다. 원래 이 용어는 '부족' 또는 '부족의 영토'를 의미하는 말이었다. 몽골 공화국은 현재 21개의 아이막으로 이루어져 있으며, 각각의 아이막은 숨(soum)들로 세분된다. 가령 둔드고비 아이막은 17개의 숨으로 나누어져 있다.
43. 조선 함대가 이송한 몽골의 14만 기병대군은 1225년 일본 땅 침략에 실패했다.
44. 몽골인들은 특별히 추운 겨울이 여름 가뭄으로 이어질 때 'dzud'라고 한다.
45. 공식적인 명칭은 국립재난방지청(National Disaster Management Agency).

3. 에티오피아, 희망의 불씨는 꺼지지 않았다

1. 에티오피아 국민의 평균 수명은 여자들의 경우 42세다.
2. 멜레스 제나우이는 TPLF의 최고책임자로 현재 에티오피아 수상이다.
3. 미국은 세계의 다른 어느 나라들보다 훨씬 대규모로 세계식량계획을 지원하는 나라다. 2004년 에티오피아에 분배된 곡물의 60퍼센트는 미국의 잉여 농산물이었다. 미

국의 잉여 농산물이란 주로 유전자 변형으로 생산된 곡물들이다. 그런데 미국은 에티오피아 현지에서 곡물을 사들이는 계획에 동참할 것을 거부했다. 아이오와, 캔자스, 인디애나 주의 농부들이 엄연히 미국의 유권자라는 이유 때문이었다! 이들이 생산한 곡물을 가공하여 상품화하는 농가공업체들은 워싱턴에서 막강한 로비 활동을 벌이고 있다. 이들에게는 기아가 일종의 축복이다. 정부가, 연방정부의 지원금을 받아 생산한 곡물들을 비싼 값에 사들여 에티오피아에 보내니, 이들에게는 그야말로 '꿩 먹고 알 먹는' 장사가 아닐 수 없기 때문이다.

4. 비르(birr)는 에티오피아 화폐.
5. 유엔에서는 성인이 하루에 필요한 최소 열량을 1,900칼로리로 잡는다.
6. Oxford Committee for Famine Relief 옥스퍼드 기아대책위원회.
7. 이 가격은 '농장 입구 가격(farm gate prices)', 즉 상인이 농부의 농장 출입문에서 지불하는 가격을 말한다.
8. 2003년 3월, 내가 에티오피아에 출장 갔을 때, 그곳 연방정부의 농업장관에게서 들은 숫자다. 『Country - Mission Report Ethiopia』, www.unhchr.ch/www.righttofood.org 참조.
9. 위에서 인용한 숫자들은 각각 다음에 명시한 세 가지 출처 중의 하나에서 가져왔다. G. de Boeck, 『Café commerce. La bourse ou la vie』(봐브르, 벨기에, 옥스팜 매장 소식 출판, 2002년 12월). 『Une tasse de café au goût d'injustice』(옥스팜 인터내셔널, 2002년 9월). Stefano Ponte, 『The Late Revolution? Winners and Losers in the Restructuring of the Global Coffee Marketing Chain』(CDR 워킹 페이퍼, 코펜하겐, 개발연구센터, 2001년 6월).
10. pp. 279-287 참조.
11. Hans Joehr, Bernard Herold, 「Nestlé: Initiative zur Nachhaltigkeit」(시민단체인 베른 서약에서 출판된 『Kaffee fertig? Wie die Kaffeekrise die Kleinbauern in den Ruin treibt』에 수록)에서 인용.
12. Alan Hobben, 『Land Tenures among the Amhara of Ethiopia』(시카고, 시카고 대학 출판부, 1973), Mesfin Wolde Mariam, 『Rural Vulnerability to Famine in Ethiopia, 1958-1977』(아디스아바바 대학과 비카스 출판사 공동 출판, 1984) 참조.
13. 극빈자란 하루 생활비가 1달러 미만인 자를 말한다(세계은행, 『Country Assistance Strategy for Ethiopia』(워싱턴, 2003)).
14. 세계식량농업기구/세계식량계획, 『Crops and Food Supply Assessment Ethiopia』(로마, 2004).

15. 파인슈타인 국제기아센터, 『Risk and Vulnerability in Ethiopia』(뉴욕, 2003).

4. 브라질, 혁명은 계속된다
1. 원문은 "Nein, unglücklich das Land, das Helden nötig hat." Bertolt Brecht, 『Das Leben des Galilei』(프랑크푸르트, 수르캄프 베를락, 1978), p. 532(Gesam-melte Stücke).
2. 이 부분을 집필하면서 나는 룰라와 대화를 나누는 동안 작성한 메모가 아니라, 대화를 마치고 난 후에 개인적으로 정리한 메모를 주로 참고했다.
3. 현재 유아 사망률은 룰라가 태어난 해인 1945년의 유아 사망률과 크게 다르지 않다. 2006년의 경우, 1천 명의 새로 태어난 아이들 중에서 5세가 되기 전에 죽은 아이들이 무려 119명이었다.
4. Frei Betto, 『Lula, um operário na presidência』(상파울루, 카사 아마렐라, 2003).
5. Ibid.
6. Ibid.
7. 군부독재는 1964년부터 1985년까지 계속되었다.
8. Frei Betto, 『Lula…』, op. cit., p. 48.
9. Cristiane Nova, et Jorge Nóvoa, 『Carlos Marighella, o homen por trás do mito』(상파울루, 상파울루 국립대학 출판부, 1999).
10. 팔마레스란 브라질 북부에 세워졌던 노예 공화국을 가리킨다. 이 공화국은 18세기에 70년 동안 포르투갈 본토와 식민지에서 파견된 군대에 저항한 것으로 유명하다.
11. 두 권의 책을 보면 티투가 걸어간 궤적을 잘 알 수 있다. 첫째, 티투가 남긴 메모들을 토대로 도미니크 수도회에서 펴낸 『Les pierres crieront』, 둘째, 프레이 베투가 쓴 『Les Frères de Tito』(파리, 에디시옹 뒤 세르, 1984).
12. 「O perigo oculto das vanguardas intelectuais」, Candido Mendes, 『Lula, a opção mais que o voto』(리우데자네이루, 가라몬드 출판사, 2002) 중에서 인용. pp. 211 sq.
13. 그는 또한 로널드 레이건 미국 대통령을 제외하고는 민주적인 선거에서 가장 많은 표를 얻어 당선된 대통령이기도 하다. 한편 레이건은 두 번째 당선될 때에는 첫 번째 선거에서보다 더 많은 지지표를 획득했다.
14. Frei Betto, 『Lula…』, op. cit., pp. 61 sq.
15. 1980년, 군법회의에서는 그에게 '국가 전복'이라는 혐의를 적용해서 3년 6개월의 징역형을 선고했다. 하지만 반대하는 민중들의 지지 덕분에 그는 이 형을 치르지 않

았다.
16. Frei Betto, 『Lula…』, op. cit., p. 64.
17. PNUD, 『Rapport sur le développement』(뉴욕, 2003).
18. Candido Mendes, 『Lula…』, op. cit., 「Os irmaos siameses – o latifúndio improdutivo e a especulação financeira」부분, pp. 209 sq.
19. 유엔 주거특별조사관 밀룬 코타리가 작성한 보고서, 「브라질 2004」(제네바, ONUG, 2004) 참조.
20. 2000년부터 2004년까지 시장으로 일함.
21. Josué de Castro, 『Géopolitique de la faim』(파리, 쇠이유, 1952). [프랑스어 번역본].
22. 딱 한 명의 예외가 있다. 페르난두 엔히크 카르도주 대통령은 강력한 결단력과 추진력으로 부패와의 전쟁을 지휘했다.
23. 그의 저술 중에서 특히 『Eternal Debt. Brazil and the International Financial Crisis』(런던, 플루토 출판사, 2000)에 포함되어 있는 1999년의 위기 분석 부분을 참조할 것.
24. Marcos Arruda, 출판되지 않은 논문, 리우데자네이루, 2004.
25. INCRA는 신 개간지, 농업 개혁 등을 주관한다.
26. 수출자금 지원을 목적으로 세워진 미국의 공공은행.
27. "Pression intense des banquiers de wall street."
28. 같은 시기, 비슷한 상황에 처해 있던 아르헨티나에 대해서는 국제통화기금이 새로이 자금을 투자하기를 거부했음을 상기하라.
29. Luiz Inácio Lula da Siva in Éric Toussaint, 『La Finance contre les peuples』, op. cit., p. 399.
30. 하지만 이 편지는 민영화를 계속하는 문제에 대해서는 아무런 언급도 하지 않았다.
31. 의회의 아옌데 대통령에 대한 임명은 1970년 11월에 이루어졌다.
32. 2007년도에 개봉한 영화 〈We feed the world〉중에서.

5. 탐욕의 시대는 어떻게 봉건화되는가?
1. 유엔 무역개발회의(UNCTAD)에서는 8만 5천 개의 다국적 기업 목록을 작성했다. 다국적 기업이란 최소한 5개국 이상의 나라에서 기업 활동을 벌이는 기업을 가리킨다.
2. 스톡옵션과 주식 포함.
3. Jean-Paul Marat, 『Textes choisis』에 수록된 「De l'amour de la domination」, op.

cit., p. 1.
4. Jean-Paul Marat, 『Textex choisis』, op. cit., pp. 6 sq.
5. Ibid.
6. Robert Baer, 『La Chute de la CIA』(파리, 갈리마르, 폴리오총서, 2003).
7. Gary Rivlin, 『New York Republic』(뉴욕, 2003년 4월).
8. 2004년, 노바티스의 순이익은 60억 달러가 넘었다. 이 회사는 해마다 이익을 15퍼센트씩 높이는 쾌거를 올렸다. 매출액에서도 사정은 다르지 않다(2004년 매출액은 280억 달러). 매출액의 40퍼센트는 미국 시장에서 올렸다.
9. Klaus M. Leisinger, 『Unternehmensethik, Globale Verantwortung und modernes Management』(뮌헨, Verlag C. H. Beck, 1997).
10. Bernard Pécoul, Birgit Voigt, 「Kampf gegen vergessene Krankheiten」, 《Neue Zürcher Zeitung am Sonntag》(취리히, 2004년 7월 4일)에서 인용.
11. Hervé Kempf, 《Le Monde》(2004년 6월 26일).
12. Robert Ali Brac de la Perriéro와 Frank Seuret, 『Graines suspectes. Plantes transgéniques: une menace pour les moins nantis』(파리, 라틀리에 출판사, 앙죄-플라네트 총서, 2002).
13. 1945년 10월 16일에 세계식량농업기구가 창설되었기 때문에 이 날을 식량의 날로 제정하고 있다.
14. 리우데자네이루 출신을 가리켜 카리오카라고 부른다.
15. 미국 대사의 발언은 뉴욕 유엔본부에 상주하고 있는 미국 대표단의 보도자료에 수록되어 있으며, 이 자료는 총회에 참석한 각국 대표단 모두에게 배부되었다. 나는 이 보도자료 내용을 인용했다. 「United States Mission to the United Nations, Press-release」, n° 189, 2002.
16. 와가두구 학회에 참석한 스위스에드 측의 카트린 모랑의 보고서에서 인용. 「Tribune de Genève」, 2004년 7월 3일과 4일. 이전 회의는 2003년 미국의 새크라멘토에서 아프리카 사하라 사막 인근 지역 국가 정상들을 위해 열렸다.
17. 《Die Sonntagszeitung》(취리히, 2004년 8월 29일); 《Der Blick》(취리히, 2004년 8월 28일).
18. 이 재판에 대해서는 Rodolphe A. Strahm, 『Exportinteressen gegen Muttermilch, Der toedliche Forschritt durch Babynahrung, Arbeits-gruppe Dritte Welt』(함부르크, 로월트 출판사, 1976) 참조.
19. 『Multinational Corportaions and United States Foreign Policy. Hearings

before the Committee on Foreign Relations US Senate, 39th Congress』, vol. 2(워싱턴, US Printing Office, 1973).

20. 아프리카 연구와 관련해서는 2003년 1월 18일자로 발행된 《British Medical Journal》, 중앙아메리카 관련 연구에 대해서는 이탈리아 유니세프의 보고서 참조.

21. Riccardo Petrella, 『Le Manifeste de l'eau』(로잔, 파쥬 되 출판사, 1999), 유엔 개발계획에서 매년 발간하는 인간개발 연례 보고서 참조. 2006년 보고서는 완전히 인간의 물에 대한 권리만을 다루고 있음.

22. 이 글은 콤보니아니 수도회에서 발행하는 잡지 《Nigrizia》에 실린 글을 재인용했다(베로나, 2004년 6월).

23. 콤보니아니는 이탈리아에서 가장 중심이 되는 수도회다. 이 수도회에 속한 사제들은 100여 년 전부터 아프리카, 아시아, 라틴아메리카 등지의 수십 개국에서 선교활동을 벌이고 있다. 수도회의 본원은 베로나에 있다.

24. Jacques Roux, 『Manifeste des Enragés』, op. cit.

25. 『Die grundlegenden Management – une Führungsprinzipien von Nestlé』, op. cit.

26. ATTAC, 『Résister à l'empire Nestlé』(수잔 조르주 서문, 로잔, ATTAC 출판부, 2004).

27. Felipe Rodriguez와 Barbara Rimml이 쓴 「Nestlé in Kolumbien」, 『Widerspruch』 n° 47(취리히, 2004).

28. 1984년 이래로 네슬레 사는 코메스티블레 라 로사 콜롬비아의 지분을 100퍼센트 소유하고 있다.

29. Jean-Claude Péclet, 《Le Temps》(제네바, 2004년 2월 6일).

30. ATTAC, 『Résister à l'empire Nestlé』, op. cit.

31. 『Café amer: 643 jours pour l'emploi』, 스리지에 출판사, 몽스, 2006.

32. 《Le Courrier》, 2006년 11월 25일, 제네바.

33. 전 세계 식수시장의 90퍼센트는 10개의 거대 다국적 기업이 나누어 갖고 있다. 이 중에서 네슬레는 가장 강력한 기업이다.

34. Gil Yaron, 『The Final Frontier: a Working Paper on the Big 10 Global Water Corporations and the Privatization and Corporatization of the World's Last Public Resource』(토론토, 폴라리스 인스티튜트 출판부, 2000) 참조.

35. Maude Barlow, 「Desperate Bolivians fought street battles, the World Bank must realize water is a basic human right」(《Globe and Mail》, 토론토, 2000년

5월 9일)에 수록.
36. 『Water and Population Dynamics: Case studies and Policy Implications』(워싱턴, 아메리칸 어소시에이션 포 더 어드밴스먼트 오브 사이언스, 1998), p. 38에 수록된 Michael Acreman의 「Principles of water management for people and environment」 참조.
37. Peter Brabeck, 「Hier schreibt der Chef: Ungerechte Zustände」, 《Bilanz》(취리히, 2004년 2월).
38. 폰 피에렌은 2004년 7월, 지멘스에서 퇴임하고, 클라우스 클라인펠트가 그의 뒤를 이었다.
39. Adrien Tricorne, 「Pour éviter les délocalisations, IG – Metall accepte que Siemens abandonne les 35 heures」, 《Le Monde》(2004년 6월 26일).
40. 『World Investment Report』(CNUCED 출판부, 유엔, 제네바). 나는 2002년도 보고서를 인용했다.
41. Ralph Blindauer, 《Tribune de Genève》(2004년 7월 2일).
42. 영어 연설문 원문에서는 "to embrace and to enhance"라는 훨씬 강한 용어를 사용했다.
43. 《Die Berner Zeitung》(베른, 2001년 4월 14일).
44. 이 석유회사는 국제 앰네스티 보고서에 정기적으로 등장한다. 2001년 5월 30일 런던에서 간행된 『Amnesty International 2000』 참조.

끝맺는 말 - 다시 시작하자
1. Manfred Geier, 『Kant's Welt』(로월트 출판사, 라인베크, 2004).
2. 칸트 생존 당시 쾨니히스베르크 인구의 사회적 구성에 대해서는 Manfred Kuehn, 『Kant, eine Biographie』(뮌헨, Verlag C. H. 베크, 2004) 참조.
3. E. Kant, 「Le conflict des facultés」, 『Œuvres philosophiques』 II[마지막 글](페르디낭 알키에 감수, 파리, 갈리마르 출판사, 플레이아드 총서, 1986).
4. Louis Antoine de Saint-Just, 『Œuvres complètes』, op. cit., p. 10.
5. Jean-Paul Marat, 『Textes choisis』, op. cit., p. 21.
6. Ibid., p. 155.
7. Frei Betto, 『Lula, um operário na presidência』, op. cit.
8. 평등주의자들의 음모가 실패로 끝나자, 바뵈프와 그의 지지자들 중에서 살아남은 자들은 총재정부에 의해 사형선고를 받았다. 5월 16일 바뵈프는 자살을 시도했다.

9. Gracchus Babeuf, 『Manuscrits et imprimés』, op. cit.

저자 후기

1. 《El Pais》, 2007년 5월 13일자 참조. 2007년 5월 11일 금요일에서 토요일인 12일로 넘어가는 밤에 발생한 사건.
2. 뒤쪽 참조.
3. Libération(파리) 2007년 5월 27일자에서 인용.
4. Le Courrier(제네바) 2006년 12월 10일자.
5. 국제 앰네스티, 2005년 10월 6일. http://www.amnestyinternational.be/doc/article5981.html.
6. 휴먼 라이츠 워치, 2005년 10월 13일. http://hrw.org/english/docs/2005/10/13 spain11866.htm.
7. 《Tribune de Genève》, 2006년 12월 14일.
8. 2007년 1월 20일 나이로비에서 열린 세계노동자포럼에서 아미나타 트라오레가 한 말.
9. 2007년 1월 1일부터 6월 30일까지 유럽연합 의장국은 독일이었다.
10. Pable Neruda, "Canto General", 1954.

탐욕의 시대
누가 세계를 더 가난하게 만드는가?

1판 1쇄 발행 2008년 12월 15일
1판 20쇄 발행 2022년 8월 10일

지은이 장 지글러 | 옮긴이 양영란
편집부 김지은 김지하 | 표지 디자인 가필드

펴낸이 임병삼 | 펴낸곳 갈라파고스
등록 2002년 10월 29일 제2003-000147호
주소 03938 서울시 마포구 월드컵로 196 대명비첸시티오피스텔 801호
전화 02-3142-3797 | 전송 02-3142-2408
전자우편 books.galapagos@gmail.com
ISBN 978-89-90809-25-4 (03300)

갈라파고스 자연과 인간, 인간과 인간의 공존을 희망하며, 함께 읽으면 좋은 책들을 만듭니다.

www.ingramcontent.com/pod-product-compliance
Lightning Source LLC
Chambersburg PA
CBHW031210020426
42333CB00013B/870